科举学论丛

二〇一八【第一辑】

上海嘉定博物馆
厦门大学考试研究中心
编

中西書局

图书在版编目(CIP)数据

科举学论丛. 2018. 第1辑/上海嘉定博物馆,厦门大学考试研究中心编. —上海:中西书局,2018.5

ISBN 978-7-5475-1412-2

Ⅰ. ①科…　Ⅱ. ①上…　②厦…　Ⅲ. ①科举制度—中国—文集　Ⅳ. ①D691.3—53

中国版本图书馆CIP数据核字(2018)第057007号

科举学论丛(2018第1辑)

上海嘉定博物馆、厦门大学考试研究中心 编

责任编辑　邓益明
装帧设计　黄　骏

出版发行　上海世纪出版集团
中西書局(www.zxpress.com.cn)
地　　址　上海市陕西北路457号(200040)
印　　刷　上海长城绘图印刷厂
开　　本　787×1092毫米　1/16
印　　张　11
字　　数　204 000
版　　次　2018年5月第1版　2018年5月第1次印刷
书　　号　ISBN 978-7-5475-1412-2/D·053
定　　价　38.00元

主管单位

上海市嘉定区文化广播影视管理局

主办单位

上海嘉定博物馆　厦门大学考试研究中心

学术支持

中华炎黄文化研究会科举专业委员会

目　录

断代科举

台湾科举

科举文化

断代科举

十国科举的特点与乱象*

金滢坤**

摘　要： 十国科举虽然在中国科举制度史上微不足道，唯有南唐、南汉和后蜀先后实行了科举考试，但南唐科举考试在某些方面影响了中国科举考试制度的变革。南唐后主亲自命题，殿试进士，改易对知贡举主司的排名，可视作宋代开创进士科殿试的原型。十国科举总体来讲，制度方面没有五代规范，比较混乱，开科无常，授官没有保障，故起不到充分选拔士子的作用，凸显了乱世出豪杰的特点，武人当道，武人轻视、凌辱举子的现象时有发生。十国科举更多的时候，是割据政权为了装点门面，开科取士，但在某种程度上笼络了士子，提升士子参与政权的积极性，为贫寒子弟入仕登堂提供一定的机会，仍然发挥了一些积极的作用，科举也影响到了社会底层，开化了社会风气。

关键词： 十国；科举；开科；特色

十国中的诸国虽然在不同时段与中原的五代王朝同时并存，①但在科举制度的实行方面，与中原五代相差甚远，只有南唐、南汉科举勉强开科，号称得人，前蜀、后蜀保留一些科举考试的记载，其他诸国尚不能确定是否开科考试。因此，十国科举在科举制度史上虽然微不足道，但对南唐、岭南等地文化发展和其政权的人才选拔，延续唐代以来的世人崇重科举、"以文取士"的选拔人才的制度和社会风气仍具有重要意义。学

---

* 基金项目：2018 年度北京市属高校长城学者培养计划项目(CIT & FCD 20180330)。

** 作者简介：金滢坤，首都师范大学历史学院教授、博士生导师。

① 十国(891—979)是指唐代之后，与五代同时期先后建立的十个相对较小的割据政权的统称。其中，以江南的吴国最强，后来被李昪篡位，建国南唐，其次为吴越、闽、南汉、前蜀、后蜀、楚、南平(荆南)等九个南方政权，北汉是十国中唯一在北方的政权。

界对十国科举关注也很少，仅有周腊生《南唐贡举考略》、蓝武《五代十国时期岭南科举考试研究》等文，①以及任爽《十国典制考》、②杜文玉《五代十国制度研究》③等著作论及十国科举，但资料有限，讨论得都不是很深入，本文有必要再作探讨。

一、十国科举的开科情况

十国实行科举的情况与五代相比，相差甚远。《五代通录》记载："自梁开平至周显德，未尝无科举，而偏方小国兵乱之际，往往废坠。如江南号为文雅最盛，然江文蔚、韩熙载皆后唐时中进士第，宋齐邱、冯延巳仕于南唐，皆白衣起家为秘书郎。然则南唐前此未尝设科举，科举昉于此时。"④十国中多数小国都没有举行科举考试，只有南唐、南汉、前蜀、后蜀等少数较大政权实行了科举考试，其中以南唐最盛。

有鉴于此，本文重点对南唐科举进行介绍，并对前后蜀科举、南汉科举进行简要概述。

（一）南唐科举

南唐科举较为兴盛与其国运最为强盛，社会经济、文化最为发达关系密切。南唐作为江南大国，是十国中"文物为盛"⑤者，"比同时割据诸国，地大力强，人材众多，且据长江之险，隐然大邦也"⑥。加之，南唐继承吴的国运以来，社会较为稳定，经济发达，文化繁荣，"文献放阙，惟南唐文物甲于诸邦"⑦，科举考试亦是如此，"故其贡举制度在诸国中也最为完善"⑧。

南唐科举较盛，是与南唐三任皇帝选人观念密切相关。南唐烈祖李昪即位之初，便下诏曰："前朝失御，四方崛起者众。武人用事，德化壅而不宣，朕甚悼焉。三事大夫其为朕举用儒者，罢去苛政，与吾民更始。"⑨从而确立了重用儒吏治国的原则，为科举考试的实行打下了良好的基础。据徐铉《唐故奉化军节度判官通判吉州

---

① 《文献》2001年第2期，第15—24页；《社会科学家》2004年第5期，第153—155页。

② 中华书局2004年版，第179—181页。

③ 人民出版社2006年版，第1—38页。

④ 《文献通考》卷三〇《选举考三》，第281页。

⑤ （宋）周必大撰：《文忠集》卷四七《题跋·题周洽所藏南唐牒诉》，收入《全宋文》卷五一三二（第230册），上海辞书出版社、安徽教育出版社2006年版，第414页。

⑥ （宋）陆游撰：《南唐书》卷二《元宗本纪》，收入《南唐书（两种）》，南京出版社2010年版，第234页。

⑦ （清）王士禛撰：《香祖笔记》卷五，商务印书馆1934年版，第91页。

⑧ 杜文玉：《五代十国制度研究》，第33页。

⑨ （宋）陆游撰：《南唐书》卷一《烈祖本纪一》，收入《南唐书（两种）》，第221页；参考《十国春秋》卷一五《南唐烈祖本纪》，第200页。

军州事朝议散大夫检校尚书主客郎中骁骑尉赐紫金鱼袋赵君墓志铭》云:“君讳宣辅……博综群书,尤善名法之学。烈祖辅政,方申明纪律,君以是中选,释褐补江都府文学。”①显然,南唐烈祖推行了明法科,并有赵宣辅及第。陆游撰《南唐书》卷五《徐锴传》云:“昇元中,议者以文人浮薄,多用经义法律取士,锴耻之,杜门不求仕进。”②显然,李昪在具体的选人过程中存在问题,以致出现“多用经义、法律取士”,伤害了士大夫的进取心,遭到徐锴等名儒的抵制,拒不入仕。李昪还在京师设置太学,兴办学校;在昇元四年(940)扩建了唐代的白鹿洞学舍馆,号称“庐山国学”,设学田供诸生食宿。其后的元宗、后主两朝,基本上延续了重用儒吏的国策,坚持通过科举考试,吸引更多的士人参与朝政。特别是南唐后主李煜更是雅好科举,跟南唐科举的兴盛与有很大关系。《十国春秋·张佖传》云:“后主雅好文事,虽当末运,犹留意于科第。”③宋人李焘感慨:南唐后主在宋朝军队攻打城下时,“而贡举犹不废,李煜诚不知务者”④。足以说明李煜对科举的重视。宋人马廷鸾云:“我朝开宝中,唐之为国不一二年将亡,而犹命张佖典贡举放进士,可悲也已。”⑤《南唐书》卷三《后主本纪三》云:“命户部员外郎伍乔于围城中放进士孙确等三十八人及第。其所施为,大抵类此。故虽仁爱足以感其遗民,而卒不能保社稷。”⑥

1. 开科时间

关于南唐开科的时间,史籍记载不一,学界亦存分歧。据南宋周必大《题周洽所藏南唐牒诉》云:“五代僭伪诸国,独江南文物为盛……惟广顺二年,始命江文蔚知贡举,放进士庐陵王克正等三人而止。”⑦司马光《资治通鉴》记载也大致与此相同。⑧ 后周广顺三年(953)为南唐保大十一年(953)。但同时代的陆游也说“南唐建国以来,宪度草创,言事遇合,即随才进用,不复设礼部贡举”;保大十年春正月,“始命文蔚以翰林学士知举,略用唐故事,放进士庐陵王克贞等三人及第”⑨。与前者记载相差一年。《续资治通鉴长编》、⑩《十国春秋》、⑪《文献通考》也认为南唐科举始自保大十年。李树等学

① 《全宋文》卷三〇,第304页。
② 收入《南唐书(两种)》,第248页;参考《十国春秋》卷二八《徐锴传》,第403页。
③ 《十国春秋》卷三〇《南唐十六·张泌传》,第435页。
④ (宋)李焘撰,上海师范学院古籍整理研究室、上海师范大学古籍整理研究室点校:《续资治通鉴长编》卷一六,宋太祖开宝八年二月条,中华书局1980年版,第336页。
⑤ 《文献通考》卷三〇《选举考三》,第281页。
⑥ (宋)陆游撰:《南唐书》卷三《后主本纪》,收入《南唐书(两种)》,第241页。
⑦ 《文忠集》卷四七《题跋·题周洽所藏南唐牒诉》,收入《全宋文》卷五一三二(第230册),第414页。
⑧ 《资治通鉴》卷二九〇,后周太祖广顺二年二月条,第9605—9606页。
⑨ (宋)陆游撰:《南唐书》卷一〇《江文蔚传》,收入《南唐书(两种)》,第294页。
⑩ 《续资治通鉴长编》卷一六,宋太祖开宝八年二月条,第336页。
⑪ 《十国春秋》卷一六《南唐二·元宗本纪》,第218页。

者也认为南唐开科考试在保大十年。[①] 然史籍记载不一，南唐开科的时间要早于保大十年。早在南唐开国的昇元中，[②]就有很多进士及第的例子。如陈起，“昇元中，以进士起家，为黄梅令”[③]；又李征古在昇元末，举进士第；[④]又汪焕在南唐开国时进士及第；[⑤]又郭鹏在保大初，进士及第。[⑥] 从相关史籍记载史籍举人及第的情况来看，南唐昇元中已经设置科举的可能性比较大。任爽也认为南唐昇元中已经设置了科举，而且基本上没有间断。[⑦] 任爽先生依据为数不多的例证，作出上述论断。从现有史料来看，很难支持任爽主张的昇元中南唐逐年举行科举考试。[⑧] 倒是杜文玉先生的主张或许比较接近历史，南唐每年都制度化地举行科举考试应该在保大十年以后。杜文玉先生则认为，“南唐在昇元时期确实设过贡举，可能是没有制度化，并长期停贡，故被一些史家所忽略”[⑨]。据宋人佚名《江南余载》卷上云：“赵叟者，自保大之初至于开宝之季，尝为贡院门子，每岁放榜之后，或去或取，率庆慰之，若出于叟手然。”[⑩]显然，南唐贡院至少在保大之初就已设置，故昇平中南唐已设科举应该没有太大问题。不过，在江文蔚知贡举不久后，由于中书舍人张纬反对，加之“执政又皆不由科第进，相与排沮，贡举遂复罢”[⑪]。应该是保大十一年停科，保大十二年又恢复。[⑫]

2. 考官选任与覆试频繁

南唐知贡举主司使职化更加明显，多为差遣官，[⑬]礼部侍郎专掌科举考试的权力在逐步减弱。南唐知贡举主司未见由礼部侍郎充任的记载，反而多由吏部侍郎、翰林学士、中书舍人、给事中等清要官权知贡举。目前有据可考者，以吏部侍郎知贡举两次：一是保大十二年二月，后主“命吏部侍郎朱巩知贡举”[⑭]；一是乾德二年(964)三月，后主“命吏部侍郎、修国史韩熙载知贡举”[⑮]。以翰林学士知贡举两次：一是保大十年

---

① 李树：《中国科举史话》，齐鲁书社2004年版，第51页。
② 详见周腊生《南唐贡举考略》，《文献》2001年第2期，第15—24页。
③ (宋)陆游撰：《南唐书》卷一四《陈起传》，收入《南唐书(两种)》，第324页；《十国春秋》卷二三《南唐九·陈起传》，第327页。
④ 《十国春秋》卷二六《南唐十二·李征古传》，第362页。
⑤ 《十国春秋》卷二五《南唐十一·汪焕传》，第357页。
⑥ 《十国春秋》卷二八《南唐十四·郭昭庆传》，第408页。
⑦ 详见任爽《南唐史》，东北师范大学出版社1995年版，第78—79页；任爽《十国典制考》，第179—181页。
⑧ 任爽：《十国典制考》，第179—181页。
⑨ 杜文玉：《五代十国制度研究》，第34页。
⑩ (南唐)佚名撰：《江南余载》卷上，收入《五代史书汇编》，杭州出版社2004年版，第5511页。
⑪ (宋)陆游撰：《南唐书》卷一〇《江文蔚传》，收入《南唐书(两种)》，第294页。
⑫ 参考杜文玉《五代十国制度研究》，第34页。
⑬ 参考任爽《十国典制考》，第207页。
⑭ 《十国春秋》卷一六《南唐二·元宗本纪》，第221页。
⑮ 《十国春秋》卷一七《南唐三·后主本纪》，第243页。

二月，后主"以翰林学士江文蔚知礼部贡举，放进士王克贞等三人及第"[①]；二为保大中，翰林学士常梦锡，曾知贡举。[②] 以中书舍人知贡举只有一次，是在开宝五年(972)二月，内史舍人张佖知贡举，[③]放进士杨遂等三人及第。[④] 以给事中知贡举也有一次。《南唐书》卷八《乔匡舜传》云："后主嗣位，复起为司农少卿……给事中兼献纳使。知贡举，放及第乐史辈五人，多久滞名场者，时称得人；而少年轻薄子嘲之，谓之'陈橘成榜'。"[⑤]按后主嗣位在建隆二年(961)，即位后开科应该在建隆三年。户部员外郎知贡举亦有一次，开宝八年，户部员外郎伍乔知贡举，放进士孙确等三十八人，[⑥]是目前所见南唐取人最多的一次，为特例。

南唐科举考试的一个重要特点是覆考较为频繁。关于五代十国的覆试问题，杜文玉先生总结为三种类型：一、"在诸科考试并阅卷完毕后，要将拟录取者所在课目的试卷上报，通常由中书门下或皇帝指定专人详覆"；二、"对及第者进行覆试"；三、"经人投诉后所举行的覆试"。[⑦] 其实，杜先生的理解存在偏差，所谓的中书门下详覆是放榜前的复核，不应该称为覆试；其所谓"对及第者进行覆试"的情况，覆试都是针对及第者，不能单独作为一类。因此，真正意义上的覆试只有因"经人投诉后所举行的覆试"等有外界对知贡举存在质疑，重新对及第者的覆试。

南唐覆试次数较多，从目前掌握的资料来看，南唐覆试尚未制度化，多为临时起意。覆试的原因基本都是由知贡举主司取士伪滥引发覆试。《十国春秋·冯延鲁传》云："子僎，韩熙载知贡举，放及第，覆试被黜。"[⑧]韩熙载知贡举是在乾德二年三月，并"放进士王崇古等九人"。根据《十国春秋》记载，韩熙载知贡举取人存在伪滥，有权势子弟被滥选及第的情况。此事被后主得知后，"命中书舍人徐铉，覆试舒雅等五人"，结果及第举人舒雅等竟然不敢参加覆试，五人全部被黜落，足以说明伪滥相当严重。又如开宝五年，"内史舍人张佖知贡举，放进士杨遂等三人"，引起清耀殿学士张洎的不满，"言佖多遗才"，后主命张洎"考覆不中第者，于是又放王伦等

---

① 《十国春秋》卷一六《南唐二·元宗本纪》，第 218 页。

② 《全唐文》卷八八七，徐铉《故朝散大夫守礼部尚书柱国河内县开国男食邑三百户赐紫金鱼袋常公行状》，第 9272 页。

③ 任爽《十国典制考》云："当时张佖的身份是内史舍人，实即中书舍人，因为南唐贬损制度后，即改内史舍人为中书舍人。"(第 207 页)

④ 《十国春秋》卷一七《南唐三·后主本纪》，第 247 页。

⑤ 第 5531 页；《侯鲭录》卷八："南唐给事中乔舜知举，进士及第者五人，即邱旭、乐史、王则、程渥、陈皋也。皆以举数升降等甲。无名子以为乔之榜，类陈橘皮，以年多者居其上。"

⑥ (宋)陆游撰：《南唐书》卷八《乔匡舜传》，收入《南唐书(两种)》，第 278 页；《十国春秋》卷一七《南唐三·后主本纪》，第 257 页。

⑦ 详见杜文玉《五代十国制度研究》，第 27—29 页。

⑧ 《十国春秋》卷二六《冯延鲁传》，第 370 页。

五人"[1]。从这件事来看,南唐覆试仍然不是制度性的,是在知贡举受到质疑的情况下,有人提议覆试,经过南唐国主的认可才举行覆试。

南唐后主进士科覆试的新形式。乾德二年,南唐后主"乃自命诗赋题,以中书官莅其事,五人皆见黜"[2]。《十国春秋·后主本纪》记载比较详细:"命中书舍人徐铉,覆舒雅等五人,雅等不就,乃御殿命题亲试,以中书官莅其事,五人皆见黜。"[3]此次覆试后主虽然指定了中书舍人徐铉负责覆试,但是还亲自御殿命题亲试,中书官员只是负责具体的考务,这与宋代的进士科考试的殿试已经十分类似。

不过,南唐也出现了中书门下覆核之后,重新定榜次,贡院才放榜的情况。据《陆氏南唐书》卷一五《儒者传·伍乔传》云:保大十三年,[4]伍乔"入金陵举进士,及试《画八卦赋》、《霁后望钟山诗》。故事,中选者,主司必延之升堂置酒。时有宋贞观者,首就坐,张洎续至。主司览其文,揖贞观南坐,引洎坐于西。酒数行,乔始上卷,主司叹其杰作,乃徙贞观处席北,洎处席南,以乔居宾席。及覆考榜出,乔果为首,洎、贞观次之,时称主司精于衡鉴"[5]。从此条记载来看,所谓的"覆考",应该指的是中书门下对礼部贡院考试的详覆考定,而不是覆试,才会重新调整榜次的情况。

此外,南唐皇帝对知贡举的干预不断加强,据《马氏南唐书》卷二三《归明传·罗颖传》云:"罗颖……开宝中,诣金陵,举进士第……有司以邓及为第一,颖为末。缀榜既上,后主遂迁颖第二,手笔圈其名。"[6]又《应天府志》卷一三六《人物》云:"初,金陵以邓及为状元,以罗颖为末缀。时主司上试卷,后主遂迁颖为第一,固以笔于榜上围颖之名。"[7]说明南唐知贡举主司在放榜前,要把名单呈给皇帝过目,皇帝有权改易对知贡举主司的排名,表明南唐君主对科举取士干预的程度日益加深,是促生殿试制度的出现因素之一。[8]

3. 科目设置与登第

南唐科举实行的科目相对比较齐全,影响最大的就是进士科。据《续资治通

---

① (宋)陆游撰:《南唐书》卷三《后主本纪》,收入《南唐书(两种)》,第238页;《十国春秋》卷一七《南唐后主本纪》,第247页。

② (宋)陆游撰:《南唐书》卷三《后主本纪》,收入《南唐书(两种)》,第236页。

③ 《十国春秋》卷一七《南唐三·后主本纪》,第243页。

④ (宋)陆游撰:《南唐书》卷一五《儒者传·伍乔传》,收入《南唐书(两种)》,第328页;参考(明)王崇等编《嘉靖池州府志》卷七《人物篇·甲科》,收入《天一阁藏明代方志选刊》,上海书店1981年版,第1页。

⑤ (宋)陆游撰:《南唐书》卷一五《儒者传·伍乔传》,收入《南唐书(两种)》,第328页;(宋)马令撰:《南唐书》卷一四《伍乔传》,收入《南唐书(两种)》,第110页。

⑥ (宋)马令撰:《南唐书》卷二三《罗颖传》,收入《南唐书(两种)》,第161—162页。

⑦ 收入马蓉等辑《永乐大典方志辑佚》第一册,中华书局2004年版,第466页。

⑧ 参阅任爽《十国典制考》,第201—206页。

鉴长编》卷一六宋太祖开宝八年二月“江南知贡举户部员外郎伍乔放进士张确等三十人，自保大十年开贡举，讫于是岁，凡十七榜，放进士及第者九十三人。”南唐共开科十七榜，每次都有进士及第，共有93人及第。不过，李焘所列数字未必准确，《南唐书》卷三《后主本纪三》云：“命户部员外郎伍乔于围城中，放进士孙确等三十八人及第。其所施为，大抵类此。故虽仁爱足以感其遗民，而卒不能保社稷。”①《十国春秋》亦作38人。② 仅进士科是年就有38人及第，想必其他科目取士人数也不少。

现将有史可考年份比较确切的南唐实行科举考试、进士科及第的情况罗列如下：

年份比较确切的进士科及第情况：保大十年，翰林学者江文蔚知礼部贡举，放进士王克贞等三人及第。保大十二年，吏部侍郎朱巩知贡举，及第人数不详。保大十三年，有伍乔、张洎、宋贞观、杨文郁（或作杨大郁）及第。建隆三年，给事中乔匡舜知贡举，放丘旭、乐史、王则、程握、陈皋五人及第。乾德二年，吏部侍郎、修国史韩熙载知贡举，放进士王崇古等九人，后经中书舍人徐铉复试五人，结果五人皆见黜。开宝五年，内史舍人张佖知礼部贡举，放进士杨遂、张观、曾凯三人；后来，清耀殿学士张洎覆考，又放王伦、廖衢、陈度、魏青等五人，③共八人。开宝八年，户部员外郎伍乔知贡举，放进士张确等十三人。

大致可以考定年份的进士及第情况：乾德中，卢郢进士科状元及第。乾德五年，姚端进士科状元及第。开宝四年，邓及进士状元及第。开宝六年，赵绮进士科状元及第。④

此外，还有一些年代不可考的及第进士，如鄂州永新县人郭鹏，保大初登进士科，官至大理司直；⑤洪州丰城县人王子邳，登南唐进士科，历御史中丞；⑥安福人欧阳仪，“中南唐进士第”⑦；润州丹阳人吴淑，“在江南举进士擢高第，补丹阳尉”⑧。歙州新安人吕文仲，在南唐举进士，调补临川尉。⑨ 庐州人李羽，“登南唐进士第”⑩。

---

① （宋）陆游撰：《南唐书》卷三《后主本纪》，收入《南唐书（两种）》，第241页。
② 《十国春秋》卷一七《南唐三·后主本纪》，第257页。
③ （宋）郑文宝撰：《南唐近事》卷二，收入文渊阁《四库全书》第341册，第939页。
④ 参考周腊生《南唐贡举考略》，《文献》2001年第2期，第20—22页。
⑤ 《十国春秋》卷二八《南唐十四·郭昭庆传》，第408页。
⑥ （清）谢旻等编：《江西通志》卷四九《选举·五代·南唐进士》，收入文渊阁《四库全书》第272册，第468页。
⑦ 《欧阳文忠公集》卷一，吴充《欧阳公行状》，收入《全宋文》卷一六九八（第78册），第76页。
⑧ （元）俞西鲁纂：《至顺镇江志》卷一八《科目》，江苏古籍出版社1999年版，第712页。
⑨ 《宋史》卷二九六《吕文仲传》，第9870页。
⑩ 李羽：《全五代诗》卷三一《献江淮郡守卢公》，第495页。

南唐对明经科及明经系诸科也比较重视。如建安人朱弼，“精究五传，旁贯数经，开宝中诣金陵，一举以关头中第，授国子助教，知庐山国学”[①]。又如杜镐南唐时，“举明经，为集贤校理”[②]；又如王仲华“南唐擢明经科”[③]。南唐还设置了明经系诸科，如三传、三礼、童子诸科。三传科，如袁州人刘式，曾在南唐后主时，“举三传中第”[④]。三礼科，如新淦峡江人邓佶，南唐时，“擢三礼科”[⑤]。童子科，南唐有张惟彬，“幼以通诵二经中童子科，有文章名”[⑥]。又有新淦峡江人邓佑，“南唐擢童子科第”[⑦]；又曾文照，“七岁应南唐童子科，擢第三”[⑧]；庐陵人萧俨，“甫十岁，诣广陵，以童子擢第。及长，志量稳正，交不苟合，授秘书省正字”[⑨]。其中，邓佶和邓佑为两兄弟，合称“二邓”，其居曰“黄金乡黄金里”，因其成名，遂易乡曰“扬名”，里曰“双秀”。[⑩] 明法科，查陶在南唐后主时“以明法登科”[⑪]。

综上所述，南唐科举的科目有进士、明经、三传、三礼、明法、童子等科，包括了唐代常科的最主要科目，在南唐后主李煜时期科目设置趋于完善。总体而言，南唐官员选举，“多用上书言事拜官”，“然每岁科举取人甚少”，影响有限。如保大十年，江文蔚知贡举，“放进士庐陵王克正等三人而止”[⑫]。不过，南唐是十国中科举最盛的政权，为江南文化、教育事业的推动起了很大作用。一定程度上重振了科举地位，士大夫中重新出现了不少父兄子弟一心向学、从事举业的风气。如唐末印某弱冠明经擢第，释褐太子校书，在南唐元宗保大中终命时，其子崇礼、崇粲举进士，一子崇简明经及第。[⑬] 虽然南唐印氏兄弟三人都从事举业的现象不能说是南唐的普遍现象，但足以说明南唐科举对士大夫已经有相当吸引力。朝野重文的风气已兴，南唐宰相严续初“以不学见轻同列，遂力教子弟、诸子及孙举进士中科者十余人”[⑭]，充分说明了南朝士大夫对子弟教育的重视，以及对科举崇重的风气已兴。不过，南唐科举取人有限，竞争激烈，登科仍旧不易。

---

① (宋)马令撰:《南唐书》卷二三《归明传・朱弼传》,收入《南唐书(两种)》,第159页。
② 《宋史》卷二九六《杜镐传》,第9876页;(宋)王称撰:《东都事略》卷四六《杜镐传》,齐鲁书社2000年版,第360页。
③ (明)刘松修:《隆庆临江府志》卷一一《名宦列传》,收入《天一阁藏明代方志选刊》第32册,第2页。
④ 《宋史》卷二六七《刘式传》,第9206页。
⑤ 《隆庆临江府志》卷一二《人物列传》,第1页;(宋)王象之撰:《舆地纪胜》卷三四《江南西路・临江军・人物》,中华书局1992年版,第1487页。
⑥ 《十国春秋》卷三一《南唐十七・张惟彬传》,第450页。
⑦ 《隆庆临江府志》卷一二《人物列传》,第1页;《舆地纪胜》卷三四《江南西路・临江军・人物》,第1487页。
⑧ 《隆庆临江府志》卷一二《人物列传》,第1页。
⑨ (宋)马令撰:《南唐书》卷二二《归明传・萧俨传》,收入《南唐书(两种)》,第152页。
⑩ 《舆地纪胜》卷三四《江南西路・临江军・人物》,第1487页。
⑪ 《宋史》卷二九六《查道传附查陶传》,第9880页。
⑫ 《文忠集》卷四七《题跋・题周洽所藏南唐牒诉》,收入《全宋文》卷五一三二(第230册),第414页。
⑬ 《全唐文》卷八八六,徐铉《唐故印府君墓志铭》,第9266页。
⑭ (宋)陆游撰:《南唐书》卷一三《严续传》,收入《南唐书(两种)》,第314页。

南唐丁咸序，曾前后应举二十年，方捷科举，作诗感慨："尝忆金陵应举时，壮心频望折丹枝。蹉跎二十年中梦，一度思量一泪垂。"[①]道出了举子二十年如一日应举的心酸，与对男儿壮志的消磨。尽管如此，钱穆对南唐科举还是给予了很高评价："宋初文臣，出五代南唐之遗。"这样看来，南唐科举的实行的确起到了承上启下的作用。

（二）诸国科举

1. 前蜀科举

唐代几次大乱，皇帝都跑到四川避难，自然有不少文臣大儒因此留在四川。唐末更是很多文人和及第进士跑到四川避难，为实行科举考试提供了良好的人文环境。前蜀创建者王建虽为武人，但"雅好儒臣"[②]，为两川节度使时就吸纳及第进士入幕，如冯涓、韦庄、卢延让、牛峤等及第进士都在其府中。王建开蜀国后，重用唐末的及第进士入蜀，以韦庄为宰相、[③]卢延让为刑部侍郎、[④]毛文锡为礼部尚书、[⑤]牛峤为给事中，[⑥]这些科举出身之人对科举事业自然情有独钟。王建为了推崇学校教育，吸纳文人参与政权，还在立国时下《郊天改元赦文》，云："国之教化，库序为先，民之威仪，礼乐为本。废之则前替，崇之则化行。其国子监直令有司约故事速具修之。兼诸州应有旧文宣王庙，各仰崇饰，以时释奠。"[⑦]看上去，王建很有崇重学校教育的意思，但是终后蜀一代科举常科考试始终没见实行。

从目前掌握的资料来看，前蜀只实行了制举考试。据《蜀梼杌》卷二：乾德四年二月，"文明殿试制科，白衣蒲禹卿对策……衍以其言有益，擢为右补阙"[⑧]。《十国春秋·蒲禹卿传》亦云："蒲禹卿，成都人也，当布衣时，慷慨好直言，不肯以嚅嗫事人。后主乾德四年用制科对策，大约言今朝廷所行者，多一朝一夕之事，公卿所陈者，非乃子乃孙之谋，暂偷目前之安，不为身后之虑……后主以其言有益，擢为右补阙。"[⑨]《十国春秋·后主本纪》云："乾德四年春二月，帝御文明殿试制科，策文曰：……白衣蒲禹卿对策切直……擢为右补阙。"[⑩]说明前蜀后主曾殿试制举人，有

① （宋）阮阅编：《诗话总龟》卷三五《纪梦门上》，人民文学出版社1987年版，第342页。
② 《十国春秋》卷三六《前蜀二·高祖纪下》，第528页。
③ 《唐才子传》卷一〇《韦庄》，第327页。
④ 《唐才子传》卷一〇《卢延让》，第406页。
⑤ 《十国春秋》卷四一《前蜀七·毛文锡传》，第609页。
⑥ （宋）晁公武撰：《郡斋读书志》卷四中，上海古籍出版社2011年版，第942页。
⑦ 《全唐文》卷一二九，第1291页。
⑧ （宋）张唐英撰，王文才、王炎校笺：《蜀梼杌校笺》卷二，巴蜀书社1999年版，第175页。
⑨ 《十国春秋》卷四三《蒲禹卿传》，第632页。
⑩ 《十国春秋》卷三七《后主本纪》，第537页。

白衣蒲禹卿对策，授右补阙。关于此次实行的制举科目，《资治通鉴》卷二七二作“贤良方正蒲禹卿”①。后主乾德五年九月诏，“置贤良方正、博通经史、明达吏治、识洞兵机、沉滞邱园五科，令黄衣选人、白衣举人投策就试，吏部考校”②。看似白衣举子和黄衣选人都可应举，由吏部考核，但实际情况却不如人意。《蜀梼杌》云：是年冬十月，“以韩昭为吏部侍郎判三铨，昭受赂拘私，选人诣鼓院挝鼓上诉，又为嘲语曰：‘嘉、眉、邛、蜀，侍郎骨肉。导江、青、城，侍郎亲情。果、阆二州，侍郎自留。巴、蓬、集、壁，侍郎不惜。’闻言召而问之，昭对曰：‘此皆太后、太妃、国舅之戚，非臣之亲。’帝默然”③。显然，这个末代乱世的小国在选举方面完全不能遵守选才的标准，唯权幸、亲故是选，更起不到用制举选拔非常之才的作用。

2. 后蜀科举

明德元年(934)，孟知祥取代前蜀，建立后蜀后，并没有来得及实行科举考试，直到后主孟昶广政十二年(949)才实行科举考试。《新五代史》云：广政十二年，“置吏部三铨、礼部贡举”④。后蜀真正开科考试，已经到了广政十三年。《宋史·欧阳迥传》记载，广政十三年，后蜀翰林学士欧阳迥曾知贡举，迁礼部侍郎。⑤ 可惜没有是年有人及第的相关记载。

关于后蜀科举及第的情况，史籍中也只能搜集到一鳞半爪。目前，能够证实的后蜀进士及第者只有句中正、卞震两人。据《宋史》记载，句中正为成都府华阳县人，后蜀孟昶时，“复举进士及第，累为昭裔从事”，归宋后历虞部员外郎、屯田郎中。⑥ 据《宋史》记载，益州成都人卞震“举蜀进士，渝州刺史南光海辟为判官”，归宋后，以虢州录事参军卒⑦。还有一人杨鼎夫进士及第的可能性不大。《北梦琐言·逸文》卷一《杨鼎夫是盐里人》云：“进士鼎夫，富于词学，为时所称。”又《太平广记》卷一五八《杨鼎夫》云：“进士杨鼎夫……后为权臣安思谦幕吏，判榷盐院事。遇疾，暴亡。”但《五代诗话》卷四《杨鼎夫》云：“鼎夫，成都人，举进士，为安思谦幕吏。”⑧《全唐诗》卷七六〇《杨鼎夫小传》也继承了《五代诗话》的记载，云杨鼎夫“举进士”，没有直言其进士及第，从杨鼎夫任职情况来看，其未及第的可能性很大。

---

① 《资治通鉴》卷二七二，后唐庄帝同光元年八月条，第 8892 页。
② (明)陶宗仪：《说郛》卷五四《幸蜀记》，中国书店 1986 年版，第 27 页。
③ 《蜀梼杌校笺》卷二，第 175 页。
④ 《新五代史》卷六四《后蜀世家四·孟知祥》，第 805 页。
⑤ 《宋史》卷四七九《西蜀孟氏世家·欧阳迥传》，第 13894 页。
⑥ 《宋史》卷四四一《句中正传》，第 13049 页；《十国春秋》卷五六《后蜀九·句中正传》，第 814 页。
⑦ 《宋史》卷二七七《卞衮传》，第 9434 页；《十国春秋》卷五三《后蜀六·卞震传》，第 786 页。
⑧ (清)郑方坤撰：《五代诗话》卷四《杨鼎夫小传》，收入文渊阁《四库全书》第 497 册，第 207 页。

此外，史籍中还有一些后蜀时期进士的记载，也可以反映后蜀实行过进士科考试的情况。据句中正《大宋故曹州乘氏县令赠太子洗马梁府君墓志铭》云："府君讳文献……孟蜀进士，释褐永平军节度掌书记。"[①]文中没有明确说明梁文献是否进士及第，但释褐永平军节度掌书记，按照唐五代节度使选官的情况，进士也可以入幕，故暂且考虑其应该是未及第的进士。又据《宋诗纪事补遗》卷二《田淳》云："蜀人，孟蜀时进士。负文学，性刚介，不畏强御，累官犀浦簿，龙游令。"[②]显然，孟蜀也仅仅是进士，并未及第。

后蜀还设置过明经科，不过仅有裴庄明经及第一例记载。据《宋史》记载，阆州阆中县人裴庄"在蜀，以明经登第。归宋，历虹县尉、高陵主簿"，官至光禄卿。[③]《姑苏志》卷三九《宦迹三》亦云："裴庄，字端已，阆中人，在蜀以明经及第。真宗即位，以河南转运使移知苏州。"[④]后蜀还设置了学究科，也仅有石元璨学究科及第一例记载。又杨璨，在后蜀后主时，"举学究登科"[⑤]。

从上述情况来看，后蜀虽然举行了科举考试，并设置了进士、明经、学究等科，但开科次数不是很清楚，及第的人也很少，说明后蜀科举远没有五代科举兴盛，也不及南唐科举的影响大。

3. 南汉科举

南汉政权地处边隅之地，是五代十国时期影响较小的一个江南地域性政权。南汉高宗刘岩在乾亨四年(920)春，"从兵部侍郎杨洞潜之请，始立学校"[⑥]，"置选部贡举，放进士、明经十余人，如唐故事，岁以为常"[⑦]。大概是高祖刘岩"好奢侈"的缘故，用珍珠、水晶、琥珀装饰东西二楼，"亲书其榜，以见进士"[⑧]，反映了其对科举的重视和对进士的尊重。

至于南汉开科的具体情况，目前已经很难考证，能够确定为南汉进士出身的有简文会、钟允章、陈渥(偓?)、梁嵩、王宏、王诩、胡宾王、周邦等 8 人，[⑨]其中简文会、梁嵩

---

① 《全宋文》卷五〇(第 3 册)，第 225—226 页。
② (清)陆心源撰，徐旭、李建国点校：《宋诗纪事补遗》卷二《田淳》，山西古籍出版社 1992 年版，第 9 页。
③ 《宋史》卷二七七《裴庄传》，第 9437 页。
④ (明)王鏊：《姑苏志》卷三九《宦迹三》，收入文渊阁《四库全书》第 251 册，第 696 页。
⑤ 傅增湘辑：《宋代蜀文辑存录》卷一〇，范镇《石工部杨休墓志铭·嘉祐三年八月》，北京图书馆出版社 2005 年版，第 557 页。
⑥ 《十国春秋》卷五八《南汉一·高祖本纪》，第 842 页。
⑦ 《新五代史》卷六五《南汉世家第五·刘隐世家附》，第 811 页。
⑧ 佚名：《五国故事》卷下《伪汉》，收入文渊阁《四库全书》第 222 册，第 215 页。
⑨ 蓝武《五代十国时期岭南科举考试研究》将简文会及第时间定在乾亨二年、钟允章和陈渥定在乾亨三年，概误。(《社会科学家》2004 年第 5 期，第 153 页。)

为状元。《十国春秋·简文会传》云:“简文会,南海人……高祖初开进士科,擢第一人及第,累官尚书右丞……居里有简状元井。”[①]清道光《广东通志》卷六《编年志一》云:“(乾亨)六年庚辰春正月,刘岩始立学校,设选举。《五代史》放明经、进士十余人,如唐故事,以南海人简文会为状元。”[②]显然,高祖初开贡举在乾亨四年,《广东通志》记载六年有误。广州南海县人简文会,为乾亨四年进士科状元,累官尚书右丞。另外一名状元是梁嵩,为浔州平南人,白龙元年(925),举进士第一,仕至翰林学士。[③]《方舆胜览》云:“梁嵩,郡人。南汉时状元及第,仕至翰林学士。”[④]

南汉科举虽然不如南唐科举兴盛,但进士科出身在南唐政权中的影响力却远远超过了南唐。已知及第进士八人中竟然出了两位宰相,中书舍人两人,翰林学士两人,尚书右丞一人,御史大夫一人,均官职清望官,进入了决策层和核心层。两位宰相为陈偓和钟允章。据《广东通志》卷三一《选举志》后梁贞明四年(918)戊寅“进士科”条下载,“陈偓,南海人平章事”,与简文会同年及第。[⑤] 后梁贞明五年,为南汉乾亨三年,考虑到南汉开科已是乾亨四年(920)的事,故其登科最早的时间应该在乾亨四年。值得注意的是,陈偓不仅进士及第,而且位至南汉宰相。《十国春秋·陈偓传》云:“陈偓,史失其世系,历官至户部侍郎,乾和二年知政事,越王弘昌既遇害,中宗于是择相于朝臣,遂以偓同平章事。偓居职无所短长,充位而已。”[⑥]陈偓政事能力不高,之所以被择为宰相,应该是看中了其进士出身而已。另外一位宰相钟允章,为广州番禺人。《广东通志》卷三一《选举志》云:“贞明五年乙卯钟允章,番禺人,尚书右丞、参知政事。”[⑦]因南汉开科已是乾亨四年的事,故其登科最早也是在乾亨四年以后。《十国春秋·钟允章传》云:“钟允章,其先邕州人(一曰宣化人),徙家番禺……高祖时设科取士,允章以进士及第,累迁至中书舍人……后主嗣皇帝位以允章藩府旧僚,颇加敬礼,擢尚书左丞参知政事。”[⑧]《广东通志》卷四四《人物志》云:“钟允章……南汉刘龑之据广也,设科取士,允章以进士及第,累迁至中书舍人……擢尚书左丞参知政事。”[⑨]显然,番禺人钟允

① 《十国春秋》卷六四《南汉七·简文会传》,第 905 页。

② (清)郝玉麟等编:《广东通志》卷六《编年志》,收入文津阁《四库全书》第 188 册,第 751 页。

③ (清)金鉷等监修:《广西通志》卷八二《孝友》,收入文渊阁《四库全书》第 189 册,第 631 页。

④ (宋)祝穆撰,施和金点校:《方舆胜览》卷一一〇《浔州·人物》,中华书局 2003 年版,第 3328 页;(明)凌迪知撰:《万姓统谱》卷五〇《下平声》略同,收入文渊阁《四库全书》第 262 册,第 774 页;(明)彭大翼撰:《山堂肆考》卷五六《请蠲郡赋》略同,收入文渊阁《四库全书》第 281 册,第 125 页;《十国春秋》卷六三《南汉六·梁嵩传》略同,第 897 页。

⑤ 收入文津阁《四库全书》第 188 册,第 408 页。

⑥ 《十国春秋》卷六四《南汉七·陈偓传》,第 903 页。

⑦ 收入文津阁《四库全书》第 188 册,第 408 页。

⑧ 《十国春秋》卷六四《南汉七·钟允章传》,第 905—906 页。

⑨ 收入文津阁《四库全书》第 188 册,第 607 页。

章登第应该在乾亨四年或稍后，历中书舍人，官至尚书左丞、参知政事，即宰相。

翰林学士两人，除了状元梁嵩之外，还有广州南汉人王宏，乾亨时，进士及第。《十国春秋》卷六三《王宏传》云："王宏，南海人，少颖异，能工诗赋。乾亨时，由进士，官翰林学士承旨，珥笔左右，甚被亲信，会白虹化为白龙，见三清殿。宏为《白虹化白龙赋》上之，文采巨丽，辞旨畅洽。"①

中书舍人有王诩、胡宾王两人。王诩又作"王翃"，广州南海县人。《十国春秋》卷六三《王诩》云："王诩，南海人也，及高祖改县名，遂为咸宁人，乾亨初，举进士，拜中书舍人，会白龙见南宫，诩进《白龙颂》，文采斐然。"按文中乾亨初有误，其及第应该在乾亨四年以后。南汉大宝二年(959)，胡宾王登进士，累官中书舍人。②

御史大夫一人，南汉白龙元年乙酉进士科，周邦及第，官至御史大夫。③

从已知的八名南汉及第进士来看，七人为南汉高祖朝进士，仅有一名为南汉后主进士，说明南汉科举长期实行，影响最大的还是高祖时期，与南唐科举不同，南唐科举在后主时期最盛。

二、十国科举的特色

十国科举的特点除了开科艰难、取人有限之外，还体现在十国士人向慕五代中原王朝的科举、举子社会地位不高、举子资格下移、考试猥滥等方面，割据王朝开科考试也多是用科举来装点门面、笼络士子，而不是真正选贤用能。

(一) 举人地位下降

十国科举总体来讲，制度方面没有五代规范，比较混乱，开科无常，授官没有保障，故起不到充分选拔士子的作用，凸显了乱世出豪杰的特点，武人当道，武人轻视、凌辱举子的现象时有发生。如南唐国子监生卢郢好学，"有才艺"，乾德中，"后主以韩德霸为在城烽火使，常督无赖辈旦暮巡警。诸科士人微犯禁，往往罗鞭扑"。韩德霸外出，遇"郢调笛不辍，使数卒扑郢"，后来卢郢在街上遇见韩德霸，"不避其呵导"，韩德霸驻骑诟曰："汝等乞索辈，殊不知宪制，敢无礼耶！"④两人随后发生了互殴现象。南唐一个小小的烽火使，竟然敢随意鞭打举子，这与唐代进士"白衣公卿"的身份和地位形成了鲜明的对比。毕竟是进士被人殴打，社会影响很大，此事最后闹到了南唐后主那里，后

① 《十国春秋》卷六三《南汉六·王宏传》，第896页。

② 《乳源文物志》编辑出版工作办公室编：《乳源文物志》，广东人民出版社2007年版，第32页。

③ 《广西通志》卷七〇《选举志》，收入文津阁《四库全书》第189册，第563页。

④ (宋)马令撰：《南唐书》卷二三《归明传·卢郢传》，收入《南唐书(两种)》，第162页。

主在这件事上还比较清醒，责备韩德霸，让曰："国子监，先帝教育贤材之地，孤亦赖此辈，与之共治。汝斗监前，是必越分陵辱士人。"韩德霸因此被免职，卢郢也因此名声大振，次年进士科状元及第。[①] 不过，南唐士人轻视科举的事很普遍，率有落第举子发表轻辱科举的言论。南唐郭昭庆献书元宗，"俾就举进士"，认为进士科考试，"摘裂章句，补缀雕虫，臣自少耻而不为"[②]。科举出身的社会地位远不及五代，更不用说唐代。南唐后主时，宦官专政，"谓士人为门外人，不得预事"[③]。在士人难以仕进的情况下，竟然出现了状元为获得见用，不惜自宫以求仕进的极端现象。如《资治通鉴》云："凡群臣有才能及进士状头或僧道可与谈者，皆先下蚕室，然后得进，亦有自宫以求进者。"[④]南唐的进士科状元沦落到自宫的地步，以求仕进，显示了在十国政治极度昏暗的情况下，即便是状元及第也不如个宦官，说明科举出身的耀眼地位已经大大动摇。

十国科举一个重要的特征，就是科举已经不是士大夫阶层的特权，农民子弟开始参与科举考试的人数增多，实际上也是科举地位下降的一个反映。如南唐农家子邱旭，"少以畜产为事，弱冠始读书，学为辞章，因随计金陵，凡九举，而'曳白'者六七。然自励弥笃，不以为耻"；就在因家境困窘无进取意的时候，其寡嫂刘氏曰："苟济荣望，虽孤儿可鬻，况赀用乎？"在其寡嫂不惜血本欲卖儿资助下，邱旭终于状元及第，"释褐归乡"，家人竟然不敢相信，直到乡老、酋长前来谒贺，才知其已经状元及第。[⑤] 邱旭是幸运的，更多的农家子弟，注定很难成功登科入仕。又如江夏人黄载，人世为农，"弱冠释耒耜，就学于庐山，事虔人刘元亨。笃志自励，精究经史，能为文章"，一举不中第，叹曰："士之贱也，久矣！规模于蹇浅之文，去取于有司之手。其于造道，不亦远乎？"大概是科场竞争激烈，加之取士不公，农家子弟缺乏雄厚的资产，很难累年坚持举业的原因，黄载选择了"不复进取"。此举反响很大，竟然动摇了在庐山学习的学子的信心，很多士子都一同放弃了举业。[⑥] 又如南唐宜春人李征古，少时贫贱，好在其"至京一举成名，不二十年自枢密副使，除本州刺史"[⑦]。又庐江人伍乔，曾"居庐山国学数年，力于学，诗调寒苦，每有瘦童羸马之叹"，应该是出身贫寒，经济拮据，无法筹得举资。幸运的是，他最后遇到识才者"倾资奉之，使入金陵，举进士"[⑧]，方得一第。

---

① (宋)马令撰:《南唐书》卷二三《归明传·卢郢传》,收入《南唐书(两种)》,第162页。

② (宋)马令撰:《南唐书》卷一四《儒者传·郭昭庆传》,收入《南唐书(两种)》,第108页。

③ 《资治通鉴》卷二九四,后周世宗显德六年十一月条,第9606页。

④ 同上条。

⑤ (宋)马令撰:《南唐书》卷二三《归明传·邱旭传》,收入《南唐书(两种)》,第162—163页。

⑥ (宋)马令撰:《南唐书》卷二三《归明传·黄载传》,收入《南唐书(两种)》,第163页。

⑦ (宋)郑文宝撰:《南唐近事》,收入文渊阁《四库全书》第341册,第940页。

⑧ (宋)陆游撰:《南唐书》卷一五《伍乔传》,收入《南唐书(两种)》,第328页。

大概是乱世的缘故，士人亦无操守，即便是及第进士也难免贪污，以致贬官的情况也不少。如进士出身的孟宾于在担任南唐淦阳令时，"因黩货以赃罪，当死"，恰好碰上同年进士及第的宋昉迁北宋翰林学士，"闻其缧绁，以诗寄宾于"，南唐后主见诗，顾及到宋昉的压力，才复其官。不过，孟宾于并未吸取教训，性"嗜赂，出宰县邑，未尝一处无赃污"，归顺宋朝后，最终难免"罪贬袁州司户"的命运。①

（二）向慕五代科举

所谓的十国不仅在国力和疆域上均不及中原的五代王朝强大，科举取士的影响力也不及五代，因此，十国士人向慕五代科举成为了一个时代特征。即便是科举较为兴盛的南唐，士人也向慕中原王朝的科举，不远千里，跑到北方，参加中原的科举考试。如湖湘连州人孟宾于，"后唐长兴末，度江赴举"，不惜舍弃南唐，在中原"游举场十年"，"五上登第"②，终于在后晋天福九年(944)进士及第。③ 如南唐人孙晨"少举进士，如洛阳。时进士类修边幅，尚名检。晨豪举跌宕，不蹈绳墨，遂弃去"④。又如南唐樊知古累举进士不第，"遂谋北归，乃渔钓采石江上数月，乘小舟载丝绳，维南岸，疾棹抵北岸，以度江之广狭。开宝三年，诣阙上书，言江南可取状，以求进用。太祖令送学士院试，赐本科及第，解褐舒州军事推官"。不久，樊知古受大用，带领宋太祖的大军从采石渡江，平定了南唐。⑤

科举考试实行得不错的南汉亦是如此，南汉士子也是翻越千山万水，不辞辛苦地跑到中原，参加科举考试。如南汉连州黄损，龙德二年(922)登后梁进士科；南汉番禺人何泽、樊华，同光元年(923)登后唐进士科；连州人邓恂美，乾祐二年(949)登后汉进士科；连州人骆仲舒，显德三年(956)登后周进士科。⑥

中原王朝在统一过程中，为了笼络十国士子，不惜通过科举考试的倾斜措施来笼络人心。后晋等朝曾采取了让江南举子免取本贯解状的措施，吸引江南边缘地区的举子参加礼部省试。开宝八年二月，宋太祖御讲武殿，覆试进士，放进士王嗣宗以下三十人及第，还特意为了奖拔所试不中格的江南进士林松雷，"以其间道来归，并赐三传出身"⑦，来争取南唐士人之心。

---

① (宋)龙衮撰：《江南野史》卷八《孟宾于传》，收入文渊阁《四库全书》第464册，第108页；参考马令《南唐书》卷二三《孟宾于传》，收入《南唐书(两种)》，第160—161页。

② (宋)王禹偁撰：《小畜集》卷二〇《孟水部诗集序》，收入《全宋文》卷一五四(第8册)，第29页。

③ 《诗话总龟》前集卷一八引《郡阁雅谈》，第203页；《唐才子传》卷一〇《孟宾于》，第147页。

④ (清)陈鳣撰：《续唐书》卷五三《诸医传》，中华书局1985年版，第465页。

⑤ 《宋史》卷二七六《樊知古传》，第9393—9394页。

⑥ 参考蓝武《五代十国时期岭南科举考试研究》，《社会科学家》2004年第5期，第153—155页。

⑦ 《续资治通鉴长编》卷一六，宋太祖开宝八年二月条，第336页。

不过，举子大量赴中原王朝应举，多少有损当朝政权的形象，于是南唐等政权派人阻挠本朝举子赴江北应举。开宝中，南唐赵绮因“困于场屋，将自三山北渡，以归梁京”，结果被巡逻的士兵抓住，下狱。赵绮从狱中上书，曰：“初至江干，觉天网之难漏；及归棘寺，知狱吏之可尊。”南唐后主看了以后，批复云：“陵虽孤恩，汉亦负德。”乃释其罪。明年，后主竟让赵绮状元及第，以笼络士子之心，[①]借以缓解举子北渡应举的局面。

那些科举不兴的小国举子更是心系中原王朝。如天福四年，后晋高祖遣散骑常侍卢损册王昶为闽王，卢损至福州，闽主称疾不见，有闽人林省邹累举不第，积怨于胸，[②]私谓卢损曰：“吾主不事其君，不爱其亲，不恤其民，不敬其神，不睦其邻，不礼其宾，其能久乎！余将僧服而北逃，会相见于上国耳。”[③]闽人林省邹私自拜见后晋使者卢损，表示自己要乔装僧人，北逃参加后晋即所谓“上国”的科举考试，可见小国举子对中原正统政权的向往之心。

值得注意的是十国政权一般承认士子的五代其他政权的科举科名，并积极吸纳其参加自己的政权。如湖湘连州人孟宾于参加后晋科举考试及第后，便入仕楚，后来南唐灭楚，又归南唐。据《江南野史》卷八《孟宾于传》云：“孟宾于，湖湘连州人。少修儒学，早失其父，事母以孝闻。长好篇咏，有能诗名……明年春，与故李司昉同年擢进士第……数岁，天策府马氏辟为零陵从事。及江南攻下湘湖，宾于随马氏归朝。嗣主授以丰城簿，寻迁淦阳令。”[④]

十国之间也存在相互吸纳士子的情况。如十国中南唐科举影响较大，也吸引了邻国士子来应举。特别是闽人赴南唐应举的情况还不少。如福建建阳人阮思道，就“中南唐进士，入宋为史馆检讨”[⑤]。《建阳县志》卷九《列传》云：“阮思道，字符恭，中南唐进士，后归宋为史馆检讨。”[⑥]又福建汀州沙县人张确，登南唐开宝八年进士第。[⑦]建州人朱弼，就赴南唐“举明经第一，授国子助教，知庐山国学”[⑧]。

（三）省试伪滥

十国政治秩序动荡不安，科场秩序更是混乱，贿赂公行，伪滥横生，很难做到考试

① （南唐）佚名撰：《江南余载》卷上，收入傅璇琮、徐海荣、徐吉军主编《五代史书汇编》第9册，杭州出版社2004年版，第5111页。

② 《十国春秋》卷九六《闽·林省邹传》，第1383页。

③ 《资治通鉴》卷二八二，后晋高祖天福四年二月条，第9199页。《新五代史》卷六八《闽世家八》云：“晋天福二年，昶遣使朝贡京师，高祖遣散骑常侍卢损册昶闽王。”（第850页）

④ 收入文渊阁《四库全书》第158册，第692页。

⑤ 《宋诗纪事补遗》卷二《阮思道》，第7页。

⑥ （明）黄璿撰：《建阳县志》卷九《列传》，收入《天一阁藏明代方志选刊》卷三一，第4页。

⑦ 《延平府志》卷一四《选举·进士》，收入《天一阁藏明代方志选刊》卷二九，第1页。

⑧ （宋）陆游撰：《南唐书》卷一五《朱弼传》，收入《南唐书（两种）》，第331页。

公平。如后蜀范禹偁掌贡举时,"贿厚者登高科,面评其直(值),无有愧色",就连自己的昔日布衣之交冯赞尧应举,也不念其"家贫,窘于赀,终不放登第"①。这种唯钱、权定等,不顾才学、恩情的科举选才标准在科举时代是少有的现象。取士不公的现象不独在后蜀,就连科举开展较好的南唐也是如此。南唐"国中至冤者多立于御桥之下,谓之'拜桥'。甚有操长钉、携巨斧而钉脚;又有阉人立于殿庭之下者,为'拜殿'。进士曹觊南省下第,乃'钉足';谢泌下第,立殿称冤。举人之风扫地矣"②。想当年的"白衣公卿",在南唐完全成了祥林嫂的角色,落第举子竟然效仿坊巷之人采用"拜桥"、"拜殿"的方式申冤,借此引起社会的关注,不仅是落第举子的悲哀,也是南唐科场不公的体现。

(四)装点门面

十国中的主要大国都不同程度地实行了科举考试,正如马端临所言,五代"至于朝代更易、干戈抢攘之岁,贡举未尝废也。然每岁所取进士,其多者仅及唐盛时之半"③。十国实行科举的情况虽不及五代,但十国坚持实行科举制度的原因,倒是与五代有几分相似。其主要原因是,自唐代以来科举考试逐渐成为士大夫入仕的最主要正途,诸国是否实行科举考试,成为能否获得士大夫支持的关键。④ 但五代十国政权基本上都是割据政权,不仅在地域上有很大局限性,而且因为其君主基本上是由原来的节度使等地方长官割据而来,多为武人出身,对文人自然不会过多重视,难以从根本上改变尚武观念。

十国的国君基本上都是武人出身,生性残暴,实行苛政,影响了士大夫参与地方政权的积极性。即便是状元及第也难得重用,不少人只好选择隐逸生活。如南汉白龙元年,梁嵩状元及第,"仕南汉刘龑,龑多苛政,嵩求去,因献此赋(《倚门望子赋》),即命归奉母"⑤。《粤西文载》记载此事较为详细:梁嵩"因母老乞归,作《倚门望子赋》以献,怜而许之,赐赉不受,惟请蠲免其本州丁赋,从之"⑥。十国君王的独断与士大夫的政治抱负相违背,士大夫科举及第后,往往在政治上难以实现抱负,不是退隐,就是投奔中原政权。尤以南汉最为突出。如南汉胡宾王,"少力学,以博洽知名。南汉时进士甲科",累官中书舍人、知制浩,适逢后主刘鋹淫虐,"辞官归,乃著《南汉国史》"。宋平南

---

① 《十国春秋》卷五三《后蜀列传·范禹偁传》,第 782 页。

② (宋)郑文宝撰:《江表志》卷三,收入文渊阁《四库全书》第 158 册,第 706 页。

③ 《文献通考》卷三〇《选举考》,第 283 页。

④ 陈寅恪《唐代政治史述论稿》曾经说过:"进士之科虽设于隋代,而其特见为重,以为全国人民出仕之唯一正途,实始于唐高宗……迄于后代,因而不改。"

⑤ (清)汪森编,黄盛陆等校点:《粤西文载》卷一《倚门望于赋》,广西人民出版社 1990 年版,第 6 页。

⑥ (清)汪森:《粤西文载》卷一《倚门望于赋》,第 6 页。

汉后献书入仕，“会诏有官者得与科试，遂登咸平庚子进士第，累迁翰林学士”①。与此同时，南唐、后汉及第进士，在亡国之后，反而积极参加宋朝政权，与此形成了鲜明对比。

十国科举更多的时候，是割据政权为了装点门面，开科取士，在某种程度上笼络了士子，提升士子参与政权的积极性，为贫寒子弟入仕登堂提供一定的机会，仍然发挥了一些积极的作用，科举也影响到了社会底层，开化了社会风气。如南唐姚端年十八，状元及第，“宰相游简言以女妻之，未几疾终，时人谓之女杀状元”②。随着参加科举考试者身份的降低，平民子弟应举热情增加，民间对及第的旌表方式多样化。科举的教化作用深入了社会底层，民间以状元名命名地名、里坊，旌表尊亲，彰显一方文化风气屡见不鲜。如《广西通志》卷一五《山川·浔州府》云：“阆石山……五代时状元梁嵩读书岩中。”③同书卷四五《古迹·浔州府》云：“龙街里，在县南，南汉时梁嵩中状元，因改其乡曰鹏化，里曰龙街。”④这说明了十国科举改变平民身份机会的增加和社会对科举考试的认可。

综上所论，十国是中国历史上少有的割据分裂政权，政局动荡，社会秩序混乱，科举制度也在所难免。虽然十国科举在中国科举制度史上微不足道，唯有南唐、南汉和后蜀先后实行了科举考试，但南唐科举考试在某些方面对中国科举考试制度的变革仍有一些影响。由于南唐科举考试伪滥，覆试频发，以致南唐后主亲自命题，殿试进士，这是继武则天开殿试制举人之后，皇帝首次殿试新及第进士，与宋代的进士科考试的殿试已经十分类似，可视作宋代开创进士科殿试的原型。南唐还出现了中书门下详覆新及第进士的试卷和名次之后，重新定榜次的情况。不仅如此，南唐知贡举主司在放榜前，要把名单呈给皇帝过目，皇帝有权改易知贡举主司所作的排名，表明皇权对科举取士干预的程度日益加深，这也是促生皇帝殿试制度的出现因素之一。南汉科举虽然不如南唐科举兴盛，但进士科出身在南唐政权中的影响力远远超过了南唐。已知及第的八名进士中竟然出了两位宰相，中书舍人两人，翰林学士两人，尚书右丞一人，御史大夫一人，均官职清望官，进入了决策层和核心层。

十国科举一个重要的特征，就是科举已经不是士大夫阶层的特权，农民子弟开始参与科举考试的人数增多，虽然反映了科举地位的下降，但在某种程度上刺激了农民

① (明)郭棐撰，黄国声、邓贵忠点校：《粤大记》卷二三《献征类·文学经纶·胡宾王》，中山大学出版社 1998 年版，第 673 页。

② (南唐)佚名撰：《江南余载》卷上，收入《五代史书汇编》第 9 册，第 5110 页。

③ 收入文津阁《四库全书》第 189 册，第 102 页。

④ 收入文津阁《四库全书》第 189 册，第 353 页。

等社会底层应举的积极性，将科举真正扩大到了社会底层。由于十国在国力和疆域上均不及中原的五代王朝强大，因此，十国士人向慕五代科举成了一个时代特征。中原王朝在统一过程中，为了笼络十国士子，不惜采取让江南举子免取本贯解状的措施，吸引江南等边缘地区的举子参加礼部省试。即便是科举较为兴盛的南唐、南汉，士人也向慕中原王朝的科举，不远千里，翻越千山万水，跑到北方，参加中原的科举考试。不过，举子大量赴中原王朝应举，多少有损当朝政权的形象，于是南唐等政权派人阻挠本朝举子赴江北应举。后晋福建闽人林省邹乔装僧人，北逃参加后晋即所谓“上国”的科举考试，就是其中的典型代表。而十国中科举相对比较盛的南唐，也吸引了邻国士子来应举，特别是闽人赴南唐应举的情况还不少。

十国科举总体来讲，制度方面没有五代规范，比较混乱，开科无常，授官没有保障，故起不到充分选拔士子的作用，凸显了乱世出豪杰的特点，武人当道，武人轻视、凌辱举子的现象时有发生。南唐甚至出现进士科状元沦落到自宫以求仕进的地步，显示了在十国政治极度昏暗的情况下，科举出身的耀眼地位已经大大动摇。其主要原因是，十国政权基本上都是割据政权，其君主基本上是原来的节度使等地方长官，多为武人出身，对文人自然不会过多重视，难以从根本上改变尚武观念。十国的国君基本上都是武人出身，生性残暴，实行苛政，影响了士大夫参与地方政权的积极性。十国科举更多的时候，是割据政权为了装点门面，开科取士，但在某种程度上笼络了士子，提升士子参与政权的积极性，为贫寒子弟入仕登堂提供一定的机会，仍然发挥了一些积极的作用，科举也影响到了社会底层，开化了社会风气。

唐宋科举与博物观念的发展*

罗积勇　陈锡朋**

摘　要:本文从科举类目、出题范围和科举诗文的写法三个维度分别探讨唐宋科举与博物观念发展、演变的关系,证明唐宋时期是博物观念从"求异"到"求用"的重要转变期,唐宋科举对该转变起到了推动的作用。

关键词:博物;唐宋科举;试赋;试律诗;试策;四六文

"博物"作为传统学术的重要概念之一,包括三个义位:广义的通晓世间万物、具体的通晓自然之物与通晓人文制度。我国传统博物概念的独特性在于它的目的性,即求异与求用。此概念可追溯至先秦时期的鬼神祭祀活动,反映了人们探索自然界(包括鬼神怪异之物)的要求,《山海经》正是此种观念的产物。儒家推崇《诗经》,孔子称学《诗》"多识于草木虫鱼之名"①,重视对《诗》中名物的认知;《尔雅》属于经典注释学文本,其中多训释异物之名,对博物之学帮助良多。② 此二书作为儒家经典,将博物传统纳入儒家思想体系内,对读书人影响深远。汉魏六朝文人写作大赋,尤需博识周知。刘勰《文心雕龙·诠赋》云:"赋者,铺也。铺采摛文,体物写志也。"赋体的基本特征在于"体物",即通过对外部事物的描摹、铺陈来抒发个人情志。以班固《西都赋》为例,其描写长安物产瑰奇富饶之状,既有"蓝田美玉"、"随侯明月"、"翡翠火齐"、"珊瑚碧树"等"陆海珍藏",

---

*　基金项目:本文为国家教育部全国教育科学"十二五"规划课题"通过作文教学开展创新人才早期培养的理论与实践研究"(FHB120495)、全国高等院校古籍整理研究工作委员会直接资助项目"《礼部韵略》与宋代科举"(项目编号:1031)的阶段性成果。

**　作者简介:罗积勇,男,武汉大学文学院教授,博士生导师,研究方向为古汉语词汇、修辞,中国古代科举文献研究;陈锡朋,男,武汉大学文学院中国古典文献学专业2015级硕士研究生,研究方向为中国古代科举文献。

①　《论语·阳货》。

②　(晋)郭璞《尔雅序》云"若乃可以博物不惑,多识于鸟兽草木之名者,莫近于《尔雅》"。

又有“九真之麟，大宛之马，黄支之犀，条支之鸟”等“殊方异类”，“极众人之所眩曜”；又如王粲《迷迭赋》、《玛瑙勒赋》、《车渠椀赋》、《鹦鹉赋》等咏物赋，多描写稀世珍宝或异国奇物。这些赋反映了时人炫奇立异的心理，是求异之博物观的真实写照。以上尚只限于自然知识方面，较少涉及人物、艺文、典章制度等人文社会内容。博物传统自最初产生之时便以求异为指向，并在此方向上不断演进，唐以前博物观念的发展大抵如此。

唐宋时期是博物概念的重要转变期。博物传统内部仍然为神仙鬼怪等超自然事物以及奇珍异物、奇闻异事留有空间，与此同时，求用逐渐取代求异成为博物概念的重心，这种转变在科举层面表现得尤为明显。唐宋科举诸多科目，或多或少地体现了博物观念演变的轨迹，尤以进士科与词科最为典型。① 本文即以上述科目为主要论述对象，分别从类目、出题范围和应试诗文的写法三个维度探讨科举与博物之间的关系。

一、科举类目

唐代科举项目，主要为常科中的进士、明经和制科。唐代科举尤以进士科为重，唐人云“国家取士，远法前代，进士之科，得人为盛”②。进士科各时期考试项目如下：唐初止试时务策；贞观八年(626)至永隆二年(681)期间，进士科除试策外还包括帖读、帖经、杂文等试项，形式不一；永隆二年颁布《条流明经进士诏》，标志着进士科两项试制的完全确立，《登科记考》卷二永隆二年条云：“按杂文两首，谓箴铭论表之类。开元间，始以赋居其一，或以诗居其一，亦有全用诗赋者，非定制也。杂文之专用诗赋，当在天宝之季。”③其实杂文最初亦包括赋，据王士祥先生考证，垂拱元年(685)颜元孙所试《高松赋》是进士科试赋的最早证据；④开元二十五年(737)的《条制考试明经进士诏》标志着进士科帖经、杂文和策三项试制的正式确立，⑤此后至晚唐五代，基本延续了这项制度，其中杂文自天宝时期形成了诗赋各一的固定格局，诗、赋、策成为唐代科举考试最重要的三种文体。明经科最初只试策，后来逐步发展成帖经、问义和答策三试的基本格局，尤以对策为重。⑥ 至于制举，名目虽繁多，大抵如陈飞先生所述，以试策为主。⑦

---

① 这里的“词科”包括唐代吏部科目选的博学宏词科与宋代的词科，此二科性质有别，但为了表述方便，统一称为“词科”。

② 傅璇琮：《唐代科举与文学》，陕西人民出版社 1986 年版，第 23—26 页。

③ 孟二冬：《登科记考补正》，北京燕山出版社 2003 年版，第 84—85 页“进士试杂文两首”注释。

④ 王士祥：《唐代试赋研究》，上海古籍出版社 2012 年版，第 77—78 页。

⑤ 陈飞：《唐代试策考述》，中华书局 2002 年版，第 129 页。

⑥ 陈飞：《唐代试策考述》，第 44 页。

⑦ 详见陈飞《唐代试策考述》，第 267—276 页。

唐代进士科试杂文从最初以箴铭论表等应用文为主，到一诗一赋固定格局的确立，可以看出朝廷对文学类文体的重视。试策受到唐代文风的影响，亦需文理兼茂，多采用赋体，傅璇琮先生称之为“策赋”。王士祥先生提出“赋兼才学”的观点，认为作赋需具备后天深厚的学养，“对相关经史成句的援引、化用以及相关词汇、典故的嵌入”，都是考生“才思与学养的综合体现”，反映了朝廷“塑造天下士子文化品格的深远用意”。① 其实，不仅试赋是这样，试律诗、试策亦如此，进士科所试文体对博物的要求都是比较高的。此外，如吏部科目选的博学宏词科，②制举的“博学通艺”、“博通坟典”、“文学优赡”等科目，仅从名目上便能看出朝廷对博学通识之才的重视。以博学宏词科为例，李商隐《与陶进士书》云：“夫所谓博学宏辞者，岂容易哉！天地之灾变尽解矣，人事之兴废尽究矣，皇王之道尽识矣，圣贤之文尽知矣，而又下及虫豸草木鬼神精魅，一物已上，莫不开会。”③据李文可知，深厚渊博的学识是该科取士的重要条件，这里的博物多识，既有“鬼神”、“精魅”等求异之传统，又有“人事之兴废”、“皇王之道”等求用之新变，正符合博物观念过渡阶段的特征。

宋代常科主要包括进士科与诸科，④宋代制科时立时废，远没有唐代兴盛。宋代科举影响最大、地位最高的仍是进士科，其考试科目经历了诗赋与经义的反复论争。⑤诸科、制科考试科目多以策、论为主。无论是诗、赋，还是策、论，不再以炫博立异为评判标准，取而代之的是对儒家经典的贯通和议政、说理的精当程度，体现了宋人重学问、尚理趣的风气。

熙宁时期，王安石罢诗赋而用经义取士，一度造成朝廷四六应用文写作人才的匮乏，且科举士人“不复留意博物”⑥。对于王安石变法造成的弊病，苏轼评价道：“文字之衰，未有如今日者也。其源实出于王氏。王氏之文未必不善也，而患在于好使人同己。……王

---

① 王士祥：《唐代试赋研究》，第495—497页。

② （南宋）王应麟《词学指南序》云：“博学宏词，唐制也，吏部选未满试者试文三篇：赋、诗、论。”可知博学宏词科试赋、诗、论各一篇。

③ 刘学锴、余恕诚：《李商隐文编年校注》，中华书局2002年版，第435页。

④ 《宋史·选举志一》叙曰：“初，礼部贡举，设进士、九经、五经、开元礼、三史、三礼、三传、学究、明经、明法等科。”自“九经”至“明法”九科，文献多统称为“诸科”。详见祝尚书《宋代科举与文学》，中华书局2008年版，第7页。

⑤ 宋初沿袭唐五代诗赋取士的旧制，熙宁时在王安石变法的推动下罢诗赋而改试经义，后历经元祐诗赋、经义兼收之制，再到绍圣罢诗赋而用经义的反复，直到南宋初年复以经义、诗赋两科取士。关于宋代进士科考试的诗赋与经义之争，详见祝尚书《宋代科举与文学》第二章《宋代进士科的考试》，第43—65页。

⑥ （明）陈懿典《陈学士先生初集》卷三《重刻埤雅广要序》：“自诗赋之科罢而举业之文仅取帖括，不复留意博物，而淹通好古之家，巨帙累卷，终尽布之通都。其视制义之朝行而夕泯者又何如也！”陈懿典强调了博物对于文章写作的重要性，而自诗赋被罢后，博物的载体不复存在，士子学问匮乏，甚至不读经史原典，仅记诵王安石新义而已，此正是王安石“使人同己”之病。

氏欲以其学同天下。地之美者，同于生物，不同于所生。惟荒瘠斥卤之地，弥望皆黄茅白苇，此则王氏之同也。”[①]北宋末年设置的词科，[②]正是对这一弊病的弥补。该科专为培养四六文写作人才而设，不同于唐代作为制科之一的博学宏词科，应视为独立一科。自北宋绍圣初设至南宋嘉定以前为词科的兴盛期，造就了一大批博学之士，如三洪、[③]周必大、吕祖谦、王应麟等人。这些人都是“百科全书式”的学者，其著作遍及经史子集四部，时人多有“博洽”之美誉。以王应麟为例，牟应龙称其“以博物洽闻伏一世”[④]，四库馆臣亦云“宋自绍圣置宏辞科，……于是南宋一代通儒硕学多由是出，最号得人，而应麟尤为博洽”[⑤]。可见博闻强识是两宋评价人物的标准之一，体现了宋人重记问、尚博学的风气。

词科的考试科目，王应麟在《词学指南序》中有详细论述：“绍兴三年，工部侍郎李擢请别立一科，七月诏以博学宏词为名，凡十二体，曰制、诰、诏书、表、露布、檄、箴、铭、记、赞、颂、序。古今杂出，六题分为三场，每场一古一今，三岁一试，如旧制。先以所业三卷（每题二篇）纳礼部，上之朝廷，下中书后省考，其能者召试，其取人以三等。”[⑥]可知所考文体都是朝廷公务所需的应用文，且以四六文为主。[⑦] 四六文讲究对偶、声律、藻饰，讲究运用典故，且三场间以古、今之事为题，必须熟悉当朝与历代的典章制度、文物掌故等，这在一定程度上扭转了空疏不学的风气，促使士人重新重视博物之学。例如宋高宗绍兴五年词科试题为“（制）观文殿学士江南西路安抚大使授永兴军节度使开府仪同三司都督川陕荆襄路军马事、（露布）唐天下兵马元帅克复京城、（箴）汉宣室、（记）唐折冲府、（赞）御书无逸图、（序）统元历”[⑧]，其中露布、箴、记三篇为古事，制、赞、序为今事，其知识含量相当广泛，没有丰富的知识储备作为基础，纵有文采也无处可施：制文须对宋代的地理和职官制度相当熟悉，明确江南西路、永兴军、川陕荆襄路的实际位置和观文殿学士、安抚大使、节度使、开府仪同三司的具体职能；露布须对唐代的地理沿革、军事制度和克复京城的史事有所熟悉；箴文涉及汉代的宣室殿，须对汉代宫殿的规制有所了解；[⑨]记文折冲

① 苏轼：《答张文潜县丞书》。

② 该科名称凡三变：绍圣初始设，名为“宏词科”；徽宗大观年间改为“词学兼茂科”；南宋高宗绍兴初复改为“博学宏词科”。

③ 指洪适、洪遵、洪迈三兄弟，曾先后考中词科。

④ 牟应龙：《小学绀珠序》。

⑤ 《四库提要·〈玉海〉提要》。

⑥ 王应麟《玉海》卷二〇一，上海书店、江苏古籍出版社 1987 年版，第 3670 页。

⑦ 词科所试文体多达十二种：制、诰、诏、表、露布、檄、箴、铭、赞、颂、记、序。这十二种文体的格式又可以分为两类：一类是仅许四六体，包括制、表、露布、箴、铭、赞、颂七种（其中箴、铭、赞、颂又是韵语）；一类是四六体、古文体兼用，包括檄、诏、诰、记、序五种。

⑧ 张骁飞：《王应麟文集研究》，中华书局 2011 年版，第 254 页。

⑨ 如《史记·屈原贾生列传》“宣室”裴骃集解引苏林曰“未央前正室”，司马贞索隐引《三辅故事》云“宣室在未央殿北”，若考生不知宣室殿相对于未央宫的位置，写作起来难免捉襟见肘。

府为唐代军府名称，考生若不熟悉自西魏到唐代府兵制度的历史沿革，不掌握贞观十年折冲都尉府设立的具体情形，[①]就无法展开论述；赞文涉及《尚书·无逸》，考生若不熟读此篇，则难以写好；序文统元历为宋高宗颁布之新历，颇切合时事，考生须对天文历法之掌故、历朝律历之递变有所熟悉。综上可知，此时的博物观念已较唐时有很大不同，神仙鬼怪、奇闻异事等纯粹求异的成分已经罕见，取而代之的是有裨于国家治道和社会生活、以经世致用为导向的实用博物观。

唐宋各科的设立和考试项目的选定可以大致反映博物观念的演变情况，其出题范围则直接体现了博物观念的发展迹象，下节将详细论述。

二、出题范围

唐代试赋主要有进士科试赋和博学宏词科试赋，[②]其命题范围广泛，古今并包，可分为以典籍命题和即事命题两种，两者是相互交叉的：

以典籍命题者主要以儒家经典（据王士祥统计，涉及经书以《尚书》、《礼记》和《春秋左传》最多）、前三史（以《汉书》最多，其次为《史记》）和道家经典（以《庄子》最多，还有《老子》与《文子》）为主，[③]多取经典中反映政治理想的语言片段为题。如乾宁二年(895)进士试《人文化天下赋》，出自《周易·贲》"观乎人文，以化成天下"，孔颖达疏云"言圣人观察人文，则诗书礼乐之谓，当法此教而化成天下也"，以此为题，反映了统治者用儒家经典、礼乐制度教化天下的施政纲领。

即事命题者"或用古事，或用今事，亦无定程"[④]，大多取自经典。其命题内容较为多样。

或摘自然物候。如上元二年(761)府试《沙洲独鸟赋》和咸通十五年(874)进士试《咏晓赋》，前者为自然景物，后者为时节物候。

或摘人文景观，多为宫殿、楼台、都邑等。如《北斗城赋》，要求考生从汉代古都长安城写起，推衍到今日京城之盛况，以今昔对比为核心立意，属于古事题；又如开元十三年进士试《花萼楼赋》，花萼楼为唐玄宗开元八年所建，[⑤]属于时事题。

---

① 详见张沛《唐折冲府汇考》之《唐折冲府概述》，三秦出版社2003年版，第9—22页。

② 此外，制科中的辞藻宏丽科（天宝十三年，即754年）、文辞清丽科（建中元年，即780年）、日试万言科三科也与试赋相关。详见詹杭伦《唐代科举与试赋》，武汉大学出版社2015年版，第60—61页。

③ 详见王士祥《唐代试赋研究》，第222—232页、第373页《以儒经拟题试赋一览表》、第391页《以前三史为题省试赋一览表》。

④ （清）王芑孙：《读赋卮言》，《赋话六种》本，香港三联书店1982年版，第15页。

⑤ 《旧唐书》卷九五《睿宗诸子·让皇帝宪传》曰："玄宗于兴庆宫西南置楼，西面题曰'花萼相辉之楼'，南面题曰'勤政务本之楼'。"王应麟《玉海》卷一六四"唐勤政楼、花萼楼"条引韦述《东京记》曰："开元八年造二楼。"

或摘礼乐歌舞。如元和十三年(818)进士试《修礼耕情田赋》,取自《礼记·礼运》"故人情者,圣王之田也,修礼以耕之",表达了国君以礼乐为工具安抚民心的治国主张;又如贞元九年(793)词科试《太清宫观紫极舞赋》,以道教乐舞"紫极舞"为题,宗教舞蹈的奇异能够充分引发人的想象,又与朝廷推崇的礼乐文化合拍,故适合出题,这是求异与求用心理交织的产物。

或摘军旅祭祀。如大历九年(774)东都进士试《腊日祈天宗赋》和大中十一年府试《三箭定天山赋》,分别以皇帝祭天之事和初唐名将薛仁贵征讨九姓突厥之事命题。《左传》成公十三年云"国之大事,在祀与戎",国家政治与祭祀和军事密切相关,以此二者为题,能够彰显君主贤将的文治武功,表达国祚昌盛的寄托,同时也暗含追忆往昔、重振国威的潜台词。

或摘历朝故事。如开元二十二年词科试《公孙弘开东阁赋》,取自《汉书》公孙弘"开东阁以延贤人"事,体现了朝廷广纳贤才的用意;又如元和四年进士试《萤光照字赋》,取自《晋书》车胤囊萤夜读之典,其立意在于标举古人"励躬"求学的决心,[①]鼓励士子勤学苦读。

或摘祥瑞之物,包括天象、动植物、器物等。如宝应二年(763)进士试《日中有王字赋》,此以天象为题,唐人受天人感应学说的影响,认为天象与人道相合,日是君主的象征,日中有王字(当为日中云气),预示着正统君主的诞生,这与代宗刚刚即位(762)、安史之乱结束、国家重归稳定的时代背景相契合。又如开元二十四年进士试《越人献驯象赋》,[②]此以动物为题,《唐会要》卷九八、《旧唐书》卷四等皆有林邑国遣使向唐王朝献驯象的记载,受佛教的影响,象被视为祥瑞之物,以产自异国的驯象为题,充分体现了统治者尚奇的心理,"驯"字也有远藩顺服的政治寓意。又如开元二十九年进士试《蓂荚赋》,此以植物为题,蓂荚是传说中的瑞草,《天平御览》卷八七三《休征部二》引《孙氏瑞应图》曰"蓂荚者,……圣明之瑞也。人君德合乾坤,则生祥瑞",时正当开元盛世,时物相应,归于治道。又如开元十八年进士试《冰壶赋》,此以器物为题,取自鲍照诗《白头吟》"清如玉壶冰",玉壶冰自古有清廉高洁之寓意,取以为题,表达"激清励贪"的现实用心。[③] 此类皆属咏物赋,其出发点为求异,归结点却在于求用上,多借物讽喻时事或阐明道理,不同于汉魏六朝纯粹"为好奇而好奇"的博物观。

值得注意的是,有些题目直接引经据典,论述较为抽象的道理,与宋代大多数试题并无二致。如乾宁元年(894)进士试《止戈为武赋》,取"武"字从止从戈之义立题,典出

---

① 该题限以"能励躬,必大成"为韵。

② 与该题类似的题目还有大历十四年词科试《放驯象赋》。

③ 激清励贪,出自崔损应试赋,《文苑英华》卷三九。

《左传》宣公十二年楚大夫潘党语，大抵言国君应禁暴除乱、安抚百姓、止息干戈之意，该题较为抽象，以论道为主，并无多少形象的事物可铺叙，今所见徐寅应试赋正以明理见长。[①] 类似的还有贞元十六年进士试《性习相近远赋》、咸通二年进士试《盛德日新赋》、乾符五年(878)进士试《以至仁伐至不仁赋》等。此类试题中晚唐尤多，已呈现出向求用转变的倾向。

唐代试律诗[②]之题目亦可分为以典籍命题和即事命题两种：

以典籍命题者多以儒家经典为题(多取自《五经正义》)，[③]反映了朝廷重视经学的思想导向。命题方式主要有以原文命题和以后世注解命题两种，或直接取用原句，如元和年间进士试《鱼上冰》、[④]乾宁元年进士试《东风解冻》，均摘自《礼记・月令》原文，代指正月早春时令。或化用经文或注解，如元和八年进士试《履春冰》，取自《尚书・君牙》“涉于春冰”，题目变动词“涉”为“履”，复删去虚词“于”，意义并无改变。

即事命题者类别繁多，大致与试赋相同。

最多的一类是以自然风景为题，此类试题常与节令、物候结合，最具代表性的为咏春诗，因唐代进士科考试一般在初春时节，考生就眼前所见之景展开描写，易于出彩。如先天二年(713)进士试《长安早春》，与考生的应考时间、取景环境皆相契合。又如贞元五年进士试《曲江亭望慈恩寺杏园花发》，[⑤]即以春季杏花盛开之景为题。以人文景观为题者多描摹宫殿楼阁宏伟繁华的体制，展现帝都富丽堂皇的气象，如贞元四年进士试《南至日隔霜仗望含元殿炉香》。还有节日庆典等反映君臣生活的盛况，如大历九年东都进士试《清明日赐百寮新火》。

以古代故事为题者多有借古喻今之内涵。如《文苑英华》所载省试诗《亚父碎玉斗》，[⑥]取《史记》范增鸿门宴后碎玉斗之典，表达对古人的惋惜之情，也讽喻君主当勇于决断、善于听取贤臣的意见。

---

① 詹杭伦：《唐代科举与试赋》，第277—278页。

② 这里主要指狭义的试律诗，即指士子参加科举各级考试时按官方命题当场所作的诗，包括省试诗、州府试诗、国学试诗等。广义的试律诗还包括省题诗，即以过往科举考试试题或仿拟科举试题而作的诗。

③ 此外还有前三史、诸子、前人诗文等。以诗文为题者尤以《文选》中的篇目居多，可见唐人对《文选》的重视程度，如贞元九年进士试《风光草际浮》、元和十年进士试《春色满皇州》皆出自《文选》卷三〇谢朓《和徐都曹》诗。

④ 该题具体年份尚不可考，今存王季则、纪元皋、吴冕诗三首，见《文苑英华》卷一八五《省试六》，三人皆登元和进士第(其年份不详)，此题当为元和年间省试诗。

⑤ 徐松《登科记考》定为贞元四年的试题，孟二冬认为该诗为贞元五年试题。按贞元四年进士试题实为《南至日隔霜仗望含元殿炉香》，当从孟说。

⑥ 《文苑英华》卷一八六《省试七》载同题诗共三首，分别为孟简、裴次元、何儒亮所作，其诗对应年份尚不明确。

此外，还有珍宝器物、音乐舞蹈等类，其中不乏异域文化的成分，体现了求异的博物心理。如《文苑英华》所载省试诗《西戎献马》、《西戎献白玉环》二首[①]，分别以西戎所献良骥、珍玩为题，反映了唐王朝怀柔远夷的心怀和对异国之物的好奇。又如贞元十九年进士试《太常观阅骠国新乐》，骠国为南方古国，今在缅甸境内，该诗体现了统治者对异域音乐的兴趣。

至于抽象的说理诗基本见不到，[②]即便摘自经典，也多取形象性的名物，[③]这与宋代试律诗有很大不同，体现了唐诗重形象、重感官体验的特质。

诗题内容的门类虽繁多，大体以庄重典雅的审美风格为主。在此传统范式之外，还应注意其突破传统、新异骇怪的内容，王士祥先生称之为“传奇化”，并概括为符瑞类、神仙类和异闻类三种：[④]

祥瑞类借奇异的自然物象称颂帝王文治武功、赞美国家太平富足。如开元二十六年进士试《明堂火珠》，明堂是古代帝王宣明政教之地，火珠即火齐珠，为产自南蛮的宝珠，《旧唐书》卷一九七《南蛮西南蛮传·林邑》载“（贞观）四年，其王范头黎遣使献火珠”之事，《旧唐书》云火齐珠“圆白皎洁，光照数尺”，其特征正与明堂之名相应，有政教昌明之寓意。这类物象都有语义上的限制，即必须是吉祥物象，有文献、历史根据或与文化要求相符，而非虚诞的、毫无寓意的事物，这反映了求异观念已经有了一定的取向性，不单纯是为了好奇而求异。

神仙类与道家文化密切相关，多取自道教尊崇的神仙，反映了李唐对道家文化的重视。如太和二年(828)进士试《缑山月夜闻王子晋吹笙》，取王子乔成仙得道的故事，出自刘向《列仙传》，反映了时人对神仙、方术的向往，是道教文化的体现。

异闻类即与常见之事迥殊的奇闻异事，包括志怪传奇。如《文苑英华》卷一八五载省试诗《鲛人潜织》，[⑤]取自鲛人泣珠传说，出自张华《博物志》卷九：“南海外有鲛人，水居如鱼，不废织绩，其眼能泣珠。”[⑥]这类题目与文人行卷风气和唐传奇的发展密切相

---

① 此二诗分别出自《文苑英华》卷一八五《省试六》和卷一八六《省试七》，作者为周存和张惟俭，其诗对应年份尚不明确。

② 仅就《文苑英华》卷一八〇至卷一八九所载试律诗统计，类似宋代纯粹说理的诗题只有《至人无梦》、《人不易知》、《行不由径》、《言行相顾》、《求自试》等数首。此与唐代试赋、试策尚有不同，前文论及中晚唐试赋偶有纯粹说理的试题，下文谈到的试策也多见说理之题，试律诗则极少见，可见唐人对诗、赋、策三种文体的定位有所区别：诗基本以形象性的描写为主，赋描写与说理兼可，策则以说理为主，故博物观向求用的转化最先体现在赋和策上，诗则较晚。

③ 如上文论及摘自《礼记·月令》原文的《鱼上冰》、《东风解冻》，皆含鱼、冰、东风等自然名物。

④ 王士祥：《浅论唐代省试诗的传奇化》，《唐代应试诗赋论稿》，第142页。

⑤ 今存康翊仁诗一首，详见《文苑英华》卷一八五《省试六》。

⑥ 西晋张华所著《博物志》是已知最早以“博物”为名的著作，今本分十卷，其中“异人”、“异俗”、“异产”、“异兽”、“异鸟”、“异虫”、“异鱼”、“异草木”等篇目都反映了作者求异的心理，这是对《山海经》博物观念的延续。

关，直接反映了唐代社会尚奇求异的文化氛围。士子入京应试，常预先干谒名公，呈献诗文，冀其称誉，称为“行卷”。[①] 举子在行卷中追求标新立异，以达到引人注意的目的，其手段主要有两种，一是多写“新怪可观”的“殊异之景”。[②] 如程千帆先生所举张籍行卷诗《送海客归旧岛》，[③]即以异地风景的描写引人入胜，这类体裁推动了求异观念的传播。二是以传奇小说来行卷。唐传奇源自魏晋南北朝的志怪小说，是博物在求异方向上发展的产物，其多记述神仙鬼怪等奇闻异事，考生借此“希图一新耳目，获得特效”[④]。行卷风气和唐传奇带来的这些影响已充分渗透进唐人的社会生活与审美心理层面，故以此为题并不奇怪。如《文苑英华》卷一八九载《府试古镜》、《秦镜》两道题，出自《西京杂记》卷三载秦始皇以方镜照宫人的故事。[⑤] 古镜可以洞鉴人心，引申为祛恶辟邪、明察善断之意，很可能受到隋王度的传奇小说《古镜记》的影响。[⑥]

唐人选用“传奇化”的内容作为试题，其用意如下：一方面，这些题目或取自僻书僻典，可以充分考察应试者的知识面，对博闻提出了新要求，刘知幾《史通》所云“窥别录”、“讨异书”的精神即本于此；[⑦]另一方面，这对陈陈相因的儒家经典也是一种突破，反映了唐人标新立异的开放精神。此求新求异之精神并非自唐开始，我们应注意到此文化精神的内核早有历史渊源，只是由唐代发扬光大而已，如果回归到先秦时期审视此传统，可以发现其数百年的历史进程并未中断，正是求异之博物观演进的结果。

唐代试策相较于诗赋，求异的成分要少一些，力求“使事深于政术，理密于时务”[⑧]，大致可分为三类：

或直接求道问政，多与时事相关，称为“时务策”。如《文苑英华》卷五〇一载《议漕运》策：“昔在隋季，厥庾空虚。爰逮皇家，京坻弥望。既乘前弊，年蓄未登，自东徂西，依常运漕。今送纳之所，物贱本州，欲赍直买输，利益兼倍。”[⑨]漕运是从水路运输粮食，供应京畿或军需的行政、经济手段，此策追溯隋季之前弊，推及唐朝之新法，针对当

① 鲁迅《且介亭杂文》二集，转引自《程千帆全集》第八卷《唐代进士行卷与文学》，河北教育出版社 2000 年版，第 79 页。

② 方回《瀛奎律髓》卷四，转引自《程千帆全集》第八卷《唐代进士行卷与文学》，第 38 页。

③ 《程千帆全集》第八卷《唐代进士行卷与文学》，第 37 页。

④ 鲁迅《且介亭杂文》二集，转引自《程千帆全集》第八卷《唐代进士行卷与文学》，第 79 页。

⑤ （汉）刘歆：《西京杂记》，中华书局 1985 年版，第 19 页。

⑥ 王度《古镜记》收录于陈翰《异闻集》和《太平广记》卷二三〇，讲述主人公王度的古镜得而复失的奇遇，此传奇唐时颇为流行。

⑦ 刘知幾对唐人以僻书拟题评论道：“然则刍荛之言，明王必择；葑菲之体，诗人不弃。故学者有博闻旧事，多识其物，若不窥别录，不讨异书，专治周、孔之章句，直守迁、固之纪传，亦何能自致于此乎？”详见刘知幾《史通》，中华书局 2014 年版，第 471 页。

⑧ 刘勰：《文心雕龙·议对》。

⑨ 罗积勇、张鹏飞校注：《唐代试律试策校注》，武汉大学出版社 2015 年版，第 512 页。

前可能出现的"赍直买输"的商业行为,询问考生的意见。这类题目不尚标新立异,而以切实可行为主,延续了汉代以来策问重议论、重实用的传统。

或以经、史、子为题,并与时政结合,最终回归到经世致用的目的上。如贞观元年策进士问:"狱市之寄,自昔为难;宽猛之宜,当今不易。缓则物情恣其诈,急则奸人无所容。曹相国所以殷勤,路廷尉于焉太息。韦弦折衷,历代未闻。轻重浅深,伫承嘉议。"①此题从《史记》曹参"以齐狱市为寄"之语延伸开来,②复及《汉书》路温舒上书建议尚德缓刑之事,③分述历代用刑缓急之弊端,要求考生折衷古今,论述用刑宽猛之道,最终归结到当朝刑法的尺度问题上。考生首先须熟读史书,了解曹参、路温舒用刑史事;然后须通晓历代刑法的宽严情况,结合其后果对比分析各朝刑法尺度的利弊;最后回归到当朝的刑法制度,折衷是非,权衡利弊,得出恰当的结论。可见,考生不仅要通熟史书,还要"以史为用",为国家的刑法建设提出可行的措施。

此外,还有纯粹以考察学问、明理阐道为主的试题,多出现在唐代中后期。如元结永泰二年(766)道州问进士策第五道,询问经史和博物知识方面的问题:"古人识贵精通,学重兼博,不有激发,何以相求。三礼何篇可删?三传何者可废?墨氏非乐,其礼何以?儒家委命,此言当乎?……何人恩信过于田横?何人壮勇等于关羽?何人凿坯而遁?何人终日扫门?无浅近之不为悉说。"④这是宋人疑古思潮的先兆,呈现出向宋代试题靠近的迹象。

总之,在试策这一文体上已能看到博物观念转向求用的迹象。

宋初科举基本延续了唐代的博物观念,命题较为自由,其中不乏受唐代求异风气影响之例。如雍熙二年(985)进士科殿试《颍川贡白雉赋》、《烹小鲜诗》、《玄女授兵符论》,分别以珍奇动物、道家经典《老子》第六十章"治大国若烹小鲜"、道教神仙九天玄女授兵符之传说为题,道家色彩很浓。⑤

自真宗、仁宗朝以后,已很难找到类似于珍宝异物、神仙传说等的题目,连取自道家经典的题目都很少见,⑥熙宁变法后更加明显。其出题范围较为单一,基本以儒家九经、前三史和儒家诸子(如《荀子》、扬雄著作等)为取材来源,以"修身,齐家,治国,平

---

① 罗积勇、张鹏飞校注:《唐代试律试策校注》,第478页。

② 语见《史记》卷五四《曹相国世家》。

③ 事见《汉书》卷五一《贾邹枚路传》。

④ (清)董浩等编:《全唐文》卷三八〇,中华书局1983年版。

⑤ 宋初频繁、密集地以道家经典为题,如淳化三年(992)殿试《卮言日出赋》取自《庄子·寓言》,咸平五年(1002)殿试《有物混成赋》取自《老子》第二十五章,等等,这在宋代后期是看不到的。

⑥ 真宗朝尚有出自《老子》的《有物混成赋》(咸平五年进士科殿试题)、《天道犹张弓赋》(景德二年进士科殿试题)等;仁宗朝尚有出自《庄子》的《鲲化为鹏诗》(宝元元年进士科殿试题)等。此外大都出自儒家经典,可以看出统治者思想从道家向儒家过渡的倾向,此后以道家经典为题者就较少了。

天下”的儒家理想为思想旨归。景祐五年(1038),知制诰李淑上言:“切见近日发解进士,多取别书、小说、古人文集,或移合经注,以为题目,竞务新奥。……其经与子书之内,有《国语》、《荀子》、《文子》,儒学所宗,六典通贯,……自今应考试进士,须只于国子监有印本书内出题。”仁宗“诏可”。① 通过立法的形式,将出题范围限定在国子监有印本的经、子、史部书籍中。② 由唐代的“山川草木,人情物态”一变为“礼乐刑政,典章文物”。③ 如嘉祐八年(1063)进士科殿试题《寅畏以飨福赋》、《乐通神明诗》、《成败之机在察言论》,赋以《晋书·郭璞传》“夫寅畏者所以飨福”为题,表明居安思危之意,论以《后汉书·陈蕃传》“成败之机,在于察言”为题,论述审察言论的重要性,都与治国理政息息相关。至于《乐通神明诗》,则是典型的“礼乐刑政”题,出自《汉书·礼乐志》“故乐者,圣人之所以感天地、通神明、安万民、成性类者也”,强调乐对于安民的重要性。又如开禧元年(1205)进士方大琮《铁庵集》所载省试题《制度文章礼之器赋》,出自《礼记·乐记》“簠簋俎豆,制度文章,礼之器也”,体现了宋人对礼制一类话题的偏好。以典章制度为题,既有益于治道,又能避免空疏,符合场屋应试的需求,故而备受重视。

南宋时由于理学的兴盛,“礼乐刑政,典章文物”再变为“格物致知、道德性命”,④问题越来越抽象。如楼钥《攻媿集》卷八十所载律赋《仁孝二致同源赋》,⑤取自《后汉书·延笃传》“夫人二致同源”李贤注“二致,仁、孝也”,主旨在于对“仁”、“孝”这两个儒家核心概念的阐发。又如嘉泰二年(1202)省试题《圣人成天下之大顺赋》,出自扬雄《法言·问神》“圣人存神索至,成天下之大顺”,要求考生阐明汉儒的圣人观,可视为对《法言》原文的疏解。典章制度等题目尚有具体形象的事物(如礼乐、舆地、文物、职官等)作铺叙的余地,此类形而上的话题就只有枯燥的说理,类似于讲义,其实质与经义并无什么区别。无论是修身明道,还是经世治国,在统治者看来都是“有用”的,符合其政治需要,体现了博物观念向求用扭转的趋势。

需要补充说明的是,宋代大多数试律诗依然保留了时令、物候一类的风景、咏物主题。今所见《万宝诗山》多收录宋人科举诗作,基本以描写四时之景的五言诗句为题,内容包括天文时序、山水草木、宫殿楼阁、虫鱼鸟兽等,基本不出唐人出题的范围,但剥

---

① 《宋会要辑稿·选举》三之一八,参见祝尚书《宋代科举与文学》,第 253 页。

② 祝尚书:《宋代科举与文学》,第 253 页。

③ 王铚《四六话序》云:“国朝名辈犹杂五代衰陋之气,似未能革。至二宋(庠、祁)兄弟始以雄才奥学,一变山川草木、人情物态,归于礼乐形政,典章文物,发为朝廷气象,其规模闳达深远矣。”详见祝尚书《宋代科举与文学》,第 276 页。

④ 祝尚书:《宋代科举与文学》,第 278 页。

⑤ 曾枣庄、刘琳编:《全宋文》第 262 册,卷五九〇〇,上海辞书出版社、安徽教育出版社 2006 年版,第 152—153 页。

离了唐诗中“传奇化”的成分（如祥瑞、神仙、异闻等内容根本看不到）。这种现象一直延续到南宋时期，如嘉泰二年省试题《春旗簇仗齐诗》。此类场屋诗作基本沿袭了唐人的套路，乏善可陈。由于诗作为科考的传统项目，形象化的描写是其基本特征，宋人认识到纯说理的写诗方法是行不通的，而风景、物候一类主题既照顾到诗歌的这一特征，又无多少政治上的禁忌，故以之为题只是一种折中、妥协的办法。

宋代试策基本延续了唐代重实用的传统，是国家政治方向的真实写照。如熙宁三年（1070）进士科殿试策问：“盖圣人之王天下也，百官得其职，万事得其序。有所不为，为之而无不成；有所不革，革之而无不服。田畴辟，沟洫治，草木丰茂，鸟兽鱼鳖，无所不得其性者。其富足以备礼，其知足以广乐，其治足以致刑。子大夫以谓何施而可以臻此？方今之弊，可谓众矣。救之之道，必有本末；所施之宜，必有先后。此子大夫所宜知也。”[①]熙宁三年是推行王安石新法的第二年，正处于起步阶段，朝廷围绕新法的争论非常激烈。在此背景下，神宗以该策问及时表达了自己革新除弊的期望和对新法的支持，一方面希望听取士子们对新法的态度，另一方面希望寻求救弊的良方，知晓其本末、先后，以推动新法的施行。[②] 此道策问可视为朝廷接纳谏言的途径，使士人直接参与到朝廷施政纲领的决策中来，体现了致用的目的。

至于博学宏词科所试四六文及古文，前文已举例详述，大抵以古今掌故拟题，充分体现了求用的博物观。

从出题范围可以看出唐宋科举中博物观念由求异逐渐转向求用，这与统治者的思想倾向是密不可分的。科举作为国家选拔人才的制度，直接影响着文化发展、教育方向和社会风气，对士人观念的扭转起到了重要的推动作用。那么，根据这些试题，考生又是如何备考与应试的，这便是下节要讨论的问题。

三、科举诗文的写法

赋的文体特征在于敷陈铺衍，宫观、楼宇、都城、草木、鸟兽等与主题相关的景物，几乎无所不包。唐代律赋延续了这一传统，但不像汉魏大赋那样铺陈过于繁多的名物。如贞元十三年进士试《西掖瑞柳赋》，《唐会要》卷七六记载：“兴元元年，中书省有柳树，建中末枯，至是再荣，人谓之瑞柳。礼部侍郎吕渭试进士，以瑞柳为题。”考生须以枯而复荣之柳为中心，摘取与之相关的景物、典故进行敷衍。如郭迥赋云：“翠色鲜

① 龚延明、祖慧《宋登科记考》引《宋会要・选举》七之一九《亲试》，江苏教育出版社2005年版，第318页。

② 参见蒋林杰《北宋进士科殿试策问研究——以神宗朝为中心》，上海师范大学2013年硕士学位论文，第24—26页。

牂,异酒泉嘉柰之祥;轻阴澹澹,同鄠郡枯梓之感。烟销雨霁,霏素雪于宸居;日晏春深,杂繁花于睿览。青翠葳蕤,垂轩拂墀。在日月偏临之处,当鸳鸯集苑之时。”①此段是对柳树及周围环境的描写,其中烟、雨、雪、日、月是天文类,日晏、春深是时令类,酒泉、鄠郡是地理类,柰、梓、花是植物类,鸳鸯(鹭)②是动物类,轩、墀是建筑类,由一“柳”兼及六类事物,足见作者的博识。另外,作者选用的语言表达方式大多是有来历的,多直引或化用语典:如“烟销雨霁”化用王勃《滕王阁序》“云销雨霁”一句,改“云”字作“烟”字;“霏素雪”化用《小雅·采薇》“雨雪霏霏”一句,删去动词“雨”,为“雪”增添修饰语“素”,以形容其颜色,将“霏霏”删去重字并用作动词,置于“素雪”之前,则此句主语实为“瑞柳”,“素雪”作为宾语,指代柳絮,具有了比喻义,这里又暗用谢道韫咏雪的典故,谢氏将雪比作柳絮,作者置换本体与喻体,将柳絮比作雪,可谓“典中用典”,翻陈出新;至于“牂牂”、“澹澹”、“宸居”、“睿览”、“葳蕤”、“集苑”等词汇,皆源自经典诗文,增强了典雅性的修辞效果。以上援引经史成句、化用诗文典故,足以体现作者对博物知识的灵活运用,这就是“穿穴经史”、“驱使六籍”的功夫。③

唐代试律诗多为五言六韵十二句的排律。④ 排律中间四联讲究对偶,多需选取成对的形象性的事物,包括场景物候、花草虫鱼、珍宝奇玩、典故传说等,考生需在有限的空间内尽可能地展示自己的文学才能与知识面,这必须建立在博极群书、周知万物的基础上,并且要对所掌握的知识进行系统的归类,以便灵活调用。如《文苑英华》卷一八五载康翊仁省试诗《鲛人潜织》:“珠馆冯夷室,灵鲛信所潜。幽闲云碧牖,滉瀁水精帘。机动龙梭跃,丝萦藕綷添。七襄牛女恨,三日大人嫌。透手擎吴练,凝冰笑越缣。无因听札札,空想濯纤纤。”⑤作者首先想象鲛人潜藏在黄河之神冯夷的居所“珠馆”里,交代其生活环境,冯夷、鲛人都是与水相关的神仙,容易引起联想,此为破题;接下来描写该环境,用云碧牖、水精帘两个意象烘托清幽、神秘的氛围;三联至五联具体刻画“织”,先用龙和藕比喻“机动”、“丝萦”的状态,然后化用《小雅·大东》“跂彼织女,终日七襄”和《古诗为焦仲卿妻作》“三日断五匹,大人故嫌迟”两句古诗,用织女、刘兰芝反衬鲛人织绩的速度快,属于织之主体的对比,再用吴练、越缣反衬织绩的质量好,属于织之成果的对比,此为解题;最后化用《古诗十九首·迢迢牵牛星》“纤纤擢素手,札札弄机杼”一句,用“无因”、“空想”突出“潜”字,此为点题。作者根据主题“鲛人潜织”

---

① 见《文苑英华》卷八七。

② “鸳鸯”之“鸯”下,有旧校云:“一作鸾。”疑当作“鹭”,以鸳鹭形容大臣之朝班整齐貌。

③ 简宗梧、游适宏:《律赋在唐代“典律化”之考察》,《逢甲人文社会学报》2000年第1期。

④ 也有五言四韵八句和五言八韵十六句两种格式,但只占极小部分。

⑤ 罗积勇、张鹏飞校注:《唐代试律试策校注》,第108—109页。

从多方面解读的可能性，分成神仙、器物、动物、植物、故事等不同类别，选用与之相关的事物、诗句展开描写，可见熟练地掌握博物知识对于试律诗的写作是很有必要的。作者对冯夷、灵鲛、龙、牛女等神话异闻一类的事物如此熟悉，体现了唐人求异的博物观。

唐代策论以典章制度等人文方面的博物为主，知识性较强。应试者所用材料不能一味求奇，而要贴切时事，且需展开论述，要以阐明观点为主。如贞观元年进士试上官仪对策："攘袂九流，披怀万古，览七书之奥义，觌金简之遗文，睹皇王临御之迹，详政术枢机之旨，莫不则乾纲而张礼乐，法霆震而置威刑。纵使轩去鼎湖，非无涿鹿之戮；舜辞雷泽，遂有崇山之诛。自皋陶不嗣，怨生长往，甫侯设法，徒有说于轻重；子产铸书，竟无救于衰败。是知风淳俗厚，草艾而可惩；主僻时昏，黥凿而犹犯。我君出震继天，承国宰化，孕十尧而遐举，吞九舜而上征。犹以为周书三典，既疏远而难从；汉律九章，已偏杂而无准。方当采韦弦于往古，施折衷于当今，若能诏彼刑章，定金科之取舍；征其张赵，平丹书之去留。必使楚国受金，不为庄生所责；长陵盗土，必用张子之言。谨对。"[①]此策先后铺叙历代与刑法相关的典故，包括黄帝、舜、皋陶、甫侯、子产、张汤、赵禹、张释之等古代人物，周书三典、汉律九章等早期刑典，黄帝涿鹿战蚩尤、舜崇山放驩兜、甫侯为穆王说刑、郑人铸刑书于鼎、张赵论定诸律令、张释之问长陵盗土等历史事件，纯以赋笔写之。作者尽可能地铺排所知典故，以显示其才学，其见解倒不见得有多高明。可见唐人写策相对于"意"，更注重"笔"，讲究辞藻的典雅与对偶的工整，由于自然景物与时政问题关联不大，故需人文方面的博物知识加以充实。

宋代试赋在博物方面的变化最明显，前文已经论及。多数试赋以考察历史知识为主，考生尤其注重引用《左传》等书中关于古代战争的典故。如太平兴国三年(978)进士科殿试《不阵而成功赋》，今存田锡赋[②]云"取《春秋》之经武，自服皇风"，可见宋人注重《春秋》的鉴戒作用，取以为法式；又云"宜乎师克在和，动先观衅"，分别出自《左传》桓公十一年"师克在和，不在众"和《左传》宣公十二年"会闻用师，观衅而动"；又云"《传》称因垒，美崇伯之归周"，此处的《传》即指《左传》，出自僖公十九年载子鱼言于宋公曰"文王闻崇德乱而伐之，军三旬而不降；退修教而复伐之，因垒而降"。宋体律赋在内容上多与历史有关，在形式上要求"贴故事"[③]，为了应试需要，考生在平时读书的过程中常有意识地整理历史类的典故，故《左传》、前三史等成为重点书目，考生通过这些书也增强了这方面的博物知识。宋代试赋内容与形式的规定在一定程度上引导了士

---

① 罗积勇、张鹏飞校注：《唐代试律试策校注》，第 478—479 页。策问详见上文。

② 曾枣庄、刘琳编：《全宋文》第 5 册，卷八一，第 28 页。

③ 祝尚书：《宋代科举与文学》，第 268 页。

人读书的方向，促使宋人的博物观念逐渐向求用转变。

宋代试律诗除了《万宝诗山》中沿袭唐代风景、咏物一类的诗外，多以讲道理、颂君王为主，呈现出“以学为诗”的倾向。如嘉祐八年进士科殿试《乐通神明诗》，今存范祖禹诗：“世治兴和乐，阳来符正声。纯能格天地，幽可逮神明。协气流无外，灵心识太平。九歌人鬼享，八变地祇迎。翕纵多祥集，欣欢万祉生。须知勋德大，圣作掩《英》、《茎》。”[①]此诗全篇即是对“乐通神明”四字的疏解，属于礼乐刑政一类的话题，大抵根据儒家经典《礼记・乐记》的相关文句“依题敷绎”[②]，又没有征引多少典故，只是在末句用古代雅乐《五英》、《六茎》作对比，凸显圣德之大而已。全诗就题论题，“学究气”很浓，所用词汇多出自经史，比较典雅。

宋代策论不同于唐代的写法，不重雕琢文字，所用对偶较少，多用古文体作答。内容多与典章制度相关，如叶适《进卷》前四卷进策篇目依次为君德、治势、国本、民事、财计、官法、士学、兵权、外国。[③] 以嘉祐二年省试《刑赏忠厚之至论》为例，今存苏轼、苏辙同年应试文，[④]皆为古文。苏轼之文首先标举尧、舜、禹、汤、文、武、成、康等明君以君子长者之道待天下的做法，复以穆王告吕侯之事推衍之，又用皋陶执法之坚与尧用刑之宽作对比，阐明自己贵忠厚、尚仁政的主张。其中援引古代仁君刑赏出于忠厚的史证，《尚书》、《诗经》等儒家经典，皆属于刑政一类实用的博物知识，至于皋陶与尧论争一例虽出于杜撰，也能体现作者试图补充证据充实文章。苏辙之文则纯以论说为主，全篇未用一例典故，体现了宋代论文重说理的倾向。总之，宋代策论体现出重实用的博物观念。

宋代词科四六文讲究对偶与用典，常将典故入对而用，即“典故对”。将不同典故进行配对颇为考验作者的知识面。如周必大《汉河西大将军谕隗嚣檄》：“内据凉州，兔株是守；旁连蜀道，蛙井与居。”[⑤]“兔株是守”出自《韩非子・五蠹》守株待兔的故事，“蛙井与居”出自《庄子・秋水》“井蛙不可以语于海者，拘于虚也”，此二典皆为寓言故事，性质相当，对仗颇为工整，周必大用以嘲讽隗嚣心存侥幸、目光短浅。词科是为朝廷选拔应用文的人才而设的，故应试者是否熟谙历代典故制度、能否恰当地用典使事，是词科评选的重要标准之一。王应麟《词学指南》卷一《编题》中引真德秀语云[⑥]：“经

① 傅璇琮等编：《全宋诗》第15册，卷八八六，北京大学出版社1993年版，第10352页。

② 祝尚书：《宋代科举与文学》，第262页。

③ 收入《水心别集》，详见祝尚书《宋代科举与文学》，第304页。

④ 曾枣庄、刘琳编：《全宋文》第90册，卷一九四五，第1页；第96册，卷二〇九四，第168页。

⑤ （南宋）周必大：《文忠集》卷九一，《文渊阁四库全书》本，台湾商务印书馆。

⑥ 王应麟《词学指南》附于《玉海》之后，是宋代举子备考词科的指导书，内容涉及词科肄习方法、词科所试十二种文体的试格、写作要领、优秀程文，等等。

书中《周礼》题目最多，官名皆可作箴，制度名物皆可为铭为记。其次则《礼记》外三经皆有之。工夫多在三《礼》，有题目处须参注疏。……盛德大业、礼乐文物、崇儒右文等事方可出。”真德秀“编题”的内容实际就是词科的考试范围，他认为《周礼》中的官名、制度名物可用于箴、铭、记等文体的写作，并强调本朝题目必须是“盛德大业、礼乐文物、崇儒右文等事”，体现了求用的博物观念。

科举用书是辅助考生应试的工具书，祝尚书先生将之分为类编类、时文类、文法研究类三种。唐宋科举考察的知识面非常广泛，而考生的时间、精力皆有限，不可能读遍天下书，故括套、时文编、类书等科举用书应运而生，为考生提供了便利。一方面，科举用书是针对科举考试编纂的，其类目编排与内容取舍是科举所需博物知识的直接表现；另一方面，科举用书作为传播“记问”之学的重要载体，①能够极大地推动博物知识的普及。以类编类科举用书为例，如南宋王应麟为准备词科考试而编纂的大型类书《玉海》，《四库提要》指出该书“胪列条目，率巨典鸿章，其采录故实，亦皆吉祥善事”，可见该书搜罗的博物知识以“吉祥善事”为主，其中正有“祥瑞”一门，未见该书收录唐代类书中神仙鬼怪、奇闻异事之类的内容，如《艺文类聚》中的“灾异部”、《白孔六帖》卷二七、二八的“鬼神”、“妖怪”、“叛乱”、“寇贼”、“咒诅”等内容，这足以反映唐宋两代科举所要求掌握的博物知识是有所不同的。由唐至宋，科举制度通过科举用书的编纂、传播这一途径，间接地推动了博物观念从求异向求用方向扭转。

综上，唐代的博物观主要是由试赋和试律诗推动，还有行卷、小说等也加入推动，主要体现在景物的描写和环境的铺叙上，多有好奇尚异的成分。唐代试策也需要充分的论据，故亦务博，但终归于道，以理论阐发为主。唐代科举试题基本延续了早期博物观念中的求异传统，涉及内容比较宽泛，并在试策等文体中呈现了向求用扭转的倾向，属于博物观念从求异到求用的过渡阶段。宋代的博物观发展主要体现在诗赋和博学宏词科所试四六文和其他杂文，知识面以典故、史实、文物、典章制度方面的博物为主，天象、物候方面则延续了唐代科举的传统。熙宁变法之前的诗赋策论亦有可观，延续了唐代求异为主的博物观念。以求用为主的博物观则在熙宁以后的进士科与词科诸文体中正式得以确立，而论道说理的诗文则将此观念推展到极致。关于博物观念的历史发展情况，可参见胡宸的硕士学位论文《中国传统博物概念研究》。通过以上论证，可以得出结论：唐宋科举分别从科举类目、出题范围和科举诗文的写法三个方向对博物观念的发展产生影响，推动其从“求异”到“求异与求用兼顾”再到“求用”的转变，唐

① 祝尚书：《宋代科举与文学》，第 423 页。

宋时期是该转变的重要过渡期。

参考文献

1.(清)阮元校刻:《十三经注疏》,上海古籍出版社,1997年。

2.(梁)刘勰撰,刘永济校释:《文心雕龙校释》,中华书局,1962年。

3.(东汉)班固撰,(唐)颜师古注:《汉书》,中华书局,1962年。

4.俞绍初校点:《王粲集》,中华书局,1980年。

5.傅璇琮:《唐代科举与文学》,陕西人民出版社,1986年。

6.(清)徐松撰,孟二冬补正:《登科记考补正》,北京燕山出版社,2003年。

7.王士祥:《唐代试赋研究》,上海古籍出版社,2012年。

8.陈飞:《唐代试策考述》,中华书局,2002年。

9.(南宋)王应麟:《玉海》(附《词学指南》),上海书店、江苏古籍出版社,1987年。

10.刘学锴、余恕诚:《李商隐文编年校注》,中华书局,2002年。

11.祝尚书:《宋代科举与文学》,中华书局,2008年。

12.(明)陈懿典:《陈学士先生初集》,《四库毁禁书丛刊·集部》第78册,北京出版社,2000年。

13.孔凡礼点校:《苏轼文集》,中华书局,1986年。

14.张骁飞:《王应麟文集研究》,中华书局,2011年。

15.(西汉)司马迁撰,(南朝宋)裴骃集解,(唐)司马贞索隐,(唐)张守节正义:《史记》,中华书局,1959年。

16.张沛:《唐折冲府汇考》,三秦出版社,2003年。

17.詹杭伦:《唐代科举与试赋》,武汉大学出版社,2015年。

18.王国轩、王秀梅译注:《孔子家语》,中华书局,2009年。

19.何沛雄编:《赋话六种》,香港三联书店,1982年。

20.(后晋)刘昫等:《旧唐书》,中华书局,1975年。

21.(北宋)李昉等:《文苑英华》,中华书局,1966年。

22.(北宋)王溥:《唐会要》,中华书局,1955年。

23.(北宋)王钦若等:《天平御览》,《文渊阁四库全书》本,台湾商务印书馆。

24.(梁)萧统编,(唐)李善注:《文选》,上海古籍出版社,1986年。

25.王士祥:《唐代应试诗赋论稿》,商务印书馆,2016年。

26.(西晋)张华撰,范宁校证:《博物志校证》,中华书局,1980年。

27.《程千帆全集》第八卷《唐代进士行卷与文学》,河北教育出版社,2000年。

28.(西汉)刘歆《西京杂记》,中华书局,1985年。

29.(唐)刘知幾:《史通》,中华书局,2014年。

30.罗积勇、张鹏飞校注:《唐代试律试策校注》,武汉大学出版社,2015年。

31.(清)董浩等编:《全唐文》,中华书局,1983 年。

32.(清)徐松辑:《宋会要辑稿》,上海古籍出版社,1957 年。

33. 曾枣庄、刘琳编:《全宋文》,上海辞书出版社,安徽教育出版社,2006 年。

34. 龚延明、祖慧:《宋登科记考》,江苏教育出版社,2005 年。

35. 蒋林杰:《北宋进士科殿试策问研究——以神宗朝为中心》,上海师范大学 2013 年硕士学位论文。

36. 简宗梧、游适宏:《律赋在唐代"典律化"之考察》,《逢甲人文社会学报》2000 年第 1 期。

37. 傅璇琮等编:《全宋诗》,北京大学出版社,1993 年。

38.(南宋)周必大:《文忠集》,《文渊阁四库全书》本,台湾商务印书馆。

39.(清)郭庆藩:《庄子集释》,中华书局,2006 年。

40.(唐)欧阳询等:《艺文类聚》,《文渊阁四库全书》本,台湾商务印书馆。

41. 胡宸:《中国传统博物概念研究》,武汉大学 2016 年硕士学位论文。

清朝驻防八旗科考的历史考察*

多洛肯　路凤华**

摘　要： 有清一代，驻防八旗科考发展较为艰难。以嘉庆十八年为分水岭，分为前后两个阶段。第一阶段，与全国八旗科举考试同时进行，驻防八旗子弟需要远赴京师参加乡试和会试，发展艰难。第二阶段，驻防八旗子弟在驻防地与汉人士子同时参加乡试，中式后再赴京师参加会试，发展态势呈快速上升阶段。驻防八旗子弟在驻防地经历了长时间学习儒家文化的过程，耳濡目染，逐渐形成了"家弦户诵"的文化氛围，为他们科举考试的成功奠定了深厚的文化基础。驻防八旗子弟在科考上取得了不俗的成绩，部分地解决了清后期驻防八旗子弟的出路问题，同时也证明驻防八旗子弟在文化素养方面已经与汉族比肩而行，八旗满蒙和汉族的民族融合的脚步从未停止，而是不断向前大发展的。

关键词： 清代驻防八旗；文科举；翻译科举；武科举

清朝八旗科举考试发轫于入关以前，入关后顺治八年正式对八旗子弟开科取士。作为抡才大典的八旗科举在长期实践中逐渐形成了门类广泛、体制健全的考试内容，包括八旗文科举、八旗翻译科举、八旗宗室科举、驻防八旗科举和八旗武科举等。清朝初期，八旗科举考试虽然有自己的运行机制，但是还不完善，到乾隆中后期，八旗科举考试制度逐渐完善和制度化，而且向全国科举考试制度靠拢，在考试制度方面也表现出民族融合的趋势。驻防八旗科考就是在这种形势下发展起来的，但是比全国八旗科举考试的发展晚了近百年，也是诸多八旗科举考试当中发展最为艰难的一个科举考试

---

*　基金项目：国家社科项目"民汉文化交融中的清代少数民族文学家族研究"(14BZW156)阶段性成果。

**　作者简介：多洛肯，西北民族大学文学院教授、博士生导师，研究方向为元明清少数民族文学与文化；路凤华，内蒙古大学满洲里学院讲师，西北民族大学在读博士生，主要研究方向为中国少数民族文学。

类型。驻防八旗科考虽然起步艰难，但是在清朝后期却获得了快速发展的机会，从而超越了其他八旗科举考试而跃居前位。

清朝初期，驻防八旗和京师八旗一样，可以参加文闱、武闱和翻译等科举考试。但是因距离神京遥远，考试手续繁琐，到乾隆中后期驻防八旗子弟已经放弃了八旗科举考试。直到嘉庆十八年才规定，驻防八旗子弟可以在驻防地参加文乡试，这一政策落实了驻防八旗子弟在驻防地参加科举考试的问题，也重新唤起了驻防八旗子弟学习的热情，从而形成了家弦户诵的良好学习氛围。以嘉庆十八年为分水岭，驻防八旗科考的发展可以分为两个阶段。由于乡试是科考中最重要的一个考试，所以本文主要考察驻防八旗乡试、会试情况，不涉及童试考试问题。

一、驻防八旗科考发展初期——清朝初期至嘉庆十八年

清朝八旗分京师八旗和驻防八旗两部分。清朝入关后，陆续在全国军事要冲设置驻防，派遣满洲、蒙古、汉军八旗长期驻守。当时八旗总兵力约 20 万人，京师八旗约占一半，驻防八旗占一半。驻防八旗点在全国设有百余处，主要分布在畿辅、东三省、新疆、直省等处，兵力多寡不等，直省驻防兵力最多，每处多达 2000 余人，畿辅驻防兵力最少，每处仅有 350 余人。“最初驻防八旗三年一换防，康熙中期以后改为携眷长驻，直至辛亥革命。”①根据旗民分治的原则，驻防八旗在驻防地筑城别居，人们称之为驻防满城。满城虽小，五脏俱全，内有官署、兵房、仓库、学校、庙宇，驻防旗人就生活在全国的驻防满城里，形成了大分散、小聚居的居住特点。驻防八旗的设立是为了保障当地社会政治的安全，因此驻防八旗与当地人的关系理应紧张。但是，因驻防八旗人员不能从事工商业活动，他们就必然和当地土著人发生联系，经过了长时间的交往，从乾隆中期开始，各地驻防八旗已与土著无异。但是驻防八旗子弟却不能像当地土著子弟一样在当地参加考试，而要远赴京城考试，这就导致驻防八旗科考发展缓慢，步履维艰。

八旗科举考试起于顺治八年。当时驻防八旗也可参加针对八旗人士组织的科举考试。但是相对于京师八旗子弟而言，驻防八旗参加科考的最大劣势是赴京考试，不能在驻防地参加科举考试。比如，广东距离京师有七千里之遥，广东驻防八旗士子必须有足够的资金才能抵京与试，还不一定中式，这对于普通的驻防八旗人员之家来说是一笔巨额经济支出，往往难以负担。

---

① (清)长善等纂，马协弟、陆玉华点校注释:《驻粤八旗志》，辽宁大学出版社 1992 年版，第 6 页。

在八旗开科近百年内，驻防八旗子弟赴京考试，都需要开具一定的手续。清朝初期驻防八旗子弟考试需要的手续还简单，不用携带凭据，向该省将军、城守尉告假后直接到京，在本佐领下告禀咨部考试即可。后来有人认为这会出现代考之弊。于是为了防止弊窦情况之出现，雍正十二年规定“赴京考试者，该将军、城守尉预先取具本人三代、年貌，造满汉清册，声明某旗、某佐领下人，出具保结咨送该旗。再将该生之年貌注明，出具印文，给发本人亲身投递在京本旗。本旗凭印文查对，造册报部考试”①。驻防八旗子弟考试的报名手续比以前更加繁琐，这给赴京考试的驻防八旗子弟带来了更大的负担。于是有大臣不断建议驻防八旗子弟应于本省参加乡试，这些建议遭到最高层的极力反对。例如雍正帝严禁驻防八旗子弟在本省与试，目的是使驻防子弟右武左文，以备驻防之用。到了乾隆年间，皇帝对此更是不遗余力地驳斥。乾隆三年七月，上谕：

昨据参领金珩奏称“八旗满洲、蒙古、汉军各省驻防官弁子弟，离京稍远，应试维艰。请嗣后科岁两试，令该将军考试马步箭，即送附近府院考试，酌量人数多寡，以定去取”等语。朕思此事断不可行。雍正十年间，曾奉皇考谕旨：“国家之设驻防弁兵，原令其持戈荷戟，以备干城之选，非令其攻习文墨，与文人学士争名于场屋也。在弁兵之子弟，有能读书向学通晓文义者，原听其来京应试，以广伊等进取之途。并未尝禁其从事文学。今若悉准其在外考试，则伊等各从其便，竞尚虚名，而轻视武事，必致骑射生疏，操演怠忽，将来更有何人充驻防志勇乎。况我圣祖仁皇帝临御六十一年，所有教养弁兵者，至周至渥。如果应行，早已著为令典，又何待今日之喋喋敷陈乎。数年以来，陈奏朕前者，重见叠出，不下百余次。其识见甚为庸鄙。朕悉置之不论，未曾降旨申饬。乃近日仍有不知而妄渎者。是以特行宣谕，以觉愚蒙。”钦此。仰见我皇考睿虑周详，圣谕至为明晰。朕临御以来，亦有此陈奏者，概未准行。盖以满洲、蒙古、汉军在京者人数众多，就近考试原无碍于操演。至各省驻防官弁子弟，为数无几。若科岁考时不必来京，就近在外应试，不但事有难行，且必至竞尚虚名，荒废骑射，殊失设立驻防之本意，背谬已极。金珩身为参领，乃煌煌圣谕岂竟毫无见闻，而复混行渎奏。着严行申饬，并将此旨宣谕中外臣工。嗣后，不得以此谬论再行妄渎。②

① 李洵、赵德贵、周毓方、薛虹主校点：《钦定八旗通志》第三册，吉林文史出版社2002年版，第1602页。

② 同上条。

这段话传递出了三个信息：一、申请驻防八旗子弟不去京师考试，就近考试的奏折已达到百余次，可见，改变驻防八旗子弟考试现状的愿望是很强烈的；二、最高层禁止驻防八旗子弟就近考试，理由是国家设立驻防八旗是备干城之选，非令其与文人学士争名于场屋，更重要的是康熙皇帝没有同意；三、担心驻防八旗子弟就近应试后，竞尚虚名，人人读书向学，荒废骑射，竟失设立驻防之本意。

驻防八旗科举考试不仅程序繁琐，还须远赴京城，其艰辛可想而知。更艰难的是在争取就近考试的时候遭到了最高层强烈的反对。但与驻防八旗子弟相比，汉族士子在考生居住地就可以参加乡试，会试才须进京考试，而驻防八旗子弟连乡试都需要赴京考试，这无疑大大增加了驻防八旗子弟的经济负担和精神负担，结果只能是浇灭了驻防八旗子弟参加科举考试的热情。虽然国家每到乡会试年份，都要下发科举考试通知，但是到了乾隆中后期，已经出现驻防八旗子弟放弃到京考试的情况。驻防八旗子弟由于路途遥远、资斧维艰等客观原因，放弃赴京参加乡试，这就堵住了驻防八旗子弟通过科举入仕的通道，大大限制了驻防八旗子弟向上发展的空间，另一方面也说明京师八旗子弟相对于驻防八旗子弟在科举方面有很大地理空间上的优势。因此，直到嘉庆十八年，驻防八旗子弟在科举考试方面鲜有成绩。

二、驻防八旗科考发展期——嘉庆十八年至清朝末期

驻防八旗子弟之所以要赴京参加乡会试，是因为清朝统治者认为，驻防八旗子弟的旗籍在京师，这些驻防八旗子弟不过是在驻防地维护治安和管理公共事务，所以科举考试应该回旗籍所在地——京师。但是随着时间的推移，驻防八旗子弟在驻防地不再是暂居民，而是常住人口，只有驻防将领才换防，到后来驻防将领换防也很少，这就形成了一个新的情况：驻防八旗子弟已经从外来人员变成土著，于是在当地参加乡试的要求也就越来越强烈。经过多次上疏，嘉庆四年，驻防八旗科举考试的改革首先在童试方面有了突破，迎来了发展的曙光，“嗣后驻防各省分遇岁科两试，如有情愿赴考者，准其就近考试，取进后，再听赴考乡试”①，允许驻防八旗子弟在本省参加童试，录取人数比照京师八旗，应试童生五名取进一名，驻防八旗考试“冻土”状态终于有了融化迹象。驻防八旗子弟在考试方面有本质变化的是对乡试的改革。嘉庆十八年规定，“自二十一年丙子科为始，各省驻防生员于本省乡试，编立旗字号，另额取中。学政录送十名准取中一名，其零数过半者亦准其照官卷例，再取中一名，将来人数增多总不得

① (清)希元、祥亨等纂，马协弟、陆玉华点校注释：《荆州驻防八旗志》，辽宁大学出版社 1990 年版，第 107 页。

过三名，以示限制。并于入场时照依顺天乡试之例，另编坐号，毋令与民籍士子，互相掺混，再查定例，八旗应顺天乡试者，各旗先行咨送兵部考试骑射，合式者方准入场，所有各驻防生员应试时，仍由各该驻防将军、副都统等考试马步箭。合式者，再行咨送学政录科”①。详细规定了驻防八旗子弟的考试地点、录取名额、先行考试马步箭等内容。驻防八旗子弟在八旗科举考试开科160年后，终于争取到了在驻防地参加科举考试的权利，其走过的艰难历程可以想见。

驻防八旗子弟在驻防地参加乡试，中式举人后，需要参加会试。和全国士子一样，驻防八旗子弟也要赴京参加会试。由于距离神京遥远，国家体恤驻防八旗子弟，给予资金资助。根据驻防地与京师的距离，各省驻防给予八旗子弟的补助金各有等差。道光元年，广东驻防将军孟住联合副都统、佛安会、总督阮元上奏：“广东驻防八旗士子在进京会试时，每名除例赏水脚银二十两零一钱七分外，加赏银三十两。”②奏章得到批准。和广东相比，福州距离京师更加遥远，福建驻防给驻防八旗举人进京补助更多，在给水脚银三丨余两外，又加赏四十两，共七十两。补助款项于闽海关库贮平余、罚科、截旷三项间款存银内拨银一万两发商一分生息。京外汉族举子参加会试，国家也给盘费，但是数额很少，无法与驻防八旗子弟相比。如雍正二年，赏给福建举子赴京盘费七两，而福建的驻防八旗子弟要赏给七十两，是汉族举子的十倍，可见，国家给驻防八旗子弟赴京参加会试的待遇是很优渥的。

驻防八旗子弟得知可在本省应乡试后，读书热情高涨，积极准备应试，转而轻视旗人本业，怠荒武备，不习清语，甚至到了不认识满文的地步。实际上，清朝后期，不只是驻防八旗子弟，而是所有八旗子弟都已不熟悉满语，这说明满族上层虽然屡次强调“国语骑射”旧俗的重要性，但是在八旗人员当中执行不力，主要是因为八旗子弟已经受到了儒家文化的长期滋养，逐渐淡化了自己民族的特色，这是民族融合的必经阶段，是八旗子弟对汉文化的认同感进一步增强的表现。清朝政府为了扭转驻防八旗子弟专习汉文、怠荒武备和清语的情况，于道光二十三年规定：“从下科考试，各省驻防应考文乡会试及文童试，俱改翻译考试。”③认为只有专考翻译，才能使驻防八旗子弟不至专习汉文，荒废本业。于是，制定了详细的驻防八旗翻译乡会试章程。

驻防八旗翻译乡试，分满洲翻译和蒙古翻译。各省驻防翻译乡试，按照文乡试考试制度办理，在本省考试。乡试考试前，先由该省将军、副都统、城守尉先看骑射，合式者，可以参加驻防八旗翻译乡试。该省文闱士子三场完竣后，于十七日点名入场，并派

① （清）刘锦藻撰：《清朝续文献通考》第一册，浙江古籍出版社2000年版，第8441页。
② （清）长善等纂，马协弟、陆玉华点校注释：《驻粤八旗志》，第296页。
③ （清）黄曾成纂，马协弟点校：《琴江志》，辽宁大学出版社1990年版，第748页。

驻防八旗佐领二人入场维持纪律，十八日发题考试，在卷面上注明应满洲翻译试或蒙古翻译试字样，十九日出场。驻防翻译乡试考试一场，试题为皇帝钦定，共考两题：一题从满文《四书》里出一题，另一题为汉字题一题和清字题一题，满洲士子选汉字题翻译，蒙古士子选清字题翻译。并且规定，各省驻防蒙古翻译，唯蒙古人方准与试，七八名取中一名，如该省无考蒙古翻译之人，或不足开考人数，蒙古翻译试题禁止拆封，要与已拆封的满洲翻译试题一同送回京师。考试前，驻防八旗子弟由该省将军、副都统、城守尉等派员临场识认，以杜顶替。驻防翻译乡试试卷必须缮写，以备参加会试前核对笔记用。驻防翻译乡试每十名取中一名，过半者多录取一名，至多不过三名。可见，在录取名额上较汉族士子录取比例高出很多，这体现了国家对驻防八旗子弟给予了很大的优惠。

驻防八旗翻译会试。各省驻防翻译中式举人，于会试前一月来京，由礼部主持覆试，再由兵部考试骑射，合式者，方准会试。如有不能覆试者，以下三科为限，补行覆试，倘托故不到，三科内未覆试者，永远不准会试，亦不准赴吏部铨选。这个制度的设立是为防止驻防八旗翻译考试出现代考情况，以期选拔出真正的驻防八旗翻译人才。

在驻防八旗翻译考试正常举行的同时，驻防八旗文乡试在咸丰十一年恢复举行。咸丰十一年，上谕："各省驻防八旗向来本有可取文举人生员之例。自道光年间改为翻译，将旧例停止。原为八旗人员均应谙习国语清文以为本务，恐其因考试汉文，致有荒废，见在翻译考试各省遵行，已历有年，其驻防八旗中通达汉文积学之士不克观光，诚为可惜。嗣后，着于驻防翻译科甲外，仍复驻防考取文举人生员之例，均准其乡会试，与翻译一体录用以广登进。该驻防八旗人等仍不得以专务汉文，致将翻译国语稍涉荒废。"①说明到清朝末年驻防八旗科举考试的类型实现了向多样化转型的趋势：既有文闱，也有翻译科考试。这大大拓宽了驻防八旗子弟科举考试的路径，也扩大了八旗子弟的仕进之路，驻防八旗子弟实现科举理想又容易了一些。

驻防八旗文试和翻译并行后，出现了驻防八旗子弟是否可以随意在这两种考试间互考的问题。对于这个问题，京师八旗在雍正元年规定："文举人能翻译者，亦准与翻译会试。"②京师文举人可以参加翻译会试。但是，驻防八旗与京师八旗执行不同标准，明确规定："所有各省驻防，道光二十三年一起取进之文生员，暨道光二十三年以后取进之翻译生员，从前曾经应翻译乡试者，现在或仍应翻译或情愿改应文闱人数无多，均听其自便。嗣后取进之翻译生员，应令其专应翻译，不必兼应文试。其新进之文生

---

① (清)刘锦藻：《清朝续文献通考》第一册，第8452页。

② 李洵、赵德贵、周毓方、薛虹主校点：《钦定八旗通志》第三册，第1629页。

员，令其专应文乡试。其中有通晓国语、熟习清文、愿应翻译者，准其自行呈明，改应翻译。自改之后，不得再应文闱。如有任意更改者，概不准行。至中式后，系文举人，专应文会试，系翻译举人，专应翻译会试。"[①]规定驻防八旗子弟从道光二十三年后，翻译生员专应翻译乡试，文生员专应文乡试，但是，其中有通晓国语和熟习清文的驻防八旗文生员如果主动提出改试翻译乡试，同意其改试翻译乡试，而且改试翻译乡试后不能再应文闱。在中式乡试后，文举人专应文会试，翻译举人专应翻译会试，不得随意更改，这就明确规定了驻防八旗子弟不能在文闱和翻译科之间随意跨考。

驻防八旗文闱乡试虽然复考，但是因遭太平天国之乱，驻防八旗兵丁紧缺，与试人数减少，文闱乡试实际上处于停考状态。根据(清)张大昌辑《杭州八旗驻防营志略·卷十》统计，太平天国战乱十几年间，浙江没有进行文闱科举考试。太平天国战乱后，从同治三年到光绪八年举行文闱乡试八次，但是浙江驻防八旗因开考人数不够，没有开考资格，一直处于停滞状态，直到光绪十一年才开始举行驻防八旗文闱乡试，中间停考竟达二十年。从光绪十一年乙酉科到光绪十九年癸未科，杭州驻防八旗共参加文闱乡试 5 科，分别是光绪十一年乙酉科，取中 1 名；光绪十四年戊子科，取中 2 名；光绪十五年己丑恩科，取中 3 名；光绪十七年辛卯科，取中 3 名；光绪十九年癸巳科，取中 3 名，共取中 12 名文闱举人。驻防八旗文闱乡试虽然可以在驻防地考试，但是因清朝后期战事较多，报考人数不够，常处于举停不定的状态，这使得驻防八旗科举考试在发展过程当中再次面临困境。

在驻防八旗子弟停止考试文乡试，改应翻译考试后，驻防八旗翻译科考取得了很大的发展。笔者根据陈文新主编的《〈清实录〉科举史料汇编》统计得出：从道光二十四年直到光绪三十年，翻译会试共举行 19 次，从下表可以看出驻防翻译会试的录取情况：

序　号	考试科名	京师录取人数	各驻防录取人数
1	道光二十四年(1844 年)	取中 2 名	取中 2 名
2	道光二十五年(1845 年)	取中 2 名	取中 3 名
3	道光二十七年(1847 年)	取中 2 名	取中 9 名
4	道光三十年(1850 年)	取中 2 名	取中 8 名
5	咸丰二年(1852 年)	取中 3 名	取中 9 名
6	咸丰三年(1853 年)	取中 2 名	取中 8 名
7	咸丰六年(1856 年)	取中 3 名	取中 4 名

① (清)希元、祥亨等纂，马协弟、陆玉华点校注释:《荆州驻防八旗志》，第 111 页。

（续表）

序　号	考试科名	京师录取人数	各驻防录取人数
8	咸丰九年(1859年)	取中1名	取中3名
9	咸丰十年(1860年)	取中1名	取中1名
10	同治十年(1871年)	取中1名	取中3名
11	光绪二年(1876年)	取中1名	取中2名
12	光绪三年(1877年)	取中1名	取中2名
13	光绪九年(1883年)	取中1名	取中3名
14	光绪十二年(1886年)	取中1名	取中2名
15	光绪十五年(1889年)	取中2名	取中3名
16	光绪二十年(1894年)	取中3名	取中2名
17	光绪二十一年(1895年)	取中3名	取中2名
18	光绪二十四年(1898年)	取中3名	取中4名
19	光绪三十年(1904年)	取中3名	
人　数		37名	70名
总　计		107名	

从上表可以看出，驻防八旗翻译会试考试结果很理想，19次翻译会试共录取107名八旗翻译进士，其中京师八旗录取37名，驻防八旗录取70名，驻防八旗翻译进士录取人数几乎是京师八旗人数的2倍，这一情况说明，到清朝后期，虽然"国语骑射"这一满洲旧习很难维持，驻防八旗子弟对这一旧俗的保持也呈下滑态势，但是相较于京师八旗子弟而言，驻防八旗子弟却较好地保持了满洲"国语骑射"的旧俗和自己民族的文化特色。

驻防八旗科考的考试制度是很严格的。比如对跨考和代考等弊窦方面处理十分严厉。清朝后期，因太平天国战乱，驻防八旗科考受到影响，有的驻防地八旗科考停止，于是出现本驻防地八旗子弟到其他驻防地考试的跨考情况，对于此类情况，清政府严禁驻防八旗子弟随意跨考。"同治十二年六月，杭州将军咨称：镶白旗满洲前锋文生钟奇，原名齐朗阿，同治七年在福州岁试取进，拨入府学。九年，奉调来杭补额，兹届癸酉科乡试，志切观光，惟杭州驻防，自遭兵燹，历届乡试，尚无应试之人，现在仅有文生二名，不敷中额。该生等本系福州驻防，调拨来杭，可否暂令仍回福建驻防应试，俟浙江驻防人数足额，再行改复旧章。"①针对钟奇欲回福州应乡试的请求，被部驳回："查

① （清）张大昌辑，白辰文点校：《杭州八旗驻防营志略》，辽宁大学出版社1994年版，第102页。

停止驻防乡试省分，其未能应试士子，从不准赴别省应试。今该生等既经拨入杭州，若仍令回福应试，恐启将来跨考等弊；且停止驻防乡试省分，纷纷效尤，亦复漫无限制。所有调拨杭州文生钟奇等，仍回福州应考之处，应不准行。”①从此可以看出，驻防八旗科举考试内部禁止跨考，制度是非常严格的。

驻防八旗武科考试也起源于嘉庆十八年，“是科起八旗始准武乡试，初无定额，至道光壬午科起，定为满洲二名，汉军三名。后同治十二年癸酉科起，满汉准其倍额取中”②。正因为驻防八旗武科的开考和录取规模的扩大，所以驻防八旗在各种科举考试中，武科举人中式最多：

驻防八旗科考中式情况简表 （单位：人）

驻防地	文举人	武举人	翻译举人	文会试	武会试	翻译进士	总　计
杭州驻防八旗	59			6		1	66
绥远驻防八旗	23	61		1			85
京口驻防八旗	23	53		8	2	2	88
驻粤八旗	72	198	45	8	22	15	360
荆州驻防八旗	85	192	23	4		9	313
总　计							912

备注：此表统计数据的资料来源于《杭州八旗驻防营志略·卷十》（[清]张大昌辑，白辰文点校，马协弟主编，辽宁大学出版社1994年出版）、《绥远旗志·卷六》（[清]贻纂，郭君、邓文英、王乃平、杜希林点校，马协弟主编，辽宁大学出版社1994年出版）、《京口八旗志·选举志》（[清]春光纂，马协弟点校，辽宁大学出版社1994年出版）、《驻粤八旗志·卷十二》（[清]长善等纂，马协弟、陆玉华点校注释，辽宁大学出版社1992年出版）、《荆州驻防八旗志·卷十》（[清]希元、祥亨等纂，马协弟、陆玉华点校注释，辽宁大学出版社1990年出版）等文献。

通过上表可知，杭州、绥远、京口、广东、荆州五地共中式举人以上者达到912人，其中武举人共中式504人，占中式总人数55%，超过二分之一强。驻防八旗武科举在嘉庆十八年之后获得快速发展，也是驻防八旗科举考试里面发展最快最好的一个考试类型。

驻防八旗科考在所有八旗考试中发展最为艰难，在京师八旗科举考试开科160年后，于嘉庆十八年才取得了在驻防地参加乡试的权利，仅历30年，于道光二十三年又停止驻防八旗参加文童试和乡会试，改专考翻译，直到咸丰十一年恢复文闱考试。到清朝后期，驻防八旗科考在艰难发展的过程中，逐渐形成了驻防八旗文科举、武科举、翻译科举等门类齐全的考试类型。从这一过程可以看出，驻防八旗科考在清朝后期还

① （清）张大昌辑，白辰文点校：《杭州八旗驻防营志略》，第102页。
② （清）长善等纂，马协弟、陆玉华点校注释：《驻粤八旗志》，第415页。

是获得了比较大的发展空间。

清朝后期,整个八旗人口生齿日繁,驻防地八旗生齿也呈现上升趋势。清朝政府禁止旗人从事工商业等活动,驻防八旗子弟自然也包括在内。驻防八旗的生计问题在驻防地就凸显出来。如何解决这一问题,已成为头等大事。恰在此时,驻防八旗争取到在驻防地参加科考的权利,这就为解决驻防八旗子弟的生计问题提供了一个良好的途径,驻防八旗子弟也抓住了这一仕进的机会而努力应考。驻防八旗在当地长期驻防,慢慢地接受了汉人的生活习惯和文化信仰,已与汉人无异。到清朝中后期,驻防八旗子弟在驻防地"家弦户诵",读书热情高涨,尤其到清朝结束的前五十年,参加各项考试已成为八旗士子进身的主要途径。通过"驻防八旗科考中式情况简表"可以看出:杭州、绥远、京口、广东和荆州五个驻防地八旗科考共中式举人以上者 912 人,而嘉庆以前获取功名的只有 6 人次(荆州驻防八旗 1 人:复蒙,嘉庆十二年丁卯科中式顺天榜举人。杭州驻防八旗 4 人:福申,嘉庆辛未科中式进士;巴泰,乾隆壬午科中式顺天乡试举人;福申,乾隆某科中式顺天乡试举人;观光,嘉庆某科中式顺天乡试举人。绥远驻防八旗 1 人:色郎阿,嘉庆癸酉科中式武举人),所占比例不到嘉庆以后总数的 1%。可见,这几个地方的科举考试都是在清朝嘉庆以后发展起来的。各地驻防设立时间不一,科举方面的发展水平也参差不齐,驻防八旗科举水平的差异也体现出了驻防各地的文化差异。广东驻防八旗和荆州驻防八旗科考发展速度较快,取得的成绩也较为突出,科考中式情况是其他驻防地的五倍到六倍,这一数字从侧面证明了南方科举文化的发达,是南方形胜在驻防八旗科考方面的体现。

上面论述表明,驻防八旗子弟分布在全国各地,和汉族交流广泛,得到了丰富的汉文化的滋养,到后来已经和当地汉族融为一体,民族间融合的程度较高。随着驻防八旗科考的进一步发展,驻防八旗科考逐渐形成了文闱、武闱、翻译科等各种考试类型,而且在文闱和翻译科考之前都要进行马步箭考试,较好地保持了满族"国语骑射"的传统,并且在清朝后期得到了快速发展,解决了驻防八旗子弟的出路问题,证明了满族和汉族不仅在民族融合方面有了很大的进步,而且在文化方面的融合更加明显。

驻防八旗科考随着全国科举考试的废除也随之落幕。但是,在清朝后期发展起来的驻防八旗科考,完善了八旗科举考试的内容和范围,也选拔出了优秀的驻防八旗人才进入政权机构,参与国家管理,为满族和汉族之间的民族融合搭建了良好的桥梁,促进了满汉各民族之间的交往,实现了多民族在文化方面的交流和融合。

中国科举时代的“科举慈善”方式述论*

——以明清为中心的考察

陈长文**

摘　要：狭义的“科举慈善”，特指在科举考试环节进行的慈善活动，主要包括以下几种形式：捐广学额；捐助兴修北京、南京及其他省会城市、府州县城市为组织会试、乡试、府州县试等各级科举考试而设立的贡院和考棚；捐助兴修为本乡本土士子提供考试免费住宿的京师、省城所设试馆（会馆）；捐助士子赴考所需盘缠、卷资，即宾兴经费；以及资助贡生入监等多种形式。本文仅就其狭义概念举例探讨“科举慈善”的具体施善方式。

关键词：科举慈善；施善方式

科举制肇始于隋炀帝大业元年（605），至清末1905年废除，赓续1300年之久。科举制之萌芽、发展、完善、衰落、消亡，作为一条主线、一条暗流，左右着科举时代的人才选拔，左右着学校教育、家族教育、地方教育，左右着国家、社会资金的投入，也左右着“科举慈善”的发展方向。可以说，科举制度对科举时代的教育起着导向和引领作用，是教育制度的风向标、导航仪、晴雨表。

“科举慈善”，特指在科举时代为广大士子参加科举考试而进行的各种慈善活动。“科举慈善”是全方位、多层次的。广义的“科举慈善”包括科举时代为科举考试而进行的捐资兴校、捐资助教、捐资助学、捐资助奖、捐资助贫、捐资助考等诸多方面的慈善活动。狭义的“科举慈善”，特指在科举考试环节进行的慈善活动，主要包括以下几种形式：捐广学额；捐助兴修北京、南京及其他省会城市、府州县城市为组织会试、乡试、府州县试等各级科举考试而设立的贡院和考棚；捐助兴修为本乡本土士子提供考试免费

---

* 本文为作者主持的国家社科基金项目“中国科举制度下的教育慈善事业研究”阶段性成果之一。

** 作者简介：陈长文，文学博士，历史学博士后，现为四川大学古籍所副研究员。

住宿的京师、省城所设试馆(会馆);捐助士子赴考所需盘缠、卷资,即宾兴经费;以及资助贡生入监等多种形式。本文限于篇幅,仅就其狭义概念举例探讨"科举慈善"的具体施善方式。

一、捐广学额

明洪武十五年定:京府县生员六十人,在外府学四十人,州学三十人,县学二十人,日给廪膳,仍免差役二丁。宣德中,增广生员数如正额,不给廪膳,谓之增广生。正统六年定:岁贡,府学一年贡一人,州学三年贡二人,县学二年贡一人。十二年,于廪增外,复选俊秀附学肄业,谓之附学生。①

(一) 江西

南昌府儒学:"国朝顺治十七年定:取府学二十名,咸丰四年以守城功,奉特旨加定额五名。十年,以武宁捐输案,加定额五名。同治二年,以丰城捐输案,加定额五名,今定为三十五名。(暂额,遇恩诏加七名。同治三年,以新建捐输案,加二十五名。又以捐祥子营饷,加五名,分年录取。)"②南昌县儒学:"原额入学十五名,雍正二年学政沈翼机提准,大县增广五名,定为二十名。咸丰三年,以守城功,加定额三名,嗣以捐输案,累加定额十名,今定为三十三名。(暂额:遇恩诏加七名,捐输案累加二百五十二名,分年录取。)"③新建县儒学:"原额入学十五名,雍正二年增广五名,咸丰三年,以守城功,加定额三名,嗣以捐输案,累加定额十名,今定为三十三名。(暂额:遇恩诏加七名,捐输案累加二百五十五名,分年录取。)"④丰城县儒学:"旧入学二十名,咸丰七年后,以捐饷累加定额十名,今定为三十名。(暂额:遇恩诏加七名,捐输案累加一百五十四名,分年录取。)"⑤丰城县儒学武生额:"同南昌县学,以捐饷累加十名,今定为二十五名。(暂额同文生。)"⑥进贤县儒学:"旧入学十五名,咸丰八年后,以捐饷累加定额十名,今定为二十五名。(暂额:遇恩诏加七名,捐饷加四十九名,分年录取。)"⑦奉新

① (清)福昌修,谭钟麟纂:《同治茶陵州志》,《中国地方志集成·湖南府县志辑》第18册,卷一三《学校·学额》,江苏古籍出版社2002年据清同治十年(1871)刻本影印,第111页。

② (清)许应鑅、王之藩修,曾作舟、杜防纂:《同治南昌府志》,《中国地方志集成·江西府县志辑》第1—3册,卷一六《学校·南昌府儒学·弟子员额》,江苏古籍出版社1996年据清同治十二年刻本影印,第438页。

③ 《同治南昌府志》卷一六《学校·南昌县儒学·弟子员额》,第444页。

④ 《同治南昌府志》卷一六《学校·新建县儒学·弟子员额》,第448页。

⑤ 《同治南昌府志》卷一六《学校·丰城县儒学·弟子员额》,第452页。

⑥ 《同治南昌府志》卷一六《学校·丰城县儒学·武生额》,第452页。

⑦ 《同治南昌府志》卷一六《学校·进贤县儒学·弟子员额》,第456页。

县儒学:“旧入学十五名,咸丰八年后,以捐饷累加定额十名,今定为二十五名。(暂额:遇恩诏加七名,捐饷累加一百八十六名,分年录取。)”①奉新县儒学武生额:“十二名,捐饷加十名,今定为二十二名。(暂额与文生同。)”靖安县儒学:“旧入学八名,同治四年,以捐饷累加定额七名,今定为十五名。(暂额:遇恩诏加三名,又捐饷加三十四名,分年录取。)武生定额、捐饷加额同文生。(暂额亦同。)”②武宁县儒学:“旧入学八名,咸丰十年,以捐饷加定额八名,今定为十六名。(暂额:遇恩诏加三名,又捐饷累加一百三十五名,分年录取。)武生新旧定额同文生。(暂额亦同。)”③义宁州儒学:“旧入学十二名,咸丰九年,以捐饷加额十名,今定为二十二名。(暂额:遇恩诏加取五名,捐饷加一百四十八名,分年录取。)武生永暂额均与文生同。”④洪都书院课额:“生监内外正课各四十名外,正续十二名,督学冯捐廉增二十名。童生内外正课各二十二名外,正续增八名,督学冯捐廉增十名,分属定额录取。”⑤

(二)山西

太谷县:“咸丰乙卯科考,以县人捐助军饷银较多,增取附学生员十二名。”⑥榆次县学额原为二十名,“咸丰间,以乐输之故,文武各加常额,又或有广额济济焉,郁郁焉”⑦。平遥县:“咸丰年,两次奉准部议,因捐输,新加文武生永远定额四名。”⑧祁县:“咸丰年间,因本邑富户屡次乐输,奉旨于原额外,科岁两试各加进文童十名,岁试并加进武童十名,永为定额。”⑨

(三)江苏

凤池,旧在县学内,规制狭隘。嘉庆二十五年,苏抚仁和陈公桂生,以乃父俨庭,名玉万,曾主讲席,公实随侍。因筑承训楼,以祀其祖。并捐廉奉千金生息,广内外课若干名。⑩

---

① 《同治南昌府志》卷一六《学校·奉新县儒学·弟子员额》,第459页。
② 《同治南昌府志》卷一六《学校·靖安县学·弟子员额》,第463页。
③ 《同治南昌府志》卷一六《学校·武宁县儒学·弟子员额》,第466页。
④ 《同治南昌府志》卷一六《学校·义宁州儒学·弟子员额》,第469页。
⑤ 《同治南昌府志》卷一七《学校·书院·洪都书院·课额》,第479页。
⑥ 安恭己等修,胡万凝纂:《民国太谷县志》,《中国地方志集成·山西府县志辑》第19册,卷四《教育·清》,凤凰出版社2005年据民国二十年(1931)铅印本影印,第396页。
⑦ (清)俞世铨、陶良骏修,王平格、王序宾纂:《同治榆次县志》,《中国地方志集成·山西府县志辑》第16册,卷三《学校·国朝》,凤凰出版社2005年据清同治二年凤鸣书院刻本影印,第343页。
⑧ (清)恩端修,武达材、王舒萼纂:《光绪平遥县志》,《中国地方志集成·山西府县志辑》第17册,卷四《学校志·学额》,凤凰出版社2005年据清光绪八年(1882)刻本影印,第94页。
⑨ (清)刘发岏修,李芬纂:《光绪祁县志》,《中国地方志集成·山西府县志辑》第23册,卷三《学校·学额》,凤凰出版社2005年据清光绪八年刻本影印,第323页。
⑩ (清)蒋启勋、赵佑宸修,汪士铎纂:《同治续纂江宁府志》,《中国地方志集成·江苏府县志辑》第2册,卷五《学校》,江苏古籍出版社1991年据清光绪七年刻本影印,第48页。

凤池书院……买其西张姓民房建此楼，且捐银一千生息，以广内外课各十二名。事在嘉庆二十五年。① 同治五年，户部查奏定章程，各省绅民捐输军饷银一万两者，加永远文武学额一名。十万两，加广一次文武乡试各一名。捐至三十万两，加广永远文武乡试各一名。② 同治七年十一月，江西赣州镇王永胜呈请：以粮台积次欠发饷银二十二万两，捐为永广学额二十二名。以六名入桐城，六名入六合，以十名分入元、宁。③ 附学生员：咸丰癸丑以来，浦邑绅富先后捐银助饷不下数十万两。旋以庚申大乱，册籍无存，未蒙加广学额。④

(四) 徽州

歙县，额定十五名。同治初，以邑人助饷功，岁、科两试每次增入学额十二名。⑤ 咸丰七年，乡民助战。案：西乡杀贼，永远增广文武学定额各二人。同治元年，捐输军饷，奖。案：永远增广文武学定额各十人。⑥

(五) 湖南

湖南长沙、善化、平江、酃县、茶陵等州县，捐助学额现象尤为突出。此不详述。

二、捐助修建考场建筑

(一) 修建贡院

1. 山西

《光绪榆次县续志》卷一《建置》载："光绪五年，邑富绅慨助巨资，始于书院之艮维，购置地基，建置考院。"⑦李日暹，候选游击……邑中修庙，建考棚、公馆，诸工皆捐赀，董其事。⑧ 徐继畬《平遥县超山书院创建重修碑记》……道光初，武昌杨公霖川莅兹

① (清)莫祥芝、甘绍盘修，汪士铎等纂：《同治上江两县志》，《中国地方志集成・江苏府县志辑》第4册，卷八《学校》，江苏古籍出版社1991年据清同治十三年刻本影印，第169页。

② 《同治上江两县志》卷八《学校》，第171页。

③ 《同治续纂江宁府志》卷五《学校》，第46—47页。

④ (清)侯宗海、夏锡宝纂：《光绪江浦埤乘》，《中国地方志集成・江苏府县志辑》第5册，卷一二《学校下》，江苏古籍出版社1991年据清光绪十七年刻本影印，第128页。

⑤ 石国柱、楼文钊修，许承尧纂：《民国歙县志》，《中国地方志集成・安徽府县志辑》第51册，卷二《营建志・学校・师生员额》，江苏古籍出版社1998年据民国二十六年铅印本影印，第54页。

⑥ (清)周溶修，汪韵珊纂：《同治祁门县志》，《中国地方志集成・安徽府县志辑》第55册，卷一七《学校志・学额》，江苏古籍出版社1998年据清同治十二年刻本影印，第176页。

⑦ (清)吴师祁、张承熊修，黄汝梅、王俶纂：《光绪榆次县续志》，《中国地方志集成・山西府县志辑》第16册，卷一《建置》，凤凰出版社2005年据清光绪十一年刻本影印，第535页。

⑧ (清)徐品山、陆元鏸修，熊兆占等纂：《嘉庆介休县志》，《中国地方志集成・山西府县志辑》第24册，卷一〇《孝义・国朝》，凤凰出版社2005年据清嘉庆二十四年(1819)刻本影印，第453页。

士……会省垣修贡院，平遥合邑摊捐银三千二百两有奇。贡院工程知用二千两，发回银一千二百两有奇。杨公邀集绅士议，以此项已捐之银创建书院。又从城内铺户募捐银七百两有奇……于是书院始有其地。①

2. 江苏

贡院旧制，号舍庳狭、土地不甓、小雨辄沮洳泥滑。道光初上下江绅士合募重建。②

3. 浙江

姚士章，字斐成，钱塘人，监生。康熙十三年……省试，贡院旧无篷厂，诸生立门外，率患风雨，士章捐赀倡设，自是循以不废。③ 王锡仁，原名恕，仁和人。勇于为善，遇义举，恒出私财益之。增筑贡院号舍千余间，独肩其任，所费不可胜计。④

4. 徽州

清代道光年间，“汪坤祖……鲍树艺……树艺又捐银五百两，为金陵贡院重修号底砌石曼 路径之费”⑤。清代，吴琛，字彦瑜，和村人。侨寓武林。时届宾兴，多士拥立贡院门外，雨淋日暴，听候唱名。琛乃捐赀数百缗，创立棚厂，每科以为常。⑥ 清代，洪立登……命子钧重赀购地，增置贡院号舍及提调公馆。又京师别建会馆，婺邑创造考棚，均首捐巨赀。文公祠栋朽，将更新，病笃未果，嘱钧踵成之。总计银一万二千余两。⑦

5. 湖南

清代，余正焕，字星堂……预章书院经费支绌，详请于盐务公费，提八千金，发商生息，给士子膏火，并修整堂舍，以垂永久……立义学于祠之左右，岁延经师一人、蒙师一人，教族中子弟之能读书者……奏请移建城南书院于南关外，正焕督修工程，规制大备。聘主讲席，造就人才甚多。庚子岁，邑学宫就圮。首输重赀，纠邑人重修之，兼修贡院号舍，屏除不洁。捐买田宅为童试卷费。⑧ 余远骐，字达衢，恒子。嘉庆元年，举

---

① 《光绪平遥县志》卷四《学校志 · 书院续编》，第 95 页。

② 《同治续纂江宁府志》卷之五《学校》，第 47 页。

③ (清)陈璚修、王棻纂，屈映光续修，陆懋勋续纂，齐耀珊重修，吴庆坻重纂:《民国杭州府志》，《中国地方志集成 · 浙江府县志辑》第 1—3 册，卷一四二《人物七 · 义行二 · 国朝 · 姚士章传》，上海书店 1993 年据民国十一年铅印本影印，第 421 页。

④ 《民国杭州府志》卷一四三《人物七 · 义行三 · 国朝 · 王锡仁传》，第 431 页。

⑤ 《民国歙县志》卷九《人物志 · 义行 · 清》，第 381 页。

⑥ (清)何应松修，方崇鼎纂:《道光休宁县志》，《中国地方志集成 · 安徽府县志辑》第 52 册，卷一五《人物 · 尚义 · 国朝》，江苏古籍出版社 1998 年据清道光三年(1823)刻本影印，第 362 页。

⑦ 葛韵芬等修、江峰青纂:《民国重修婺源县志》，《中国地方志集成 · 安徽府县志辑》第 27—28 册，卷四〇《人物一一 · 义行六 · 清》，江苏古籍出版社 1996 年据民国十四年刻本影印，上册第 734 页。

⑧ (清)刘采邦等修，张廷珂、袁继翰纂:《同治长沙县志》，《中国地方志集成 · 湖南府县志辑》第 3—4 册，卷二四《人物二 · 国朝 · 余正焕传》，江苏古籍出版社 2002 年据清同治十年刻本影印，第 467—468 页。

孝廉方正……二十四年,捐修贡院号舍……又屡捐金修学宫及桥道,建宝塔于城西飞鹅山,费三千计。[①] 吴荣光,号荷屋,广东南海人。道光十一年,由湖南布政使晋巡抚……留心学校,创建湘水校经堂,重修贡院,筹备士子沙水,捐银千两,发典生息,为岳城两院中试奖银。政暇课士论文,谆谆以力学励品相劝勉,士习民风,一时丕振。去日,两书院士子,饯诗多至二百余首。[②] 宾兴坐棚,在贡院东辕门外,嘉庆六年,士绅捐建。[③] 宋致,河南贡生,湖南布政使。爱民重士。康熙五十四年,详准湖南各属士子,因湖北洞庭之险,愿捐三年廪膳、科举盘费、岁贡旂扁、举人会试脚价各项银两等情,于长沙府分设科场,与抚臣李发甲,捐俸筹建贡院,后格部议。至雍正二年举行,多士感戴。今附祀名宦祠。[④] 李发甲,字瀛仙,云南举人,由司铎历台省……广云贵、两广会试中额。累迁福建布政使。康熙五十五年,巡抚湖南……士子赴湖北乡试,冒险涉远,姓名堪虞。三疏恳请分闱,捐俸创立贡院。既而格于部议,乃改为湖湘书院。迨雍正元年七月,钦奉上谕分闱。因贡院先已齐全,即于次年二月甲辰科举行南北两闱乡试。以劳卒于官。祀名宦。[⑤] 清道光年间,陈作宾,授宁乡试教谕……学宫旧缺祭器,醵金购备如礼……省城修贡院,按属派捐,县应捐四百金,作宾一门独任之。岳郡修复试院,亦输金至再。[⑥]

6. 福建

修建号舍。李斯义,字质君,长山人。康熙戊辰进士,四十四年,巡抚福建……与布政使高绢睿集义拓贡院旁隙地,复购民居,增号舍千余楹,葺其学,拔髦士,延硕师,考业论文。更檄行州县,各立义学,教贫士之无师者。[⑦]

(二)修建考棚

清朝乾隆三十六年,知县黄华年、教谕何潭、训导邓世谦率邑绅刘武懋捐赀,将县治东北门大街武庙旧址建立考棚。[⑧]

---

① (清)张培仁、麻维绪修,李元度等纂:《同治平江县志》,《中国地方志集成·湖南府县志辑》第8—9册,卷四七《人物志六·善行·国朝》,江苏古籍出版社2002年据清同治十三年刻本影印,第242页。

② (清)吴兆熙、冒沅修,张先抡、韩炳章纂:《光绪善化县志》,《中国地方志集成·湖南府县志辑》第5册,卷一八《名宦·国朝》,江苏古籍出版社2002年据清光绪三年刻本影印,第318页。

③ 《同治长沙县志》卷一二《典礼·贡院》,第184页。

④ 《光绪善化县志》卷一八《名宦·国朝》,第314页。

⑤ 同上条。

⑥ 《同治平江县志》卷四三《人物志二·宦迹·国朝》,第160页。

⑦ (清)徐景熙修,鲁曾煜、施廷枢等纂:《乾隆福州府志》,《中国地方志集成·福建府县志辑》第1—2册,卷四六《名宦一·历代节使、方面·国朝》,上海书店2000年据清乾隆十九年(1754)刻本影印,上册第924—925页。

⑧ (清)唐荣邦等修,周作翰等纂:《同治酃县志》,《中国地方志集成·湖南府县志辑》第18册,卷五《营建·考棚》,江苏古籍出版社2002年据清同治十二年刻本影印,第418—419页。

乾隆三十九年，邑人王继声倡买庙左基地，捐建考棚，因岁歉经费难齐，变产以成其举。①

乾隆年间，知县吴璜，历任九载，称慈惠之师。尤以振兴文教为任。预分校所得，皆知名士。先是，县试须自备几席送署，出入维艰，璜倡建考棚，规制具备，至今赖之。②

嘉庆二十年，以修志余赀修葺大成殿。又考棚内桌凳年久损失，兼己巳灾民借居，毁坏过半，另行捐费，易木以石，为永久计。③

同治十年，浙江台州府知府刘璈……并与考棚之西，捐建官厅一间、堂号一间、夹号二十间，规模较两文场更阔。④

湖南捐修贡院、考棚现象尤为突出，相关记载较多，此不详述。

三、修建京师、省城试馆(会馆)

(一) 各省在京师、省城修建试馆情况

广东、福建等南方若干经济发达省份早在明代就开始在北京建立会馆。入清以来，随着社会经济的更加繁盛，人口的流动以及朝中异地为官的增多，各省纷纷在京设立会馆，县一级的会馆、府州一级的会馆、省一级的会馆都先后在京城出现，会馆的建设达到了繁盛阶段。当时北京各省会馆一度达341个，“以至外城房屋基地价值腾贵”⑤。会馆的发达与此时期科举制度的鼎盛和商业经济的繁盛有着密切的关系。试举几例：

1. 徽州府

嘉庆年间，胡元熙在京师添设会馆房屋。⑥ 鲍桂星，“都下旧有歙邑会馆，为筹划经费。乡里应试之士深赖之”⑦。王鉴……汪聘卿在金陵倡建歙县试馆，鉴往来苏扬间，捐募巨款以蒇事⑧罗亨瀚，“以茶商起家，独力建北京内城歙县试馆”⑨。詹务勇，字

---

① 《光绪善化县志》卷一一《学校·学署》，第131页。

② 《同治平江县志》卷三五《职官志二·名宦二·国朝》，第69页。

③ 《同治茶陵州志》卷一三《学校·学宫·国朝》，第101页。

④ (清)盛庆黻、恩荣修，熊文杰、欧阳恩霖纂：《同治临湘县志》，《中国地方志集成·湖南府县志辑》第4册，卷五《学校志·考棚》，江苏古籍出版社2002年据清光绪十八年刻本影印，第360页。

⑤ (清)汪启淑：《水曹清暇录》卷一〇《会馆》，北京古籍出版社1998年版。

⑥ (清)谢永泰修，程鸿诏等纂：《同治黟县三志》，《中国地方志集成·安徽府县志辑》第57册，卷七《人物·尚义》，江苏古籍出版社1998年据清同治十年刻本影印，第117页。

⑦ 《民国歙县志》卷六《人物志·宦迹·清》，第249页。

⑧ 《民国歙县志》卷九《人物志·义行·清》，第387页。

⑨ 《民国歙县志》卷九《人物志·义行·清》，第388页。

义上，流塘人。先是，新安会馆欲建寝楼，以祀朱子。苦地隘，司事者出数千缗构(购)邻人屋，弗就。义上令其子弓受委屈，增价得之。既成，券即输入会馆，不取一钱。[①] 汪尚昂，尝捐千金倡建新安会馆，崇祀徽国文公。[②] 嘉庆年间，程世杰，"京师创建会馆，捐金三百"[③]。叶兹垦，"领袖建婺会馆，首捐银一千余两"[④]。道光年间，孙有熺，"兴社课文，及襄建本都书院、京师文明会，均领袖捐赀……其侨金陵，捐助江南北诸会馆"[⑤]。

2. 湖南

邑绅罗文璪遗嘱其子锡章、铜章、金章、镐章、鑑章，捐银八百四十两，买建屋一、铺面三，共二十余间。坐东朝西，前临官街，后抵朱宅，左街巷，右胡宅，横直各六丈五尺五寸，道光三年建。道光三十年，其孙等垫税重修……同治六年，其孙等又敛税叠修。九年，其孙等恐日久难以经营，永交书院首事收税存赀置田修整等情，在县立案，并刊碑洣泉书院。[⑥] 罗文璪，"嗜义举，尤喜培士类，构洁斋书屋，捐田四十亩，次族人肄习。赖以成就者众。于省垣独立创建邑试馆，旁置市廛数椽，以岁入赁租百余金，为秋闱卷烛资，士感其惠"[⑦]。罗鸿，"道光初，遵叔命监修黉宫，董建酃湖书院……倡修省垣试馆，费逾千金"[⑧]。唐殿升，字显朝……族创义塾，置试馆，独任不少。[⑨] 唐方煦，号育庵，嘉庆癸酉拔贡，朝考一等七品小京官，道光壬午，顺天举人，户部主事……任京职时，倡建善化会馆，捐公车费，置有田亩，善举甚多。[⑩] 云阳试馆，在长沙，省南城内，府学宫右侧。原名洣水庵，考旧碑所载，建于雍正癸丑。年久屋坏，州人谋合重修。于同治三年六月，鸠工庀材。越两月告竣。[⑪]

3. 江西

陈希贤，字惠康，宁州人，密之子，倡建宁州会馆于京邸……补三原知县。首崇学校。县有学古书院，延名师，益膏火，以奖励诸生。[⑫]

(二) 试馆与慈善活动

孙向群《近代旅京山东人研究》(齐鲁书社，2013 年)一书，对山东籍人士在北京所

---

① 《道光休宁县志》卷一五《人物・乡善・国朝》，第 389 页。
② 《道光休宁县志》卷一五《人物・乡善・国朝》，第 404 页。
③ 《民国重修婺源县志》卷三九《人物一一・义行四・清》，上册第 711 页。
④ 《民国重修婺源县志》卷四〇《人物一一・义行六・清》，上册第 742 页。
⑤ 《民国重修婺源县志》卷四一《人物一一・义行七・清》，下册第 9 页。
⑥ 《同治酃县志》卷八《学校・酃县试馆》，第 471 页。
⑦ 《同治酃县志》卷一五《人物・笃行・国朝》，第 556 页。
⑧ 《同治酃县志》卷一五《人物・笃行・国朝》，第 558 页。
⑨ 同上条。
⑩ 《光绪善化县志》卷二四《人物・国朝》，第 446 页。
⑪ 《同治茶陵州志》卷九《公署・云阳试馆》，第 73 页。
⑫ 《同治南昌府志》卷四二《人物・仕绩・国朝》，第 521 页。

建会馆进行了梳理，得出结论：在京鲁籍会馆分为三类：县级会馆、府级会馆和省级会馆。从会馆性质上来看，北京鲁籍会馆更侧重于为同乡服务的观念，这与商业性浓厚的广东、浙江、山西、安徽等省籍会馆不同。山东省 14 处会馆中除 1 处为商业性会馆，其余皆为试馆，其中有 3 处为山东同乡办理的义园，提供旅京同乡养病、死亡停灵、埋葬、运输灵柩回籍等公益性服务。①

其慈善活动具体表现为：提供住宿，让来京或省会赴试的士子有如归之感，以便全力备考。个别贫困考生，给予银两资助。登科后大摆庆功宴，予以祝贺。在省城或京城科举考试期间得病，会馆主事人员帮助看病抓药。如果士子不幸病故，他们还会捐置棺木。有些会馆还设有义园、漏泽园，予以安葬客死他乡的士子和其他人员。江西在京试馆还给予士子元养、川资费用。

在京师、省会所创建的会馆，多为捐资修建，且多京官挑头组织，属于民间行为。究其原因，主要有以下几个方面。其一，客观需要，路远不便。会馆根据性质不同，分为几类。大多会馆起初皆为向科举士子乡会试考试提供住宿便利而设。根据距离京师路途远近，在京设的会馆也由多到少。距离太近了，就没有必要。其二，明清时期，科举制鼎盛。其三，商品经济繁荣，明嘉靖万历年间，出现了资本主义萌芽。入清之后，进一步发展。其四，宋明理学、程朱理学逐渐占支配地位。乡党观念，为光耀门庭，享誉桑梓。其五，为拉拢关系。俗话说得好，“一揸没有四指近”。安徽在京设立的会馆，时任朝中大员的李鸿章出资较多。

在京会馆，多由京官负责综理，租赁收费，扩大经营。其建馆、运营经费来源有独资捐建，或捐献房宅；有的是靠集资、续捐（抽分）、贷款等；多靠出租房屋来保证正常运转等。

四、捐助宾兴经费

清代“宾兴”一词，特指“免费资助当地士子参加各级科举考试的教育公益基金”②。主要是资助当地的士子参加乡试或会试，而能够参加乡试的士子本就是通过了府院试的生员或是已经通过捐纳获得功名的下层绅士。因此，宾兴活动更多的是士绅阶层内部之间的一种互助行为，作为科举受益者的士绅都自愿参与到宾兴活动之中。

王中立，出赀三百金，交户中生息，为族中士子乡会试之费，以鼓励士气。③ “光绪

① 孙向群：《近代旅京山东人研究》，齐鲁书社 2013 年版。

② 毛晓阳：《清代科举宾兴史》，华中师范大学出版社 2014 年版，第 29 页。

③ （清）王志瀜修，黄宪臣纂：《嘉庆灵石县志》，《中国地方志集成·山西府县志辑》第 20 册，卷九《善行·国朝》，凤凰出版社 2005 年据清嘉庆二十二年（1817）刻本影印，第 134 页。

己卯科，楚籍杨公玉科捐三百金，为平邑士子乡试资。本届散给尹时都人士感慕兴起，佥欲醵金创宾兴社，因岁机(饥)未转，议遂寝。庚辰冬，程君遵濂承父志，倡捐五千金为宾兴费。又捐童试卷价一千缗，折银五百八十两。历邑侯蒙古锡公良捐二百金，朝邑徐公炑捐百五十金，邓君元文捐千金，王君克谦捐三百金，踵之者，踊跃争输，共捐一万三千三百八十余两，除提储给发本科文武乡会试川资、童试卷价、社中刊刻公费外，发典商本银一万二千两，年六厘五毫生息，核定章程，详宪立案，并寿诸贞珉，笔诸邑乘。"并详载宾兴规条及宾兴经理衔名。①

同治五年(1866)，"宾兴公交车，向有捐存生息款项，匪扰抢失。现于公费六百文内，每两捐钱五文。以四分之一为公交车，四分之三为宾兴。每届乡、会试之年，照人数摊派。如遇交卸，按数交清，不得列入交代"②。

仁义书院，在仁乡六十四都。道光三十年，合乡捐建。院内建文昌阁，东藏书斋，西储才馆，中为堂，祀捐赀木主。前为东西文场，门首凿泮池，置田租一千二百石，束脩膏火取给焉。院西有宾兴馆，合乡捐建。置田租四百石，给乡会试程费。③

道光年间，云茂奇……六峰书院圮，毁淫祠，益拓其地。捐廉为绅富倡，新堂庑，给膏火……解橐金置宾兴田，佽助乡会试卷烛费。④

许学欧，字修门，仁和人，官户部员外郎，以学行教子弟，子乃赓……乃裕，嘉庆二十四年举人，官平湖教谕，以义田羡余分给贫生，劝富人捐田，立宾兴公产，士林称道弗衰。⑤ 张昌运，仁和人，乾隆四十五年举人，任职南直隶松江府南汇县知县。"尝辟署旁隙地，仿建闱号。值宾兴岁，捐俸给供膳，集多士于中，一照场规课士，士咸感奋。"建设模拟贡院。大比之年，他拿出自己的工资供给来考试的士子们膳食，临场模拟考试。⑥ 吴士鉴，字印潭，钱塘人，太学生……守徐州府城积功，保知县加运同衔，历署萧县、丰县知县。值干戈扰攘之际，所至必提倡文教，奖拔士类。月召生童课试，优给膏火示鼓励，届宾兴，复捐俸为诸生舟车资。⑦ 方熙载、方轸俱于潜诸生；方垣，国子生。兄弟三人居牧亭村。闵族中寒士暨鳏寡孤独者无以自给，共捐田百二十亩、楼房两所、制钱千缗，立方氏义庄，给儒生膏火、宾兴。贫者衣食俾各得其所。⑧

---

① 《光绪平遥县志》卷四《学校志·宾兴》，第100页。

② 汪福安：《义仓宾兴公交车恤嫠章程碑》，《科举学论丛》2012年第3辑，线装书局2012年版，第70—71页。

③ 《同治南昌府志》卷一七《学校·书院·义宁州·仁义书院》，第500页。

④ 《同治续纂江宁府志》卷一四之一《人物·名宦》，第190页。

⑤ 《民国杭州府志》卷一三七《人物四·仕绩六·国朝·许学欧传》，第320页。

⑥ 《民国杭州府志》卷一三七《人物四·仕绩六·国朝·张昌运传》，第321页。

⑦ 《民国杭州府志》卷一三七《人物四·仕绩六·国朝·吴士鉴传》，第335页。

⑧ 《民国杭州府志》卷一四三《人物七·义行三·国朝·方熙载、方轸、方垣传》，第439页。

徽州府各县相关捐助宾兴经费记载较多。此不详述。

五、资助贡生入监

清代，朱化楚创字炉凡数处，梓《太上感应篇》、《吕祖醒心经》等书。桂东胡某以贡生老选博乏资，倾囊相助。①

六、考试过程中之善举

（一）院府接试

恩贡生张礼启……先是，岁科试，邑文武童生两次赴郡，跋涉滋艰，寒畯且缺旅费。礼启倡诸廪保，力请于知府、学院，求院府接试，批允定案。②

（二）平息考场事端

张锡谦，字乙舟，湖北黄安进士。由户部郎中调补长沙府，道光……己丑岁试，长令王渭以滥刑擅责，文生激众控大府，适有宣言将罢考者。大吏将发兵往捕，锡谦力止之，亲往开陈抚慰，事遂寝。试毕，大吏复檄穷治控案，生童株连甚众，锡谦力主以平允定谳，士民感诵。③

（三）组织补考

陈直，字古愚，州廪生……改武冈，州学被兵最烈。适学使将按临武冈，直请造难生册，招还辟乱诸生百数十名，就长衡补考，士林嘉赖，勒石纪其事。④

七、其他科举慈善案例

鲍省躬……又与孝廉胡京蒙交。京蒙之叔任塞外怀安县，有急难。京蒙应直隶乡试。欲赴塞外，则误试期。省躬代往。一骑行数千里，为解其急。⑤

洪翘……客金陵，有乡试士六人同载渡江，遇风覆舟，仅以身免……翘为六人治装，得蒇试事。⑥

---

① 《同治酃县志》卷一五《人物·笃行·国朝》，第557页。

② 《同治平江县志》卷四七《人物志六·善行·国朝》，第242页。

③ 《光绪善化县志》卷一八《名宦·国朝》，第318页。

④ 《同治茶陵州志》卷一八《人物·宦绩》，第194—195页。

⑤ 《民国歙县志》卷九《人物志·义行·清》，第357页。

⑥ 《民国歙县志》卷九《人物志·义行·清》，第362—363页。

科举时代，中央或地方政府，或地方社会对于施善者往往会采取一些激励措施。或“议叙”、“请叙”，予以任职提拔；或为其建坊旌表、祔祀庙堂。通过种种方式，来激励人们积极置身于科举慈善。在湖南一些地方还存在“免卷资”，即“免除捐助者子孙科举考试时的印卷费”现象，例如：《光绪善化县志》卷一一《学校·儒学田租》载：六都鸟字一百二十区，地名窑头，上田四十亩。本邑刘贺氏同男一元、元基、元勋，孙朝乾、朝翰、朝经、朝琨、朝翊、朝采、朝柱、朝崧、朝鼎、朝仪等，捐入儒学。每年实纳租谷三十七石。两学师三十石，书门七石。应完正饷银九钱九分四厘，南米二斗三升八合，北米二斗八升六合，册名东西斋户下完纳。公议：刘贺氏嗣孙入学，无论文武，免其印卷费。[①]光绪元年，本邑胡朝华同男逢藻，将自置六都河西平山冲田一契，岁租二十石，粮饷注荫俱全，禀请捐入，东西两学师书门照收。日后胡朝华子孙，文武入学，免其印卷费。[②]刘贺氏、胡朝华在为地方教育做了重大贡献的同时，也获得了后代“入学，无论文武，免其印卷费”的特权。其实这也是用经济投入换取地方文化权利的典型案例。

总之，科举时代，尤其是到了明清时期，科举慈善方式愈来愈多样化，科举慈善体系渐趋完备。施善者，或出于真善，真心实意效力于地方教育、科举事业。或为自身谋，谋“议叙”、“请叙”，谋官运亨通；谋为建坊旌表、祔祀庙堂。或为为子孙谋，谋科名，谋前程。或为名谋，或为利谋。但只要是为教育、科举做了实实在在的贡献，客观上都促进了教育事业、科举慈善事业的发展。

---

① 《光绪善化县志》卷一一《学校·儒学田租》，第132—133页。

② 《光绪善化县志》卷一一《学校·儒学田租》，第133页。

台湾科举

台湾“谜样”科举人物考辨

林文龙[*]

摘　要：台湾科举制度，滥觞于明郑时代。清领后的康熙二十六年丁卯科乡试，台湾始全面开科取士，迄光绪乙未割让，乃告结束。此后至光绪三十年甲辰恩科，有志于科举考试的台湾士子，仍多通过寄籍方式，继续应试，且有考取进士、举人之例。台湾为福建之一府，儒士一体参加省城福州乡试，即使建省之后，称“福建台湾巡抚”，科举考试仍未改变。闽台之间，较大的差异有二：一是生员阶段的单独办理，学政先后分别由台厦道、巡台御史、台湾道及驻台福建巡抚、台湾巡抚兼理；一是举人、进士的名额保障，包括台湾粤籍的另编字号取中举人一名。教育程度的城乡差距，古今一例，于是台湾的乡试“解额”（嘉庆后以四名为额度），乃吸引闽粤士子渡海应试，并衍生诸多冒籍、寄籍问题。郡邑方志备载地方选举科目，为重要的科举基础史料，而回顾台湾修志历程，以乾隆、嘉庆间最盛，此后即寥寥无几，以致年代愈晚，科举人物愈为模糊。方志失修、传闻讹误，乃至错解制度，遂使若干甲乙科人物在台事迹无考，附会增益及籍贯失真等，不一而足，爰以郑士超、郑廷扬、张觐光及曾作霖四人为例，略予考辨，乃知同治《淡水厅志》之列郑士超，恰为该志仓卒成书，饱受学者批判的具体印证。同书又列“钦赐举人”、“钦赐翰林检讨”郑廷扬于进士表，殊不知“翰林检讨”仅为职衔，不得称为进士，嘉庆《续修台湾县志》早有前例可验。进士张觐光之寄籍应考，台湾类似情形不少，其中式科份，恰好承先启后，足概其余。至于举人曾作霖，曾纂修《彰化县志》，掌教蓝田书院，不乏文献史料，而确切里籍竟莫衷一是，幸有新史料的出土，多年的争议话题，终告定论。

关键词：台湾；科举人物；考辨

---

*　作者简介：林文龙，台北“国史馆”台湾文献馆研究员。

一、前 言

台湾科举制度，虽于明郑时代乍现曙光，但止于取进生员阶段，以是台南之旧台湾府学，遂有“全台首学”之称。清领后的康熙二十六年(1687)丁卯科乡试，台湾始全面开科取士，迄光绪乙未割让，乃告结束。此后至光绪三十年(1904)甲辰恩科，仍有台士寄籍应试，并掇巍科之例。

台湾的科举考试，与书院制度互为表里，其中因闽粤语言、风俗习惯相同，衍生不少寄籍、冒籍应考问题，直接受到冲击的，即为开台进士之争议。回顾清代台湾科举制度，府厅县方志以及采访册所载，进士、举人、贡生等，虽是琳琅满目，而检索其事迹，几乎半数以上都消失于台湾，追溯其原因，无非冒籍问题有以致之。

历代科举考试，固然制度设计缜密，而科举之路并非全然只凭借饱读诗书，有人归纳科甲及第要素为：“一命二运三风水，四积阴德五读书。”将读书摆在最末，而前面四项都非人力所能左右，正因如此，乃使科举更蒙上神秘色彩，流传许多轶闻与传说。历史人物愈知名传说愈多，许多传说往往虚实参半，甚至是荒诞不经；科举人物亦复如此，竟有真实事迹成谜者。爰举若干纠缠不已之科举人物，略予考论，或有裨相关研究。

本文共举进士郑士超、“钦赐翰林检讨”郑廷扬、进士张觐光及举人曾作霖等四例。其中进士郑士超最为离奇，台湾旧志选举表，仅见于同治《淡水厅志》，却无任何科分、里籍之纪事，其登第时间，亦错置在道光、同治之间。郑廷扬的“钦赐翰林检讨”，属老生虚衔，亦不具进士资格，经学者一再误解，俨然为百年难得一见，且可能隐藏“人所未知的大事件”。进士张觐光的规避“寄籍二十年”、“且无原籍可归”，再往前追溯，翰林曾维桢实开其端，黄裳华、黄登瀛、施之东诸进士又踵继其后，其中仅黄登瀛有《光绪三年丁丑科会试齿录》堪印证，因并讨论。至于曾作霖其人，为彰化名举人，自童生及生员时代，便已头角峥嵘，小考制艺时文，传抄诸生之间，为应试范本。[①] 曾掌教蓝田书院两年，知名度高，理论上应不致有里籍失考问题，乃因《彰化县志》科举表仅列祖籍，不及现地的书写方式，造成莫大困扰，幸有鹿港同知示谕文书的发现，里籍之外，并解决其掌教蓝田之时间。总之，文献失征，亦属台湾科举研究最易遇到的问题，因举其例，与其他“谜样”人物并予考辨，敬请不吝教正！

---

① 曾得《金声玉振》小册，内曾作霖制艺时文，约有半数，此外，有几篇郑用锡的文字。未详抄录时间，以曾作霖头衔仅有“生员”、“童生”两种推之，当在其考取嘉庆二十一年举人之前，其时郑用锡亦未考取进士。小册的最大用意，便是抄录名作，作为揣摩模板，显然曾作霖从童生开始，就已经是时文能手，为竞相传抄的对象。

二、郑士超无关“竹堑七子”

王松在《台阳诗话》中有云:“竹城南门外有古奇峰,建庙祀福神;环山面海,景趣颇佳。余尝往游焉,偶见庙壁断句云‘天外波涛何限阔,眼中城郭自然图。评诗有料山奚管,待客无僧酒作徒’,知为刘希向上舍(藜光)所作。希向在道光间为新竹七子之一,与郑祉亭先生父子游。性嗜山水,著有吟草若干卷,今已失传。”①

(一)“斯盛社”七子及误传

上述七子,其结社的正式名称,称作“斯盛社”,属以文会友的诗文社性质,道光七年(1827)七月七日,由进士郑用锡之孙郑景南创立,并敦请郑用锡主持,郑用锡《北郭园诗钞》有迹可寻,其《七年七月七日,景孙祀奎星,招七友为斯盛社,书此勖之》一诗,即为斯盛社创设的珍贵文献,诗云:“七月七日占星斗,胜友七人盛文酒。心香一瓣拜奎星,天上文衡主持久。相期云汉踏金鳌,山盘十五戴其首。愿尔努力各飞腾,上应列星同携手。神如首肯来默相,报赛年年荐蘩韭。”②

斯盛社的成立,在道光七年七月七日,社友七人,应是刻意安排,而非巧合。由于文献资料的缺乏,其社员为何许人,迄今仍难定论。自来,论及斯盛社成员者,必举郑用锡、郑用鑑、郭成金、郑用铦、郑如松、刘星槎与郑士超七人。兹以郑藩派《开台进士郑用锡》一书为例:“竹堑地区最早之文人集团组织,当属道光年间之‘竹堑七子’,此集团成员有:郑用锡、郑用鑑、郭成金、郑用铦、郑如松、刘星槎与郑士超等七人。其中郑用锡、郑用鑑、郑用铦、郑如松四人,皆为郑氏家族中人,而郭成金、刘星槎与郑士超则为竹堑在地人士。”③此说未知出处如何,目前已见载于“维基百科”④,影响所及,此一“斯盛社”名单,“几乎”已成定论,其实最大的问题是名单中缺少了创社人郑景南,很难具说服力。

依据上引郑用锡诗,可知斯盛社创社社友七人当中,郑用锡、郑景南祖孙是不可或缺的要角。再依据王松《台阳诗话》所载,知其成员另有廪生刘藜光(希向、星槎),又从“希向在道光间为新竹七子之一,与郑祉亭先生父子游”等语推敲,至少还有郑用锡之子郑如松。用字辈的拔贡郑用鑑与当时已有廪生身分的郑用铦,理应是社友。如此算

---

① 王松:《台阳诗话》上卷,台湾银行经济研究室 1959 版,第 13—14 页。

② 郑用锡:《北郭园诗钞》卷一《七言古诗十首》,台湾银行经济研究室 1959 年版,第 13—14 页。奎星又称魁星,其造型为“独占鳌头”,因此是台湾文人结社所必奉祀。民间以七月七日为神诞,是夜举行祭典与文酒之会。

③ 郑藩派:《开台进士郑用锡》,“竹堑七子”节,金门县文化局 2007 年版,第 176 页。

④ 维基百科“竹堑七子”,http://zh.wikipedia.org/wiki/%E7%AB%B9%E5%A1%B9%E4%B8%83%E5%AD%90。

来，七名社友已得其六。那么所剩的郭成金与郑士超两人，必有一人要剔除于“七子”之外。

检视郭、郑两人生平，同治《淡水厅志》有郭传：“郭成金，竹堑人，原籍南安。嘉庆己卯举人，大挑二等。少与郑用锡齐名。同知袁秉义赠郭童子诗，有‘典贵图章重，膏腴汉魏寻’之句。家富藏弆，丹铅几遍。主明志讲席，及门多俊材。授连江县学，未之官，卒。”①郭成金家居竹堑，少与郑用锡齐名，且主讲明志书院，是典型的“竹堑在地人士”。再看郑士超其人，是个谜样的人物，清代台湾方志，仅《淡水厅志》之选举表“进士”载有其名，却十分诡异，兹将前后胪列如次：

> 黄骧云，九年己丑科，李振钧榜。中港头份庄人，粤籍。官工部营缮司郎中，有传。
>
> 郑士超。
>
> 杨士芳，同治七年戊辰科，洪钧榜。兰籍、府学。浙江即用知县。②

取中进士，春官及第，是地方大事，时间在道光九年至同治七年(1868)之间，与淡水厅修志几乎同时，列了一个科份不详、里籍毫无所悉的郑士超，简直是匪夷所思。此后的《新竹县采访册》、《新竹县志初稿》仍沿袭此条资料，所缺如故，不赘。

（二）郑士超确有其人

其实，透过网络搜寻，进士郑士超确有其人，且有两位，一是福建永定的乾隆二年(1737)进士，③一是广东阳山的乾隆六十年进士，后者且与竹堑有点关系。永定进士郑士超时代遥远，可以不论。广东阳山进士郑士超，生平可见“陈公梅湖文献网”：

> 郑士超，字作仁，别字贯亭，通儒，杨梅坑人。少力学，家贫，携书而牧，诵弗辍，不知牛之逸去也。举乾隆癸卯乡试，又十二年成进士，授工部主事，补都水司。两充嘉庆辛酉、壬戌会试同考官。历营缮员外郎、郎中、浙江道监察御史转广西道，又转河南道。④

---

① 陈培桂：《淡水厅志》卷九(中)《列传二·先正》，台湾银行经济研究室1959版，第272页。

② 陈培桂：《淡水厅志》卷八(下)《表二·选举表·进士》，第244页。

③ 维基百科转引《永定县志》，https://zh.wikipedia.org/wiki/%E9%84%AD%E5%A3%AB%E8%B6%85。

④ 见“陈公梅湖文献网”，饶平陈梅湖纂：《梅湖丛著》，(清)郑士超(广东阳山)，http://www.cmhwx.com/dv_rss.asp?s=xhtml&boardid=1&id=9474&page=84。

此条纪事于郑士超之仕履极为详细，足资考证。而“广东阳山网”的郑士超传记，除了列有生卒年份，更有“先世祖籍台湾，十五岁随祖父移居阳山”纪事，尤为珍贵：

> 郑士超(1755—1808)，字卓仁，别字贯亭，阳山县新圩乡杨梅坑人。先世祖籍台湾，十五岁随祖父移居阳山。家贫力学，每日记诵二千句话。经常携书放牧，竟然看书入神到牛都不知去处。同乡李济堂知郑士超必有所成，以女相许。又助其上下疏通，允其应试。清乾隆四十八年(1783)，参加科乡试中举。乾隆六十年(1795)，以二甲第三名登进士，任官工部补都水司主事。嘉庆六年(1801)会试同考官，先为营缮司员外郎，次年升为郎中。后来先后转任浙江、广西、河南道监察御史。①

归纳上引两篇小传，可确认郑士超为乾隆六十年进士。郑士超出生于乾隆二十年，三十四年随祖父离开台湾，定居阳山县新圩乡之杨梅坑。过世于嘉庆十三年。这些文献资料的存在，可以解决《淡水厅志》之选举表“进士”列名郑士超的原因，盖郑之离台时，只是贫穷孩童，二十六年后高中进士，当时可能有道听途说式的消息传回淡水厅。修志之际，郑士超高中进士的传说，仍流传民间，撰稿者无法取得具体资料，又不愿意割舍，乃有上述笼统列名的权宜做法。郑士超进士之谜解决，斯盛社竹堑七子之郑士超问题，亦可一并厘清。

斯盛社结社于道光七年，而郑士超早已不在人世，即此一项，便可说明郑不可能名预七子之列，更何况自郑离开台湾之后，尚无回台之文献可稽。总之，竹堑七子名单，应可改正为：郑用锡、郑用鑑、郭成金、郑用钴、郑如松、刘藜光(星槎)与郑景南七人。

三、郑廷扬“钦赐”揭秘

淡水厅的进士郑士超身世成谜，年湮代远是主要原因，在资讯不发达的年代可以理解，而无独有偶，又有个“一路钦赐到底”的同治七年“钦赐翰林院检讨”郑廷扬，载于《淡水厅志》，也造成学者困惑，乃至于误解，甚至惊为异数，认为此事“必定隐藏一件人所未知的大事件。读者如不以笔者故作惊人之论，则此不为人

① 见“阳山县地情网”走进阳山/阳山人物，http://210.76.65.23/shtml/ysx/zoujin/ysrw/2012/03/15/59089.shtml。

知的大事件，很可能使许多台湾史籍及文献重予改写”，“就台湾文献而言，这是值得一挖的‘大宝藏’”。① 其实郑士超“钦赐”事迹，就科举制度而言，不过是平淡无奇的惯例，却因不谙制度而错解，再经专家渲染，终于成为纠缠不清的历史公案。

（一）错解“钦赐”反成谜

《淡水厅志》修于同治十年陈培桂署淡水同知时，署理官员任期充满着不确定性。陈培桂之前的严金卿也是署理淡水同知，在竹堑内公馆林家（林占梅）财力支持下，聘请金门举人林豪刚修过《淡水厅志》，不及刊刻而去。陈培桂继之，乃改弦易辙，转请枋桥林家（林维源）支持，聘请侯官举人杨浚重修，仓促刊刻，乃引起原纂修之林豪著《淡水厅志订谬》，逐一批驳。②《淡水厅志》成书仓促，就“选举表”而言，列入毫无学籍、科分可征的郑士超，便可见端倪，再列入郑廷扬“钦赐举人”、“钦赐翰林院检讨”，却无任何相关的“附考”之类文字，说明相关制度，在当时也许人所皆知，讵料却造成后人之困扰。

《淡水厅志》之郑廷扬纪事凡两见，即“选举表”之举人、进士，如次：

> 郑廷扬，同科（同治四年乙丑科、补行甲子科）。钦赐举人（见进士）。③
> 郑廷扬，同治七年戊辰科。钦赐翰林院检讨。④

台湾光复初期，至1970年代所修省、县方志，悉沿袭两则资料，无新的发现或考证。

稍后，台北市文献委员会编纂谢浩，注意到郑廷扬两度“钦赐”事，惊为“百不一见的例子”，即于所撰“清代台湾甲科人物考辨”中大加论述：

> 同治十年陈培桂在署任淡水同知时，曾为淡水厅修过一部志书，在选举志中有过百不一见的例子，即郑廷扬从同治四年至七年，由“举人”、“进士”，到“翰林院检讨”，皆是一路“钦赐”到底。类此荣宠，终有清二百六十七年的一百一十二科，于史有据者，仅康熙间江苏监生何焯、安徽监生汪灏二人而已。然此二人在未赐举人之前，早已文名卓著，康熙因其文名籍甚，特召试南书房，钦赐举人，专在“内廷修书”，康熙四十二年再赐焯、灏进士，“一体殿试”，然后才入馆选。此外，为优

① 谢浩：《南明暨清领台湾史考辨》，作者自印，1976年，第312页。
② 参林豪《淡水厅志订谬》，收入陈培桂《淡水厅志》附录《淡水厅志订谬》，第463—484页。
③ 陈培桂：《淡水厅志》卷八（下）《表二·选举表·举人》，第247页。
④ 陈培桂：《淡水厅志》卷八（下）《表二·选举表·举人》，第244页。

遇大臣功勋子弟,“钦赐举人”倒是常见,然由“举人”而“钦赐进士”者,则屈指可数;由“进士”而“钦赐翰林”的,更是百不一见。①

郑廷扬由“钦赐举人”而“钦赐翰林院检讨”,谢浩认为“史有据者,仅康熙间江苏监生何焯、安徽监生汪灏二人而已”,清季的台湾却出现足以媲美而历史失载的郑廷扬事,在缺乏具体史料情形下,大胆推论:

类若郑廷扬的例子,既然如此少之又少,且《清史》选举志又对郑廷扬只字未提,此中必定隐藏一件人所未知的大事件。读者如不以笔者故作惊人之论,则此不为人知的大事件,很可能使许多台湾史籍及文献重予改写。②

谢浩更以陈培桂修志,上距郑廷扬“钦赐举人”只有六年,距其“钦赐翰林”不过三年而已,且鉴于《淡水厅志》未立郑传,依修志通例,郑廷扬“必定活着未死”,当然“应该不会有误”。正由于深信不疑,乃作惊人之语,一曰“此中必定隐藏一件人所未知的大事件”,可以改写台湾历史,再曰“是值得一挖的‘大宝藏’”。③

(二)渊源“老生”钦赐制度

谢浩强调的郑廷扬事,“应该不会有误”,事实证明的确无误,但却是“故作惊人之论”,其所以如此,实因未注意到“老生”的钦赐制度,举人、进士都有钦赐。问题是这种依例而赐,容易与见诸谕旨的“赏给”混淆。兹举一例,咸丰九年(1848)福建乡试,因本科是“己未恩科并补行戊午正科”,两科合并举行,加上增额录取,以及两位枋桥林家的“赏给举人”,总共十二名,为台湾历科参加乡试最多的一次。光绪《台湾通志》列有全部举人名单:

咸丰九年(己未)恩科(补行戊午正科)周庆丰榜:淡水厅李望洋(附生。籍噶玛兰)、简化成(原籍漳州府)、彰化蔡德芳(籍晋江)、黄焕奎(籍晋江。台北府教授)、陈培松、陈肇兴(廪生。原籍平和)、李文元(府学。原籍安溪)、陈维英(维藻弟。府学廪生,原籍同安。官内阁中书四品衔)、陈谦光(中港头份庄人。府学,粤籍)、李春波(兰籍)、林国芳(赏给举人。摆接堡人,原籍龙溪。候选道花翎运使衔)、林维让(国芳侄。官户部湖广司员外郎、候选知府、花翎道衔)。④

---

① 谢浩:《南明暨清领台湾史考辨》,第312页。

② 同上条。

③ 同上条。

④ 蒋师辙、薛绍元:《台湾通志·选举·举人》,台湾银行经济研究室1962年版,第400页。

《淡水厅志》选举表，于林国芳、林维让叔侄亦称“赏给举人”[①]，其他方志、文牍，则有记为“钦赐举人”之例，如《噶玛兰厅志》：“钦赐举人即选部副郎林维让。”[②]闽浙总督何璟等奏“绅士捐输请为故父开复原官片”：“林维源嗣父林国芳于咸丰四年劝捐津米案，缘由花翎盐运使衔即选郎中，仰蒙钦赐举人，以道员遇缺即选。”[③]诸多案例可知“赏给举人”与老生“钦赐举人”，早已混用，并无轩轾，无怪乎谢浩乍接触《淡水厅志》所载郑廷扬，便大惊乃“百不一见”，且作若干夸大推论。

清朝时代，选材用人，除了按部就班的正规科举考试之外，常会因时制宜，颁布“特典”性质的考试或甄选，名目随时改变，不尽相同，诸如博学鸿词、保举经学、召试、钦赐举人、钦赐进士、世袭博士、孝廉方正、山林隐逸等，授职、功能也有所不同。其选拔方式，依《大清会典》摘录关于老生举人、进士如次：

> 钦赐举人，有以勋旧子孙而赐者，有以办公出力而赐者，皆与本科举人一体会试。有以年登耄耋而赐者，丁乡试三场完毕，未经中式，年届九十，与年届八十教职，及恩、拔、副、优贡生，均请旨赏给举人。年届八十之廪、增、附、贡、监生，赏给副榜；如前科已给副榜者，不再行加赏。会试后年届八十以上之举人，赏给学正衔者，准其会试，给检讨衔者，不必会试；如前科已有赏衔，下科仍在八十以上，亦毋庸再行加恩。其九十五岁以上者，给编修衔。百岁以上者，给司业衔。钦赐进士，有以勋旧子孙而赐者，有以学问优长而赐者，皆与本科进士一体殿试。[④]

依据上述条例，比对郑廷扬之“钦赐举人”，因郑廷扬无五贡身分，故必须“年届九十”始具资格。其次，郑廷扬为“钦赐翰林院检讨”，证以条例：“会试后年届八十以上之举人，赏给学正衔者，准其会试，给检讨衔者，不必会试。”举人赏给分为学正衔、检讨衔，前者系指中式的举人而言，郑廷扬得检讨衔，不必会试，这是其为老生钦赐举人之故。换言之，郑廷扬是钦赐举人之后，名义上是一体应会试，因年逾九十，直接赏给翰林院检讨衔，并未实际会试。

（三）台湾“钦赐翰林检讨”旧例

老生条例颁行天下，放诸全国而皆准，不过受到高龄限制，要取得“钦赐举人”衔，

---

① 陈培桂：《淡水厅志》卷八（下）《表二・选举表・举人》，第 246 页。

② 陈淑均：《噶玛兰厅志》卷首《噶玛兰厅志修订衔名》，台湾银行经济研究室 1962 年版，第 150 页。

③ 台湾银行经济研究室编：《清季申报台湾纪事辑录・闽浙督何（璟）等奏绅士捐输请为故父开复原官片》，台湾银行经济研究室 1968 年版，第 879 页。

④ 台湾银行经济研究室编：《台湾私法人事编》第一章第二节《特典》，台湾银行经济研究室 1961 年版，第 118—121 页。

正途五贡必须年届八十，如系生员则要满九十岁。因此无论贡生、生员，都非常不易。如欲取得“钦赐翰林院检讨”衔，还得长途跋涉赴京会试，更需要过人的体力。回顾台湾的科举史，固然少见，但却非仅见。除郑廷扬外，至少尚有林望恩与刘鸣皋两人。林望恩首见嘉庆《续修台湾县志》：

(嘉庆)九年甲子：林望恩(府学。钦赐举人。乙丑会试，钦赐翰林院检讨)。[1]

刘鸣皋年代稍晚，仅见道光《台湾采访册》：

十三年戊辰恩科(姚大椿榜)：……刘鸣皋(戊辰会试，钦赐翰林院检讨)。[2]

刘鸣皋之举人科名，未见任何方志记载，似亦属老生钦赐。明乎林望恩、刘鸣皋之钦赐举人、翰林院检讨，足证郑廷扬也是高龄而得，并未“必定隐藏一件人所未知的大事件”。

郑廷扬时地俱近，诚如谢浩所言，“台湾各地总不致对于郑廷扬的生平事迹毫无传闻”[3]，于是晚近先有《台北市志・人物志》为郑廷扬立传：

郑廷扬，字佐才，福建同安高浦人。乾隆末，随父徙居沪尾。父以批发布帛致富，家人不忍以商囿其才智，使修经史，十余年，学大就，唯累上公车，均困场屋。同治五年始举于乡。越二年，赴春闱，恩赐进士及第，授翰林院检讨。光绪初以年老乞归，筑宅大稻埕，以评定先儒诸书为娱，卒年九十余。廷扬工文辞，秀丽典则，颇获时誉。[4]

此篇小传与旧志相较，“同安高浦人”、“乾隆末，随父徙居沪尾。父以批发布帛致富”、“筑宅大稻埕”，可能出自访谈，其他都属旧资料加上部分“想当然耳”的铺排而成，乍看之下，郑廷扬俨然为两榜出身的科举人物，其实其文仍有若干制度上的问题：

1.“始举于乡”——钦赐举人属乡试落榜高龄考生的荣誉虚衔，与中式举人有别，此称“举于乡”显有不当。

---

① 谢金銮、郑兼才纂修：《续修台湾县志》卷三《学志・选举・举人》，台湾银行经济研究室1961年版，第192页。
② 陈国瑛等辑：《台湾采访册・举人》，台湾银行经济研究室1959年版，第187页。
③ 谢浩：《南明暨清领台湾史考辨》，第312页。
④ 王国璠：《台北市志・人物志》，台北市文献委员会1991年版，第52页。

2.“恩赐进士及第,授翰林院检讨。”——依照条例,钦赐举人可一体参加会试,但入京后,早已届龄的老生举人,即给“钦赐翰林院检讨”虚衔,不必会试。有正科举人至会试始届龄者,给“学正”衔,仍可会试。是以钦赐举人既未会试,便不得称为“恩赐进士及第”,证以《续修台湾县志》、《台湾采访册》,都将钦赐翰林院检讨的林望恩、刘鸣皋列于举人表,即知其非。

3.“年老乞归”——“钦赐翰林院检讨”属虚衔,既已高龄,又未授职,何来“年老乞归”?

近年则有文史工作者通过访谈,改称郑廷扬为台北大龙峒人,事迹则大同小异,据说:

> 其父为布商,家境富裕,史称郑氏从小秉性凝重,其实就是呆笨迟钝,其父见他实在不适合经商,乃培植他读书仕进,但考了几十年,就是屡试不中,同治四年,郑廷扬终于考取秀才,这时他已八十几岁,来年鬼使神差又中举,同治七年赴京会试,然化外之民见不得大场面,入场后紧张到手直抖,以致通篇文章潦草难辨,被以字迹倩工整刷下来,后来考官见他年进九十之年,竟能跋涉万里赴考,实难能可贵,特别上奏两宫太后,恩赐进士出身,旋授翰林院检讨,在北京城七八年,光绪初年才乞休归台,卒年九十几。[①]

此篇除里籍有“大龙峒”与“沪尾”之异外,其实内容与《台北市志·人物志》差异并不大,也都犯了制度上的问题,不赘。

(四)郑用锡赠诗小考

关于郑廷扬其人,文献记载极为稀见,民间传说又难免夸大其词,征诸北台绅耆诗文别集,仅得进士郑用锡集有《赠佐才侄(廷扬)》:

> 适馆依然肮脏身,一枝可借岂愁贫。青云不坠心犹壮,白日频过气未伸。辙鲋斗升谁话汝,铗鱼来去久依人。堪嗟肉眼多同辈,肥瘠相看似越秦。[②]

此诗固然对于郑廷扬事迹未有具体记载,然而仔细勾稽,仍透露重要讯息。郑廷扬之名不见于郑鹏云编辑《浯江郑氏家乘》,足见两人同姓不同宗。

---

① 痞客邦“草湳里”博客“可笑可悲的北台两进士”,http://cott6226.pixnet.net/blog/post/235053628。
② 郑用锡:《北郭园诗钞》,第60页。

同治四年，郑廷扬依例得钦赐举人，可知已九十岁；考郑用锡生于乾隆五十年，是年恰为七十岁，赠诗称廷扬为侄，当系依辈分而论。此诗虽未系年，其作于《丁巳春日柬述安司马》稍前，丁巳即咸丰七年，以此略推，郑用锡赠诗之时，郑廷扬已年过八十，且是个屡试不第的塾师。其人奇，其事奇，可能是郑用锡赠诗之动机。以下略解赠诗。首句“肮脏”，读音若“伉驵”，为“高亢刚直”之意。适馆，指塾师应书房之聘前往教学。大约郑廷扬生活贫困，郑用锡乃勉以得一枝之栖，可不再“愁贫”。“青云不坠心犹壮”，指人虽老而立志仕途之心仍未已。“白日频过气未伸”，指日复一日，科场不利，有志未伸。“辙鲋斗升”，用《庄子》典故，喻境遇穷困，急需他人救济。“铗鱼来去”，用《战国策》冯谖弹铗而歌“长铗归来乎！食无鱼”典故，亟言“依人”之不得志。末两句言同辈多已腾达，两相比较，“肥瘠”已如“越秦”之别。

综郑用锡诗意而言之，诗中充满对郑廷扬怀才不遇的同情，虽以“岂愁贫”为慰，其真实书馆生活毕竟是贫苦的。以此对应上述民间传说“其父为布商，家境富裕”、“父以批发布帛致富，家人不忍以商囿其才智，使修经史”，也许更为贴近其人。

四、从寄籍风气看张觐光

科举考试，历来都是僧多粥少，竞争激烈，因此衍生各种通往科场之路的“快捷方式”。游走法律边缘的冒籍，乃至虚设户籍，便成为闽南考生趋之若鹜的手段。台湾为新辟之区，移民多来自漳泉，口音相同，问题乃日趋严重。以乾隆二十八年调任凤山县儒学教谕的朱仕玠署，查阅最近五科案卷资料，赫然发现“冒籍者多，中式多非土著”，“共额中十名内，惟癸酉科中式谢居仁一名系凤山人，余俱属内地”。① 冒籍严重，几乎形成惯例。

考风败坏如此，同年(即乾隆二十八年)，巡台满御史永庆、汉御史李宜青至台，台湾绅士以额中虚冒其名，联名进词，愿撤去另号，一体匀中。二巡台御史不允所请，但面谕道、府、县严禁冒籍，其源既清，则其弊自止。② 次年，李宜青返朝复命，便针对冒籍问题，向朝廷提出兴革建言。李宜青所奏旋交户部议奏，略称：

> 兹据该御史奏称：台湾四县多福、兴、泉、漳之人，指同姓在台居住者认为弟侄，公然赴考；是立法非不严密，而日久渐至废弛。应如该御史所请，敕下该督抚

---

① 朱仕玠：《小琉球漫志·海东剩语(上)·额定乡试中额》，台湾银行经济研究室1957年版，第51页。

② 同上条。

> 及台湾道转饬地方官查明系入籍二十年以上并无原籍可归者方准考试，如有冒籍赴考者，除将本童及廪保照例治罪外，地方官一并查参议处。至现在已经冒籍入学各生，亦应照乾隆二十一年清查顺天冒籍之例，勒限一年改归原籍。

乾隆二十九年十一月八日旨：“依议。”[①]冒籍问题固然暂时有所改善，不过，却留下“入籍二十年以上并无原籍可归者方准考试”的折衷方式，影响台湾科举至深且巨，尔后仍长期存在“闽台一家”、“粤台一家”现象。

（一）翰林曾维桢首开其端

台湾俗语谓“有法有破”，即上有政策，下有对策，“入籍二十年以上并无原籍可归者方准考试”的规范，造成有志科场的闽粤家族长期投资，其方式是举家迁台寄籍，二十年之后，必然“无原籍可归”。台湾科举史上，不少甲乙两科人物，在台少有事迹可考，或者考取之后消失者，都属利用“入籍二十年”法规有以致之。检视“开台翰林”事迹，正是此中典型。

曾维桢成长于读书之家，其父日襄、伯父敦泽均设帐授徒，借以教学相长，准备科举。曾维桢经过童试，顺利成为府学附生。接着，再参与省城的乡试，取中嘉庆二十三年戊寅科举人。据《彰化县志》卷八《人物志·选举》所载：

> （嘉庆）二十三年戊寅（叶大章榜）：曾维桢（由府附生中式第三名，祖籍晋江人，丙戌科进士），叶向荣（附生，祖籍晋江人），郑用锡（邑廪生，改归淡厅学中式，癸未科进士，祖籍同安人）。

此时全台解额（举人定额）共有四名，曾维桢与郑用锡同榜，后来两人都高中进士，只是郑用锡早了一科。

曾维桢点翰林之后，举家迁回泉州，白沙坑无其后代，加上清廷又有敕封其伯父母的“诰命”留存于白沙坑曾家（伯父曾敦泽之后），于是地方上逐渐将曾维桢家世予以扭曲，创造出曾维桢“父母双亡，赖伯父抚育成人”的悲惨童年。其实征诸史料，曾维桢的先世为泉郡望族，且数代俱以名诸生教乡里，乾隆年间，伯父曾敦泽、父曾日襄双双渡台，仍做蒙馆师，教育子弟，道光《彰化县志》卷八《人物志·行谊》有明确记载：

---

① 台湾银行经济研究室：《福建通志·台湾府·诏谕》，台湾银行经济研究室1960年版，第8—10页。录自《重纂福建通志》卷首之四《乾隆二十九年遵旨议奏台湾冒籍》。

曾日襄，字亦思，晚字又健，晋江人。先世为泉郡望族，高祖继先公，顺治间孝廉，宰东光，有惠政。曾祖以下均以名诸生教乡里。公弱冠随伯兄敦泽公渡台，为蒙馆师，越数年，补邑弟子员。时仲兄老矣，方家居，公岁竭脯修之入，以为薪水需，而不有私财。凡十余年如一日，是可为为人之所难者。……大抵公宽以处众，而严于教家，训督子侄辈，晨鸡夜火，功课必严。……年八十一，卒于家。卒之日，家所畜守犬，数日不食，若哀悼然。信乎诚至之足以动物也。子维桢经魁，庶吉士，侄拔萃恩贡。①

此为曾维桢之父健在的纪录，尚及见其子维桢点翰林。

曾维桢中式举人之后，事迹无多，在台仅见领衔为士子受衙役屈辱而请命一事，经台湾道兼学政胡承珙批准严禁差役“毋得再藉铺堂等项名目，任意勒索滋事”，道光四年，乃由台湾知县李慎彝勒碑示禁。②

曾维桢迟至道光六年癸未科，始科场得意，成进士，点翰林。翰林“散馆”，必钦点知县，俗称“老虎班”，到分发省份后，不必候补，立刻补为实缺知县。其散馆时间，约在道光九年二月以前，补湖南沣州石门县知县。《彰化县志》卷八《人物志·选举》有云：“(道光)六年丙戌(王庆元榜)，曾维桢(经魁中式，殿试二甲，以翰林院庶吉士散馆，改任湖南沣州石门县知县，调巴陵县知县)。”③此后仕履大抵维持在州县之间，其事迹也消失于台湾历史舞台，与其他寄籍考取之进士，并无二致。

(二) 张觐光教读沙连大坪顶

同光之间，台湾仍有几位事迹成谜的甲科人物，包括黄裳华、黄登瀛(俱光绪三年丁丑科)、张觐光(光绪六年庚辰科)，推测都与寄籍有关。其中张觐光可能仍循“曾维桢模式”，年轻时代便随长辈定居台湾。检索方志所载，相关记录仅见《云林县采访册》及《台湾通志》。前者记云：

张觐光：原籍广东大埔县人，光绪庚辰科中式。④

后者则云：

---

① 周玺：《彰化县志》卷八《人物志·行谊》，台湾银行经济研究室1962年版，第245页。

② 黄典权采辑：《台湾南部碑文集成》乙《示谕·奉宪禁各衙胥役勒索绅衿班数碑记》，台湾银行经济研究室1966年版，第456—458页。

③ 周玺：《彰化县志》卷八《人物志·选举·进士》，第232页。

④ 倪赞元：《云林县采访册·斗六堡·科贡·文进士》，台湾银行经济研究室1957年版，第33页。

光绪六年(庚辰)□□□榜:台湾府彰化县蔡寿星(户部主事)、嘉义张觐光。[①]

采访册为纂修通志的基础,数据源相同,唯后者不称云林而称嘉义,盖以光绪六年云林尚未建县之故。

张觐光在台文献稀见如是,其为寄籍几可断言,而征考地方族谱,却有其早年在台教读事迹可考,并能追溯其家世。台湾中部的水沙连地区,系包括以日月潭为中心的各乡镇。该地区的入垦者,大抵来自南、北及西部彰化地区,以业主型态拓垦的施国义、许廷瑄两个家族来自凤山,杨振文家族来自彰化;而垦民的入垦,端本堂黄家,自嘉义打猫(今民雄乡)入垦大坪顶(今鹿谷乡)等,都是来自南部、西部之例。至于水沙连以北的入垦,则以原籍南靖、定居南投的张玉宴家族为代表,其后人分布于今竹山、鹿谷各地,尤以竹山的醉草园张达修最负盛名。

张家昆仲的东渡,已迟至道光年间,道光九年,漳州南靖县梅林贝岭社的张玉宴与二兄张玉池、五弟张玉芳三人结伴渡台,进入彰化以东山区拓垦,先定居南投街;其后张玉宴再迁入水沙连保大坪顶新寮及羌仔寮(属鹿谷村),张玉池、张玉芳两人则定居他处,失去联系。按张家第十三世张选才(1773—1839)生子玉顺、玉池、玉宴、玉树、玉芳、玉阶六人。渡海来台的玉池,原名金溪,以字行;玉宴名金海,号琼林,以字行;玉芳,无其他字号。

张玉宴既入大坪顶,仍循着移垦模式,"拓土辟耕,以生以养"(语见张家族谱)。张玉宴娶妻洪氏,生子九人,当时漳州地方不靖,"举人张觐光避难来台";张玉宴"悉命诸子就学",其中五子铨茂最为颖悟,[②]铨茂即张士衡(字子均)。

台湾先民的移垦,以土地开发为要务,教育工作与艺文创作,都必须生活安定之后,才能逐步实现,诚如连横《台湾通史》所言:"我先民之拓斯土也,手耒耜、腰刀铳,以与生番猛兽相争逐,筚路蓝缕,以启山林,用能宏大其族;艰难缔造之功,亦良苦矣。我先民非不能以文鸣,且不忍以文鸣也。"[③]张玉宴之定居南投,时间不得而知,推测应有数年之久,并累积若干资本,再迁入大坪顶继续发展。

张玉宴拓垦事迹无从稽考,也缺乏古文书资料佐证,唯鉴于所生子九人,均能随举人张觐光接受教育,显然张玉宴在拓垦方面应颇有成就。张觐光事迹极为隐晦,仅有中式进士科分而已。张觐光既登进士第,必具有举人身分,但遍查台湾科贡资料,并无任何张觐光的中式记录。《台湾历史人物小传——明清暨日据时期》有小传称:"张觐

---

① 蒋师辙、薛绍元:《台湾通志·选举·进士》,第393页。

② 张锡勋纂辑,张达修补辑:《清河张氏族谱·序文》,手抄本影印。

③ 连横:《台湾通史》卷二四《艺文志》,台湾银行经济研究室1962年版,第615页。

光，嘉义县斗六堡虎尾溪人，先代由潮州大埔迁台。光绪元年举于乡，六年由嘉义县籍，赴殿试中式第十七名进士，签分吏部主事，官浙江乌程县知县。”①证以张覲光于光绪元年考上举人，五年后即登第进士，其实所谓“先代由潮州大埔迁台”，应是循曾维桢模式，随父来台定居，俾符合“寄籍二十年”之规定。

（三）履历书初露家世

张家子弟曾从张覲光受教，有此机缘，当年修谱之际，在谱中附抄了一份“张覲光履历”的世系部分，以示光彩，除了受教因素之外，还有另一层意义，即张家在大埔县田心的始祖“张廿三郎”，与张覲光的原籍始祖相同，意外留下珍贵文献。其资料如次：

> 大清光绪六年庚辰科进士张覲光，系台湾嘉义县附生，民籍广东潮州府大埔县朱卷履历书：
>
> 始祖念三郎公（宋由闽汀入粤，开基潮州大埔溪南）……九世祖秀安公、妣氏陈（由溪南分居南山椒坑）。
>
> 曾祖讳九良（例貤赠文林郎），祖讳士和（例貤赠文林郎）、妣氏邱（例貤赠七品太孺人），父名玉阶字上栋（贡生例封文林郎），母氏黄（例貤赠七品太孺人）。②

张覲光履历书首称“大清光绪六年庚辰科进士”，接着则说“系台湾嘉义县附生”。张覲光应聘大坪顶张家时，已具举人身分，据《张氏族谱序》：

> 吾祖籍本漳州，世居南靖县之梅林贝岭，洎吾曾祖兄弟三人渡台，散居各处，独吾曾祖身入云林，拓土辟耕，以生以养。娶曾祖母洪氏，生子九人，先大父其行五也；当其时，内地扰乱，干戈未平，张孝廉覲光亦避乱来台，此时曾祖悉命诸子就学，独先大父颖悟，胜诸昆弟。③

张覲光登进士第，曾送给张家一份朱卷，分沾喜气。这份朱卷一直保存到日本占领台湾初期修谱之际，抄入谱中。其最大目的，不在于攀附，而是张家族谱与张覲光履历书所载，始祖都为张廿三郎，固然系出同源，不过子孙分枝散叶，双方极为模糊，张家在始祖、纨绔子弟之后，出现断层，至十三世祖才有资料可稽，何时迁到南靖县梅林贝岭社，仍不得而知。而张覲光家族，则从第九世祖“分居南山椒坑”开始。

---

① 张子文：《台湾历史人物小传：明清暨日据时期》，台北图书馆 2003 年版，第 435 页。

② 张锡勋纂辑，张达修补辑：《清河张氏族谱》，手抄本影印，第 2 页。

③ 张达修：《醉草园文集》卷八《序跋·清河张氏族谱后序》，台中张振腾印行 2008 年版，第 162—163 页。

张觐光“履历书”载，乃父张玉阶(字上栋)，已具贡生科名，再查台湾之科贡表，并无其人，显然张玉阶考取贡生当在原籍广东大埔。显然张家仍属中上家庭，父子同时渡台定居，地方不靖，只是原因之一，为了下一代科举考试机会更宽广，才是重要考虑。今云林县斗六市郊虎溪里犹存张觐光古厝，进士匾额高悬，当是当年寄籍处所。

再从张觐光原籍资料看，依据“浙江湖州知府——张觐光”载称：

> (张觐光)字绍棠，号黼庭，广东大埔县百侯白罗白寨蕉子坑人。年幼有志，勤奋好学，且聪敏过人。年长离乡远赴台湾嘉义县大埔乡。同治十三年(甲戌，1874)在台湾嘉义县考取廪生第四名。光绪元年(乙亥，1875)在福建考中举人，光绪六年考取庚辰科三甲进士，以知县即用。曾任浙江乌程县知县。……不久护理浙江湖州知府。觐光卒后葬于百侯白罗蕉子坑进士第后山。父上栋。觐光兄弟五人。觐光居长，次、季俱诸生。①

此一记载尤能印证张觐光之来台，系以寄籍应考为目的，考取进士后，原籍蕉子坑建进士第，一行作吏，自然不再出现于台湾，与曾维桢模式完全相同。其次，张觐光考取的是三甲进士，职衔为“以知县即用”，如非重大贡献或加捐，很难补为实缺知县，亦可为其家境殷富之旁证。

(四) 寄籍成谜三进士

光绪间的台湾，尚有三位与张觐光类似的进士人物，包括黄裳华、黄登瀛、施之东。大抵仍循寄籍模式，却行踪成谜，除科贡表外，无活动记录可资考稽。黄登瀛名见《云林县采访册》大槺榔东堡：

> 黄登瀛：光绪丁丑科进士。②

大槺榔东堡在建省以前属嘉义县，之后改隶云林县，约北港镇一带。籍贯无问题。黄裳华是黄登瀛同榜进士，见新科进士授职谕旨，登载于光绪三年五月十九日《申报》：“五月十一日，奉上谕：‘……黄裳华，着分部学习；……黄登瀛，着交吏部签掣分发各省，以知县即用。……钦此。’”黄裳华是二甲进士，授“分部学习”，等同实缺小京官，学习期满，签分各部。黄登瀛是三甲进士，只是虚衔的即用知县，再由吏部掣签，分发各

---

① “客家文化吧”，浙江湖州知府——张觐光，http://tieba.baidu.com/p/3114400462。

② 倪赞元：《云林县采访册·大槺榔东堡·科贡》，第51页。

省候补，如无特别捐输或功勋，很难补实。

另一位进士施之东，仅见《台湾通志》记载，分见举人、进士两处，并录如次：

光绪十七年（辛卯科）□□□榜：彰化县施仁思（籍晋江）、施之东（籍晋江）、台北府淡水李应辰（府学附生）。①

光绪十八年（壬辰）□□□榜：台湾府彰化县施之东。②

施之东亦毫无在台湾活动的记录，据其后裔告知，在台居住于鹿港施氏宗祠附近，其他一无所悉。

以上三进士，幸有《光绪三年丁丑科会试齿录》，解决黄登瀛问题，附此并叙。《会试齿录》为会试发榜之后，几乎同步发行的官方资料，贡士人各一份，页数不等。黄登瀛"齿录"首页基本身份数据，载称："字秀夫，号松龛，一字蓬行。……福建台湾府嘉义县民籍，大挑教职，原籍晋江。"③这是填报会试的籍贯，嘉义县毫无疑问。

黄登瀛从会试开始，经发榜、授职，资料完整。回顾台湾方志所载，除了《云林县采访册》、《台湾通志》之外，毫无事迹，其原因大约有三：一是即用知县未能补实，一是寿命不长，有一说法是光绪九年黄登瀛卒于晋江深沪家中，年仅四十岁。另外就是寄籍问题，依据"齿录"，黄登瀛自出生至完成科举教育，都在晋江，考秀才时始籍隶嘉义，即丁曰健嘉义知县任内。登进士第后，仍归晋江深沪建"进士第"，并未在台湾落地生根。其寄籍模式如何，待考。

五、纂修《彰化县志》之曾作霖及其里籍

清代台湾府修志，乾隆一朝，蔚为盛况。嘉庆以降，固未见府志传本，实则于道光初年，知府邓传安在任内曾推动续修府志及新增淡水厅、彰化县两志。大约因人事更迭，最后功亏一篑，陈国英等十七人采访的《台湾采访册》，可能是初步进行采访的残稿。④ 然而其先期作业的厅县志纂修，仅《彰化县志》独存刻本，⑤以及近年发现的郑用锡《淡水厅志稿》，都属此次邓传安续修府志的痕迹。

---

① 蒋师辙、薛绍元：《台湾通志·选举·举人》，第402页。

② 蒋师辙、薛绍元：《台湾通志·选举·举人》，第393页。

③ 《光绪三年丁丑科会试齿录》，光盘版。

④ 陈国瑛等辑：《台湾采访册》约成于道光九、十年间，所列"城池"为例，已包括"嘉义县城"、"彰化县城"、"淡防厅城"、"噶玛兰厅城"、"台湾郡城"，乃属府志规格，非属"台湾县"一县的采访册。

⑤ 近年发现的郑用锡《淡水厅志稿》，当亦与邓传安续修府志有关。

(一)《彰志》总纂曾作霖

《彰化县志》总纂之一的前知县周玺序，备详修志始末：

> 余于道光丙戌权篆斯邑，未弥厥月，即值闽、粤分类，被参罢职，濡滞侨寓，得就郡伯邑侯聘主讲崇文、白沙两书院，如是者有年。每与邑侯李君筠轩，公余之暇，谈及时事，谓台郡四县，台邑有志，凤邑有志，嘉邑虽无志，然从前诸罗旧志犹有存者，亦尚可考；独彰邑缺如，岂不亦海外巨区一大遗憾乎？李君曰：唯唯。维时郡伯邓菽原先生，亦以续修郡志，驰檄来彰，议捐剞劂之资，遂毅然以纂修县志为已任。寻奉省宪委署噶玛兰别驾，旋又署嘉邑，托君秋枰来莅兹土，欣然乐成其事；而又虑学宫年久倾圮，亟宜兴修，爰集绅耆于署而剀切商之，筹所以资经费者。倡议劝捐，该地绅耆及殷实有力之家，亦颇知大义，俱各欢欣鼓舞，不数月即得数若干。未几而筠轩李君回任，其有各保庄未及题捐者，复为晓谕，更加踊跃，又得数若干。计可以鸠工庀材矣，乃开局于明伦堂后之静室，重修学宫、创修县志，两事并举。

值得注意的是此次续修府志，依据周玺序言，台郡四县，台湾、凤山各有旧志，嘉义亦有从前之诸罗旧志，且鉴于《台湾采访册》及《彰化县志》、《淡水厅志稿》三种的存在，可推论可能限于时间及财力，主事者大约采取速成方式，以旧志为基础，并新修彰化、淡水二志，不足之处，借由采访弥补。彰化不只修志，复因“学宫年久倾圮”，乃趁此机会“重修学宫、创修县志，两事并举”，官宪之外，地方的灵魂人物，当推举人曾作霖。曾作霖即使知名如此，不幸竟也成为里籍“成谜”的科举人物。

(二)掌教蓝田书院两年

道光《彰化县志》的纂修，固然与邓传安续修府志有关，其实追本溯源，则可往前追到道光九年福建重修省志，要求各府、厅、县同时配合修志。同年六月，彰化县在知县托克通阿任内，着手修志准备。道光十年七月，李廷璧回任彰化知县，修志更为积极，聘请因械斗案被议而掌教崇文书院的前任知县周玺纂修《彰化县志》。修志例有“总纂”(或称主修)职衔，为全志的枢纽人物，志之良窳，总纂是赖。通常修志成诸众手，各志弁首的“修志姓氏”，便会依据责任轻重分别胪列，特别是上司挂名问题，必须巧妙安排，因此所列职衔形形色色，个中三昧，读者或可参透一二。

《彰化县志》拖到道光十四年后彰化知县贾懋功任内完成刊刻，因经历数任知县，其“纂修职衔”也最奇特。前后三位知县，包括“升授同知彰化县知县”托克通阿、“升授鹿港海防兼理番同知彰化县知县”李廷璧、“彰化县知县”(现任)贾懋功等，列名“鉴定”，无关痛痒，只是顺水人情。接下来的“总纂”，一口气列了五位，包括“原署彰化县知县”周玺、“彰化县学教谕”吴春兰、“彰化县学教谕”方岱、“军功升授州同同安学训导”陈震曜、“教谕衔管闽清县学训导事”曾作霖，[①]总纂人数之多，清代台湾修志史上，可能拔得头筹。吴春兰、方岱是前后任学官，挂名成分居大，而周玺、陈震曜、曾作霖三人，则各有所司，曾作霖应是实际的主稿者。

周玺是因案牵累去职的前知县，进士出身，陈震曜为优贡生，两人学养俱优，绝无疑问，问题是俱非土生土长的彰化人士，难免会有隔靴搔痒之感，文章润饰、疑义相参，应是两位总纂主要工作。曾作霖为彰化举人，正是修彰化志的最佳人选。《彰化县志》首列“例言”十四则，最末一则说是：

> 昔人修志，比于作史.非有才、学、识三长者，未敢率尔操觚。况邑治开辟百余年，兵燹屡经，销磨殆尽。既文献之无征，亦传闻之失实。惟霖小子，又何敢谬参纂辑，从煨烬之余，网罗放失，以勒为成书乎？所赖就正者，有前署县纂琢堂周老夫子，本学司铎廷香吴老先生，又得邑人司训罗小山先生，明经曾卓家族兄，选拔廖君澹如，廪生杨君腾六，增广生杨君君颖，相与赞襄纂辑，以匡不逮，故不揣浅陋，姑为草创成编。若引绳削墨之任，谨俟大雅。[②]

文中“惟霖小子”为曾作霖自称，台湾各府县厅志，都有发凡起例，如《彰化县志》用第一人称的写法，可谓绝无仅有，此则说明了曾作霖是整部志书的“草创成编”者，“前署县纂琢堂周老夫子”、“本学司铎廷香吴老先生”两位长官，只是顾问性质，其他同僚都属“赞襄纂辑”，换言之，都是协纂。

纂修《彰化县志》，是曾作霖对桑梓之邦的重要贡献，道光十三年十月，修志工作进入尾声，这时彰化县南投保义学蓝田书院兴建竣事，依例要立碑纪事，于是应门人某之请，撰写《新建南投蓝田书院碑记》，初步与蓝田结下翰墨因缘，与此后的掌教蓝田，当有某种程度关联。其文略云：

> 邑治东南四十里，有地曰南投。乾隆初，始设县丞居此，距今百余年矣。涵濡圣化既久，文明渐启，礼教日昌；士之有志读书者，类多掇科名，以酬素愿。于是分县朱公，延请南北投、水沙连两保士庶议建书院。佥举生员族弟作云、简君俊升等

① 周玺：《彰化县志》卷首《纂修职衔》，第27页。
② 周玺：《彰化县志》卷首《例言》，第27页。

> 董其事,乃属霖为序劝捐。爰诹吉兴工,经始于道光十一年冬月,阅两岁而告成。中祀文昌帝君,后祀徽国文公朱子。即以其厅为讲堂,旁居山长,两翼厢房为诸生肄业地。外环以墙,规模颇壮。统计土木工费,共縻白金四千一百余元。既燕饮以落之,遂颜曰蓝田书院。……时霖方修县志,士有从予游者,因请为记,勒之贞珉,以为将来好义者劝。乡进士闽清县儒学教谕曾作霖敬撰,彰化县学廪生黄春华敬书。①

文末有"时霖方修县志,士有从予游者,因请为记,勒之贞珉"等语,得知此记实得从游门人之请而撰,此时曾尚未担任山长。

台湾湿热又多地震,传统建筑容易受损,蓝田书院创立十二年之后,即道光二十五年正月,发生大地震,又因阴雨兼旬,造成祠宇倾斜,书院半归荒废,于是地方人士曾和中、张春华等发起重修,共募得"白金二千有奇",自同年五月动工,费时两年,落成于二十七年冬,仍请曾作霖撰写重修碑记。此记首段已点出曾氏与书院之关系:"蓝田书院在南投山麓,始建于道光十一年季冬,规模颇称壮丽,诸生以时肄业其间。霖自梅溪司铎告假归里,庚子、辛丑二年,蓝田诸君延予主讲,从游日众,凡南北投及水沙连佳子弟皆萃是间,相与敬业乐群,以集观摩之益。"②文中"庚子、辛丑二年",为道光二十年与二十一年。

"霖自梅溪司铎告假归里",指曾作霖担任闽清训导事,其事载于《彰化县志·人物志》嘉庆二十一年丙子科举人条:"曾作霖(廪生,祖籍晋江人。任闽清县学训导)。"③曾作霖于道光十三年修志末期,仍在台湾,有蓝田书院碑可印证。此后数年,进行县志刊刻,并随时插补人物资料,最晚者为道光十六年三月抵任的职官资料,曾作霖的资料叙及闽清训导职衔,当在此以前;唯据下引示谕,曾作霖之任官闽清,早已发布,因修志留籍缓赴,大约迟至在道光十六年始就任,十九年告假回台,道光二十、二十一两年,应聘为蓝田书院主讲,时间明确,这解决了曾氏掌教蓝田之疑。

(三)揭开里籍、家世之谜

关于曾作霖籍贯,仅见道光《彰化县志》记载"祖籍晋江人",令人困惑,历来推论其籍贯者约有南投、鹿港、晋江三说,晋江是祖籍,绝非出生地,证以道光二十七年鹿港同知告示文书,南投、鹿港、晋江三说,没有一个是对的。道光二十六年间,沙鹿竹林庄生

---

① 刘枝万编:《台湾中部碑文集成》甲《记·新建南投蓝田书院碑记》,台湾银行经济研究室1962年版,第39—40页。

② 道光二十七年曾作霖撰《重修蓝田书院碑记》,近年整修出土,存蓝田书院。

③ 周玺:《彰化县志》卷八《人物志·选举·举人》,第234页。

员曾安国，禀请北路理番同知示谕鳌栖港街占地盖屋者须向业主纳税一案，意外透露乃父曾作霖修志及任官闽清事，证实曾作霖为沙鹿竹林庄人，这解决了其籍贯问题。

依据示谕之外其他文书记载，早在乾隆三十八年，有汉人吴堺自备工本，与陈福、王三锡、吴日灿（堺弟）合四股向迁善南北社番通土李友从等给垦开塭，年纳番饷五元、菜鱼五十斤为酬劳，吴家历管塭地四世，经七十余年。道光初年，吴堺之孙吴色始将塭份分卖竹林庄曾安国，后因发现新港路，可寄泊船只，乃由其父曾作霖乘修志之便，赴北路同知禀缴图说，详注该湾可以泊船，由此鳌栖港乃日益发展，且有店铺侵占曾安国塭界土地，而有禀请出示、不得抗纳租税事，该示谕原为梧栖耆宿黄海泉所藏，为印证曾作霖籍贯之重要文献，全文如次：

署台湾北路理番驻镇鹿港总捕分府为示谕交纳事，据生员曾安国禀称：窃以物物各有主，非吾有则一毫莫取；地必征租，既筑室则基税是□，此古今之通例也。□沙辘鳌栖港街向本海滨斥卤，置为无用荒埔，乾隆三十八年间，居民吴堺等向迁善南北社番通土李友从等给垦开塭，永为己业，历管四世，□今七十余年，道光初吴堺孙吴色始将塭份分卖曾家合管数□，会逢大水为灾，漂流大木到此，连年沙压壅积为汕，内结成湾，适有曾培世一船遇风，先入寄泊，乃知该处新开一港。时安国父作霖留籍修志，未赴闽清学任，经赴前升宪王禀缴图说，详注该湾可以泊船，嗣后小船时来寄泊，近处民人遂依塭仔寮庄暂盖草屋为栈贮货。迨道光十二年后，湾日徙而南栈始渐迁近塭，从此船来日多，屋亦日□日众，十年来几成街市，强半在安塭界。时安父在闽清学供职，经安胞叔曾玉辉赴前宪禀请饬差谕纳在案，时犹草屋多而瓦店少，及安父回籍以还，该处多被回禄烧毁续盖瓦店，皆在塭界，日新月盛，而岁不同，居然成一聚落矣。去秋忽于塭前新开港门，船可直入寄泊，亦如鹿港新开一口，是皆德政覃敷，故山川鬼神，莫不效灵也。但鳌栖去鹿四十余里，该处良莠杂居，其忠厚守分者，明知此地为安塭界世业，久思向安给单纳税，以免争端；其狡诈者，尚观望不前，独不思业各有主，全凭印契，地必纳租，无容争占，此安所不得不缴契验，叩恳给示谕纳也。伏乞电察施行沾感切禀等情，据此，除批示外，合行示谕交纳，为此示仰鳌栖巷街铺户暨居民人等知悉：尔等如有起盖店□在曾安国塭界内者，务须认向该业主生员曾安国给单纳税，毋得影藉抗纳情事，倘敢故违不遵，致被指禀定即严拏究追，凛之慎之，毋违！特示。道光贰拾陆年陆月日给。①

① 洪丽完：《从一张古文书管窥清代的梧栖港》，《台湾史田野研究通讯》第10期，台湾史田野研究室1989年版。

据上引示谕，遭到占地盖屋的鳌栖港街土地，业主为竹林庄之曾安国，乃父即纂修《彰化县志》之曾作霖，证以“时安国父作霖留籍修志，未赴闽清学任，经赴前升宪王禀缴图说”等语，得以确认曾作霖为沙鹿街近郊之竹林庄人。曾作霖为台湾史上著名人物，不仅以纂修《彰化县志》与掌教蓝田书院脍炙人口，且为嘉庆丙子科举人，一举成名天下知，如此杰出之台湾本土人物，其出生地居然埋没于历史洪流之中，偶读“北路理番驻镇鹿港总捕分府示谕”文书，因略论其事迹，旁及籍贯问题，多年悬案，竟得迎刃而解，不亦快哉！

六、结 论

科举制度源远流长，相对于内地各省，台湾之实施科举，不过两百余年，其闽台（或粤台）关系亦复如是。台湾之科举，时间最短，相关研究，理应最为容易，实则不然。即以甲乙两科中式人数，历来就莫衷一是。以台湾光复以来各统计资料之进士为例，早已各有主张。王诗琅《台湾省通志稿・人物志》统计为三十九人，[①]台南卢嘉兴为四十一人，[②]谢浩则为三十一人，[③]三者人数悬殊，盖以认知不同之故。至于台湾的举人人数，也是一个无法定论的课题，自早期《台湾省通志稿・人物志》有较完整的“清代台湾举人人物表”以来，不断有人继续整理，仍问题重重，诚如整理者之一的“微曦山房杂记”所言：“由于数据从未完整过，加上寄籍或冒籍人数着实难以掌握，确切的人数恐难有定论。”[④]正因为科举人物归属充满着变量，乃衍生诸多“谜样”的纪事。

本文试举四位科举人物为例，二进士（郑士超、张觐光）、一钦赐翰林院检讨（郑廷扬）及一举人（曾作霖），包括传闻模糊、错解制度、规避律令及文献无征等，四者所造成的困惑，不仅关系其个人事迹，其实亦可视为台湾科举之谜的缩影，检视相关载记，大都可归纳于上述四例，分述如次：

1. 传闻模糊。同治《淡水厅志》于进士表，列郑士超其人，无任何之科分，亦无具体之纪事，揆其缘故，殆出自民间传闻，将幼年曾住竹堑的乾隆广东阳山籍进士郑士超

---

① 王诗琅：《台湾省通志稿・人物志》表八《清代台湾进士人物表》，台湾省文献委员会1962年版，第155—159页。

② 卢嘉兴：《开台唯一父子进士施琼芳与施士洁》文中附清代台湾籍进士姓名表。《台南古典文学作家论集（上）》，台南市立艺术中心2000年版，第43—46页。

③ 谢浩：《南明暨清领台湾史考辨》，第279—281页。此表系《明清进士题名录》制作，以题名籍及贯为依据，删除“贡士未经殿试者二名”、“外籍误作台籍者五名”及“无资料可考者三名”，均另列表。

④ “微曦山房杂记”博客，http://blog.xuite.net/apex.cheng/blog/300000672。

列入。因传闻而列科贡者，台湾仍有若干案例。兹举“郑凤日”为例：《云林县采访册》海丰堡：“郑凤日（科分遗忘，系据乡人传说）。”[①]按郑凤日无史料可考，恐是“郑捧日”闽音之讹。郑捧日为嘉庆十二年丁卯科举人，祖籍晋江，选大田学教谕，[②]旧志多所记载。

2. 错解制度。郑廷扬之钦赐举人、钦赐翰林院检讨，此乃清代体恤高龄考生特给的恩典，无论钦赐举人或钦赐翰林院检讨，都属荣身虚衔。前者之举人既属钦赐，仍能视同举人，列入旧志科举表，后者则在会试之前，径予赏给，不得应试，换言之，即获钦赐翰林院检讨者，不具进士资格，故旧志将嘉庆间钦赐举人与钦赐翰林院检讨之林望恩列于举人表，可为明证。郑廷扬之揄扬，同治《淡水厅志》错解于先，当代学者袭误于后，且愈加夸大。郑廷扬固因错解制度而起，而台湾之科举历史，其实仍存在不少因此问题而产生的进士，最常见者为考取贡士未应殿试者，次为与台湾关系密切，而却非以台湾籍应试者。

3. 规避律令。康熙至乾隆初年，台湾初辟，文教未兴，基层科举考试多属冒籍应考，清廷为杜绝冒籍之弊，特规范“入籍二十年以上并无原籍可归者方准考试”，立法本已周密，但仍有携子渡台迈向科举之路者，翰林曾维桢可能首开其端，而以张覲光事迹最为具体。光绪间，台湾尚有类似张覲光的三位进士，包括黄裳华、黄登瀛、施之东等，毫无台湾活动纪事，可能清末规定松弛，“入籍二十年”形同虚文，官方未能落实稽查所致。

4. 文献无征。台湾方志失修，问题严重，整个中部地区也仅有一部道光《彰化县志》而已。台湾自来应试之冒籍、寄籍几乎成为惯例，方志于科举表记述，又不务实记述为某保某乡人，乃一律记其原籍，兹以《彰化县志》嘉庆朝八科为例，八科共中式十六人，只有杨启元一人载明“住东螺保”，可确知是本地人士，其他十五名悉写“祖籍晋江”、“祖籍永春”、“祖籍同安”、“祖籍安溪”，[③]如此写法，造成八科十六个中式举人，除杨启元外，都无从得知其等为彰化县何地，曾作霖恰在其中。以曾作霖活跃于道光年间，诗文颇有流传，尚且不知其世代为沙鹿竹林庄人，本文举曾作霖之例，足概其余。

清代科举，闽台关系密切，粤台稍次。两岸一衣带水，往来频仍。初期的冒籍应考，以及稍后的寄籍问题，使部分台湾籍科举人物，毫无在台活动迹象，反而在闽地广建宅第以居，后裔绵延。年代久远的传闻纠葛，以及方志记录不足，即使是最简单的科举人物统计，亦难定论，遑论其他层面之研究。本文所举四例，恰能涵盖争议问题之模式，揭秘解谜，期有裨科举学探讨，并作引玉之砖。

---

① 倪赞元：《云林县采访册·海丰堡·科贡》，第85页。
② 周玺：《彰化县志》卷八《人物志·选举·举人》，第233页。
③ 周玺：《彰化县志》卷八《人物志·选举·举人》，第233—234页。

台湾进士举人问题新探

卢咸池*

摘　要：清代台湾共出现了33位进士、300多位举人以及近千名贡生。本文首次系统分析了台湾进士的祖籍；通过大量文献史料查询分析对照，对近年学者所列台湾举人名录作了进一步分析考订，澄清了部分举人的籍地、科年，有个别增列、剔除；并指出：台湾士子是促进两岸交流的重要群体，对推动台湾文化教育发展贡献卓著，是百姓的领头人和官府的倚重力量，在台湾社会起着举足轻重的作用。

关键词：清代科举；台湾进士；台湾举人；两岸交流；台湾社会

康熙二十二年(1683)清廷统一台湾；二十六年首次有台湾士子参加福建乡试，凤山生员苏峨成为首位台湾举人；三十三年原明郑参军陈永华之子陈梦球以汉军正白旗籍会试中式，殿试列二甲第31名，成为首位台湾进士。本文欲就台湾的进士、举人及其在两岸交流、发展教育和台湾社会的作用作进一步探讨。

一、台湾进士及其祖籍

清代台湾出过多少进士？不同研究者说法各异，但均认进士题名碑为确定进士名录的重要依据。

20世纪台湾有关部门和学者经考据列出台湾进士详细名录的主要有：台湾省文献委员会在1973年版《台湾省通志》卷五中列出29名，①但其中包括“钦赐翰林”郑廷

---

*　作者简介：卢咸池，北京市台湾同胞联谊会名誉会长，北京大学教授。

①　庄金德纂修：《台湾省通志》卷五《教育志·考选篇》，台湾省文献委员会1973年版，第83—84页。

扬和未经殿试的贡士蔡鸿章、黄玉书，实际列出进士 26 名；1972 年黄典权在《清进士题名碑中之台湾进士》文中列出 31 名；[①]1999 年林文龙在《台湾的书院与科举》中以“台湾历科进士名录”列出 34 人，并注明蔡鸿章、曾云镛、黄玉书 3 人“未经殿试”，[②]实际列出进士 31 名。还有一些民间研究考据，但有的将本地的“乡进士”(举人)和“明经进士”(贡生)也当作进士，造成混淆。相对而言，黄典权和林文龙的台湾进士名录比较严谨。

1994 年，汪毅夫对黄典权的考证作了补正，将黄文中“黄题雁”更正为“叶题雁”，澄清了陈梦球的籍贯和施士洁的甲次，并补考出漏列的张维垣，认为清代台湾进士共有 32 名。[③] 2011 年，毛晓阳经考据补列了进士题名碑漏刻的黄裳华，[④]汪毅夫肯定了这一研究结论。[⑤] 北京市台联 2013 年在国家第一历史档案馆也查到记有二甲“第九十三名黄裳华　福建台湾县人”的光绪三年小金榜。[⑥] 清代台湾进士共有 33 名的观点现已为学界普遍认同。

但以往对台湾进士的研究多集中于其科年、甲次和籍贯，而关于他们的祖籍(原籍)此前仅散见于各科乡会试齿录、族谱、闽台府县志等文献史料及近年研究者的论著中，未见有系统的准确资料。最近，笔者在《中华文化、儒学教育、科举与台湾》一文中首次列出了全部 33 位台湾进士的祖籍。[⑦] 为让读者对此有总体直观了解，并提供更准确资料以利学界深入探讨，笔者综合《台湾泉南安平徐状元巷宗谱》[⑧]、《嘉义县志》[⑨]、《漳郡会馆录》[⑩]等相关族谱、府县志及其他史料，以及《台湾会馆与同乡会》[⑪]、毛晓阳《清代台湾进士名录考订》和李晓頔硕士论文[⑫]等著述进行辨析，明确了徐德钦、林启东

---

① 黄典权:《清进士题名碑中之台湾进士》,《台南文化》1972 年第 9 卷第 3 期,第 25—26 页。

② 林文龙:《台湾的书院与科举》第二辑《科举在台湾》,台北常民文化事业股份有限公司 1999 年版,第 192—195 页。

③ 汪毅夫:《清代台湾教育科举若干史实考》,《台湾社会与文化》,海峡文艺出版社 1994 年版。

④ 毛晓阳:《清代台湾进士名录考订》,《集美大学学报》(哲学社会科学版)2011 年第 2 期,第 30—36 页。

⑤ 汪毅夫:《科举史料考释举隅——写给北京台湾会馆的学术报告之二》,《闽台地方史论稿》,海峡书局 2011 年版,第 42—52 页。

⑥ 北京市台湾同胞联谊会编:《科举制度在台湾——台湾进士专题展》,北京精彩互动广告有限公司,2014 年 11 月,第 50 页。

⑦ 卢咸池:《中华文化、儒学教育、科举与台湾》,《科举学论丛》2017 年第 2 辑,第 66—78 页。

⑧ 徐德钦、徐振声纂修:《台湾泉南安平徐状元巷宗谱并序》,2011 年 3 月 28 日,http://blog.sina.com.cn/s/blog_6edee1780100q94k.html,2017 年 12 月 24 日。

⑨ 赖子清纂修:《嘉义县志》卷七《人物志》,台北成文出版社 1983 年版(据 1976 年排印本影印),第 94 页。

⑩ 《漳郡会馆录》卷一《文甲第·文科名》,光绪一宣统重梓本。

⑪ 北京市台湾同胞联谊会编著:《台湾会馆与同乡会》第一篇《儒学与科举制度在台湾》、第四篇《在北京的台湾人》,北京大学出版社 2014 年版,第 28—38、174—177 页。

⑫ 李晓頔:《通过清进士题名碑看台湾籍文进士的时空分布》,中央民族大学 2014 年硕士学位论文,第 8—56 页。

等人的祖籍。① 现将台湾进士的姓名、科年、甲次和籍贯、祖籍重新列表如下。

清代台湾进士姓名、科年、甲次、籍贯、祖籍一览表

姓　名	科年、甲次	籍　贯	祖　籍
陈梦球	康熙三十三年(1694)甲戌科二甲第31名	正白旗籍	龙溪石美
王克捷	乾隆二十二年(1757)丁丑科三甲第43名	诸罗县	晋江
庄文进	乾隆三十一年(1766)丙戌科三甲第71名	凤山县	晋江
郑用锡	道光三年(1823)癸未科三甲第109名	淡水厅	漳浦迁金门
曾维桢	道光六年(1826)丙戌科二甲第68名	彰化县	晋江
黄骧云	道光九年(1829)己丑科二甲第72名	台湾县	广东嘉应
郭望安	道光十五年(1835)乙未科三甲第71名	嘉义县	龙溪流传
蔡廷兰	道光二十五年(1845)乙巳恩科二甲第61名	澎湖厅	金门琼林
施琼芳	道光二十五年(1845)乙巳恩科三甲第84名	台湾县	晋江岑江
杨士芳	同治七年(1868)戊辰科三甲第118名	噶玛兰厅	诏安三堵
张维垣	同治十年(1871)辛未科二甲第118名	台湾县	广东镇平(今蕉岭)
陈望曾	同治十三年(1874)甲戌科三甲第69名	台湾县	漳浦
蔡德芳	同治十三年(1874)甲戌科三甲第79名	彰化县	晋江金井塘东
施炳修	同治十三年(1874)甲戌科三甲第200名	彰化县	晋江
施士洁	光绪二年(1876)丙子恩科三甲第2名	台湾县	晋江岑江
黄裳华	光绪三年(1877)丁丑科二甲第93名	台湾县	晋江
黄登瀛	光绪三年(1877)丁丑科三甲第33名	嘉义县	晋江东石镇
丁寿泉	光绪六年(1880)庚辰科三甲第48名	彰化县	晋江陈埭
叶题雁	光绪六年(1880)庚辰科三甲第60名	台湾县	晋江
张觐光	光绪六年(1880)庚辰科三甲第108名	台湾县	广东潮州大埔
江昶荣	光绪九年(1883)癸未科三甲第137名	台湾县	广东镇平(今蕉岭)
林启东	光绪十二年(1886)丙戌科二甲第101名	嘉义县	福建同安
徐德钦	光绪十二年(1886)丙戌科三甲第2名	嘉义县	福建泉州迁河南镇平
蔡寿星	光绪十二年(1886)丙戌科三甲第64名	彰化县	晋江玉浦

---

① 据《台湾泉南安平徐状元巷宗谱》,徐氏入闽二世徐晦(字大章,号登瀛,唐贞元十八年状元)原"居泉郡徐公店后居湾海徐状元巷",至四十五世"诚溪字尊礼……补用河南镇平直隶州判遂居焉配刘氏……子一信经",四十六世"信经字贤籍号镇平诚溪子由河南镇平迁居台湾嘉义徐厝配马氏子一德钦"。本文据此将《中华文化、儒学教育、科举与台湾》一文所记徐德钦祖籍"泉郡徐仓登瀛里"明确为"福建泉州迁河南镇平"。而1983年版《嘉义县志》记徐德钦"祖籍镇平",台湾嘉义县政府委托中正大学于2009年新纂修的《嘉义县志》记为"广东镇平"(清代河南、广东均有镇平县,广东镇平民国初年改称蕉岭)。

（续表）

姓　名	科年、甲次	籍　贯	祖　籍
丘逢甲	光绪十五年(1889)己丑科三甲第 96 名	彰化县	福建上杭迁广东镇平(今蕉岭)
许南英	光绪十六年(1890)庚寅恩科三甲第 61 名	安平县	广东揭阳
陈登元	光绪十八年(1892)壬辰科三甲第 50 名	淡水县	漳浦
施之东	光绪二十年(1894)甲午恩科二甲第 83 名	彰化县	晋江曾坑
李清琦	光绪二十年(1894)甲午恩科二甲第 105 名	彰化县	晋江
萧逢源	光绪二十年(1894)甲午恩科三甲第 60 名	凤山县	南安
黄彦鸿	光绪二十四年(1898)戊戌科二甲第 85 名	淡水县	福建侯官
陈浚芝	光绪二十四年(1898)戊戌科三甲第 184 名	新竹县	安溪
汪春源	光绪二十九年(1903)癸卯科三甲第 120 名	安平县	南安

由上表知，33 位台湾进士除徐德钦祖籍尚待进一步辨析外，其余均为闽粤移民及后裔。他们的祖籍福建 26 名，其中闽南 25 名（泉州府 20 名、漳州府 5 名）、福州府 1 名；广东 6 名，其中梅州（清代称嘉应）客家 4 名、属闽南文化圈的潮州地区 2 名。两岸一家，闽台亲缘、文缘尤其是闽南与台湾的关系之深由此可见一斑。

二、台湾举人名录再辨析

除了 33 名进士，从康熙到光绪年间，还先后有数百名台湾士子乡试中举，人数众多，不同研究统计所收录也相去甚远。1962 年版《台湾省通志稿》所列举人名录收有 334 人，[①]唯因考证不细，存疑较多；1973 年版《台湾省通志》收有 251 人；[②]林文龙在其专著《台湾的书院与科举》中以《台湾省通志》名录为基础作了深入考证辨析，列出清代台湾举人有据可查者 260 人（列 261 人，其中李春波重复列名），非由台湾各学出身或学籍模糊、科份不明者 60 人（列 61 人，其中陈庆勋已列为“有据可查者”），合计为 320 人（包括嘉庆九年台湾县林望恩，嘉庆十八年凤山县陈亨昌、澎湖厅辛齐光，道光十五年凤山县张振南，咸丰九年淡水厅林国芳、林维让，同治元年凤山县吴寿祺和同治四年淡水厅郑廷扬等“钦赐举人”）。[③] 杨齐福以道光年前台南孔庙石碑记载等推断“清代台湾举人在 300 人左右”[④]；刘登翰认为台湾历史上“至少出过……300 名

---

① 王诗琅纂修：《台湾省通志稿》卷七《人物志》（第三册），台北成文出版社 1980 年版（据 1962 年排印版影印），第 160—191 页。

② 庄金德纂修：《台湾省通志》卷五《教育志・考选篇》，第 72—78 页。

③ 林文龙：《台湾的书院与科举》第二辑《科举在台湾》，第 148—173 页。

④ 杨齐福：《清代台湾举人之概论》，《台湾研究》2007 年第 5 期，第 60—64 页。

以上的举人”①；清代台湾府县学生员均参加福建乡试，道光《重纂福建通志》和民国《福建通志》对乡试题名录考据翔实，严谨可信，刘海峰《清代福建乡试中的台湾因素》一文据此统计台湾举人有305人，②刘一彬亦统计得乙未割台前福建乡试中式的台湾举人302人，并列出301人的名录。③

但《台湾省通志》的举人名录疏漏不少，33位台湾进士中的陈梦球、郭望安、施琼芳、陈望曾、黄裳华、丁寿泉、张觐光、林启东、许南英、李清琦、黄彦鸿、汪春源均未列名。林文龙《台湾的书院与科举》的名录中补列了该《通志》遗漏的黄裳华、林启东，并将陈梦球、郭望安、陈望曾、施琼芳、丁寿泉、张觐光、李清琦、黄彦鸿、汪春源和参与乙未“五人上书”的举人罗秀惠等补为非由台湾各学出身或学籍模糊、科份不明，但仍缺著名进士许南英和另一位参与“五人上书”的举人黄宗鼎等。

据《漳郡会馆录》载，“陈梦球，游龙，龙溪人，旗籍，康熙癸酉顺天榜”④。汪毅夫详尽论述了为何将其列为台湾举人、台湾进士，⑤本文不赘。

创办于同治十一年的上海《申报》载有晚清各科“乡试题名全录”，虽有个别人名、籍地错讹，但系题名“官板”全录，科年准确，实为确定中式的重要依据。本文拟据该“题名全录”和道光《重纂福建通志》⑥、民国《福建通志》⑦、部分台湾府县志和其他文献史料，对台湾举人名录作部分辨析。

据《申报》1873年11月12日（同治十二年九月二十三日）刊登的癸酉科“福建乡试题名全录”和1875年10月19日（光绪元年九月二十一日）“乙亥恩科福建乡试题名全录”，有（括号中为原文错字更正，下同）：

> 知（郑）维蕃 台、林洪香 台、陈树蓝 淡、李青（春）潮 淡、丁寿泉 漳（彰）、王均元 台、王蓝玉 台、施炳修 漳（彰）；
>
> 卢宗烈 台湾、李藩岳 淡水、张觐光 加（嘉）义、赵光诏 福州、黄玉书 彰化、邱

① 刘登翰：《文化亲缘与两岸关系——以闽台为中心的考察》第五章《闽台教育的历史交融与两岸互动》，九州出版社2003年版，第118页。

② 刘海峰：《清代福建乡试中的台湾因素》，陈益源、郑大主编：《科举制度在台湾》，台北里仁书局2014年版，第13—32页。

③ 刘一彬：《闽台交融的考试纽带：清代福建乡试研究》第二章《清代福建举人的地理分布及福建乡试中的科举家族》，厦门大学出版社2016年版，第97—114页。

④ 《漳郡会馆录》卷一《文甲第・文科名》。

⑤ 汪毅夫：《地域人群历史研究：台湾进士》，《东南学术》2003年第3期，第120—127页。

⑥ 陈寿祺纂：道光《重纂福建通志》卷一六三《国朝选举・举人（乾隆）》、卷一六四《国朝选举・举人（嘉庆、道光）》、卷一六九《国朝武选举（乾隆、嘉庆、道光）》，同治十年重刊本。

⑦ 沈瑜庆、陈衍等纂：民国《福建通志》总卷三三《选举志・清举人（咸丰、同治、光绪）》，民国二十七年（1938）刻本。

鹏云 台湾、施士浩(洁) 台湾、潘成清 淡水。

由此知,丁寿泉、施炳修为同治癸酉科举人,张觐光为光绪乙亥恩科举人。《鹿港丁家之研究》亦称丁寿泉为“同治癸酉年(1873)举人”①,林书《台湾的书院与科举》举人名录中误列为光绪乙亥恩科举人。因《申报》“题名全录”将丁寿泉、施炳修籍地“彰(化)”误为“漳(浦)”,张觐光籍地“嘉义”误作“加义”,致《台湾文献丛刊》第247种《清季申报台湾纪事辑录》“福建乡试题名录(节取)”漏录此三人。《申报》登录的其他内容还有个别错讹,如“郑维蕃”误为“知维蕃”,“施士洁”误为“施士浩”,“李春潮”误为“李青潮”(《辑录》中更误作“季青潮”)。由此看来,在研究考据时,必须多种文献史料相互比较对照,才能充分保证其可信度。林书名录列赵光沼为“光绪五年(1879)已卯科举人”、“学籍未详”。由乙亥乡试题名录知为“赵光诏”,光绪元年乙亥恩科以福州生员身份中举;再查1880年8月11日(光绪六年七月初六)《申报》载“光绪六年六月分教职单”,有“教授……福建福州 赵光诏 台湾 举”,知其后又以台湾举人身份任福州府学教授。民国《福建通志》举人名录则径列其为“台湾人”。

以下由光绪五年已卯科、八年壬午科、十一年乙酉科、十四年戊子科、十五年己丑恩科和十七年辛卯科“福建乡试题名全录”摘录出台湾士子中式名单:

叶题雁 台府 附、吴廷琪 彰化 附、庄士勋 彰化 附、刘仁海 台府 附、庄芸香 台湾 附、蔡寿新(星) 彰化 附、张赞忠 淡水 附;

蔡国琳 台湾、陈大猷 台府、陈咏芝 新竹、张宗华 嘉义、林启东 加(嘉)义、余绍赓 台北、王兰(蓝)石 台县;

陈日翔 凤山 附、许南英 台湾 附、林廷仪 宜芋(兰) 廪、叶懋禧 台湾 附、林凤藻 台湾 附、谢锡光 台北 廪、徐德钦 嘉义 廪;

黄彦鸿 侯官 附、邱逢甲 台湾 廪、蔡逢辰 台湾 廪、林际春 台湾 廪、卢德祥 凤山 廪、汪春源 台湾 廪、吕赓年 台湾 廪、罗秀惠 嘉义 附;

黄宗鼎 台北 附、李向荣 台南 附、李清琦 彰化 附、刘汶澄 嘉义 附、陈元音 台南 贡、江呈辉 台北 廪、萧云镛 安平 附、萧逢源 凤山 廪;

张大江 台南 贡、李应辰 台北 增、何朝章 嘉义 廪、郑玉书 安民(平) 附、施仁思 台湾 廪、施之东 彰化 廪、林金城 台南 附。

---

① 李昭容:《鹿港丁家之研究》,彰化左羊出版社2002年版,第54页。

据此可对《台湾省通志》及《台湾的书院与科举》中漏列或列为学籍模糊、科份不明的举人作部分补充或澄清。光绪十一年乙酉科：许南英，台湾府学附生。十四年戊子科：黄彦鸿，侯官县学附生；汪春源，台湾县学廪生；罗秀惠，嘉义县学附生。十五年己丑恩科：黄宗鼎，台北府学附生（《黄宗鼎齿录》有相同自述）①；李清琦，彰化县学附生。十七年辛卯科：郑玉书，安平县学附生。此外，林书中吴廷琪列为光绪八年壬午科举人，应为光绪五年己卯科；萧云镛列光绪十四年戊子科，应为十五年己丑恩科；蔡懋禧应为叶懋禧，为十一年乙酉科。另，因《申报》"题名全录"中将籍地"嘉义"误为"加义"，致《清季申报台湾纪事辑录》"光绪壬午科福建乡试题名录（节取）"中也漏录了林启东。再由《申报》光绪十九年"癸巳恩科福建乡试官板题名全录"知，赖文安、林瑶分别为安平县学廪生、附生。

进士许南英自幼在台南读私塾，光绪五年己卯"入邑庠，拨府学第二名"②。据《汪进士自述》，汪春源"年十四，应童子试，邑侯祁星皆师拔置第二，令入县读书。是岁，郡尊侯仙舫师、学道刘兰洲师皆拔取前茅。是岁入庠"，"丙戌、丁亥两届岁、科试，蒙提学道唐薇卿师屡拔第一。丙戌，食廪饩"。③ 二人的学籍、科份都准确无疑。郭望安、陈望曾等赴京城会试均依祖籍入住漳郡会馆，《漳郡会馆录》中载有"郭望安 米山 龙溪人台湾学 道光壬辰"、"陈望曾 省三 漳浦人台湾学 同治庚午"及"林巽中 龙溪人台湾学 道光甲午"、"李连科 柳堂 长泰人台湾学 同治丁卯"等，④科年与林书举人名录中所载均相符，"台湾学"亦应是准确的。

《台湾省通志》称台湾举人"最后一科为光绪二十年中式之新竹县学廪生郑家珍（原籍南安县）、叶仁山（附生，粤籍三湾人）及凤山县学廪生欧道行"，而据 1894 年 10 月 19 日（光绪二十年九月二十一日）《申报》"甲午正科福建乡试官板题名全录"，有：

> 郑家珍 新竹 廪、欧道行 凤山 廪、林以佃 宜兰 廪、许献琛 安平 廪、施耀南 漳（彰）化 附、叶仁山 台南 附、黄希尧 淡水 附、载（戴）宗林 宜兰 附。

较《台湾省通志》所列多 5 人。林书中举人名录"补遗"最后一名"黄喜彩（字希尧，号卓凡），籍贯淡水县艋舺旧街，学籍未详，据传为清光绪十四年戊子科举人"，应即本科举人黄希尧，为淡水县学附生。许献琛是台南名绅。此外还有林以佃、施耀南、戴宗林 3 人。

---

① 参见汪毅夫《科举史料考释举隅——写给北京台湾会馆的学术报告之二》。

② 许南英：《窥园先生自定年谱》，《窥园留草》，1937 年刊本，"窥园年谱"，第 4 页。

③ 参见汪毅夫《从台湾进士看清代科举制度》，《闽台地方史论稿》，第 24—35 页。

④ 《漳郡会馆录》卷一《文甲第·文科名》。

乙未割台后，虽然福建乡试已不再为台湾士子专设字号，但仍有岛内士子冒险渡海参试，还有内渡士子以台湾原籍或内地归籍的身份参试中举。据《申报》1897年10月13日（光绪二十三年九月十八日）"丁酉科福建乡试题名全录"和1902年10月31日（光绪二十八年十月初一日）"壬寅补行庚子辛丑恩正两科福建乡试题名全录"，分别有：

黄鸿藻 龙溪 附；

高选锋 台湾 附、黄鸿翎（翔）龙溪 附、王人骥 龙溪 附。

其中高选锋为台北人，原为台湾府学生，1898年内渡，寄籍入侯官县学，仍坚持以台籍附生身份中为壬寅举人；黄鸿藻、黄鸿翔兄弟为嘉义人，王人骥为安平人，两家人1895年同船内渡归籍龙溪，居厦门，并分别以龙溪县学附生身份乡试中举；此外还有新竹人苏祖泉以龙溪县学廪生身份登壬寅科副榜。刘海峰称其统计的台湾举人包括"割台后归籍的黄鸿藻、王人骥和寄籍的高选锋"，未列与王人骥壬寅同科中举的黄鸿翔（丁酉举人黄鸿藻胞弟），疑因民国《福建通志》"选举志"中黄鸿翔名后漏注"归籍"。福建最后一次乡试光绪二十九年癸卯恩科题名录中再未见有台籍士子。

此外，《台湾通志》举人名录中有"乾隆元年……台湾府……王贵"[①]，但《台湾省通志》中未收入。查《台南市志》"举人人物表"[②]有"王贵，府学附生，乾隆元年丙辰中式"，与其后的"王宾，台湾学廪生，乾隆三年戊午中式，字利尚，为台邑钜绅，与郡守蒋允焄交厚"并非同一人；道光《福建通志》也有"乾隆元年丙辰恩科……台湾府……王贵"，故可列为台湾举人。该《福建通志》举人名录还有道光二十三年癸卯台湾府台湾王晨嘉及道光二十九年己酉台湾府吴尚震，民国《福建通志》有咸丰五年彰化人蔡廷魁、同治元年壬戌恩科并补行辛酉正科台湾人魏缉熙及彰化人周嘉霖、同治九年庚午嘉义人张步蟾，均应列为台湾举人。

1960年撰成的《云林县志稿・教育志》载有许国材、许国梁、许守博三兄弟乾隆三十年"同科中举"，[③]《台湾省通志稿》选举表照此收入，而《台湾省通志》未收，林书则在名录"补遗"中注"以上三名据《台湾省通志稿》，颇为可疑"。查《嘉义县志》文举人名录中有"许国材，乾隆三十年，斗六布屿西堡，原籍诏安，胞弟国梁武举人"，武举人名录中有"许国梁，乾隆三十五年，斗六竹头角，原籍诏安，邹联元榜，与其胞兄弟国材守博同

① 《台湾通志・选举》，台湾文献丛刊第130种，台北台湾银行1962年版，第394—402页

② 黄典权主修：《台南市志》卷六《人物志》，台北成文出版社1983年版（据1958年排印本影印），第235页。

③ 王君华修：《云林县志稿》卷五《教育志》，台北成文出版社1990年版（据1960年排印本影印），第23—24页。

进嘉义县学文生”;[①]《云林县采访册》“斗六堡”一章中有“文举人 许国材”、“武举 许国梁”;[②]道光《福建通志》“国朝武选举”名录明确载有许国梁为乾隆三十五年武举,《彰化县志稿》武举人名录中亦载“乾隆三十五年庚寅恩科邹联元榜:许国梁(祖籍诏安人)”。[③] 由以上记载可以认定,许国梁为武举人,许守博为“文生”并非举人,而许国材为乾隆三十年文举人待确证。据道光《福建通志》,还有郑鸿善(乾隆十七年壬申)、张文雅(嘉庆三年戊午)、张安邦(嘉庆二十四年己卯)亦为各科武举。

另,林书中疑林大均“即道光元年辛巳科之林大元”,而《台南市志》称林大均“道光四年以前”中式、“与(嘉庆年间举人)曾维桢、陈玉辉、林谦光同辈人”。查道光《福建通志》,有“嘉庆九年甲子……永春州林大均,连江训导,永安、台湾、彰化教谕”,故林大均为永春州人,后到台湾任教职,并非台湾举人。

以上,笔者对林文龙所列 320 名台湾举人名单补列了许南英等 15 人,剔除了郑鸿善等 6 名非文举或非台籍,明确、订正了罗秀惠等 6 人的科年和学籍,订正了丁寿泉等 5 人的科年,考证辨识了汪春源等多人的学籍。综合列表如下。

补列举人(15 人)

科年	乾隆元年(1736)丙辰	道光二十三年(1843)癸卯	道光二十九年(1849)己酉	咸丰五年(1855)乙卯	同治元年(1862)壬戌
姓名	王贵	王晨嘉	吴尚震	蔡廷魁	魏缉熙
籍贯			台湾县	彰化县	台湾县
学籍	台湾府学附生	台湾县学	台湾府学	彰化县学	台湾县学

科年	同治元年(1862)壬戌	同治九年(1870)庚午	光绪十一年(1885)乙酉	光绪十五年(1889)己丑	光绪十七年(1891)辛卯
姓名	周嘉霖	张步蟾	许南英	黄宗鼎	郑玉书
籍贯	彰化县	嘉义县	安平县	淡水县	安平县
学籍	彰化县学	嘉义县学	台湾府学附生	台北府学附生	安平县学附生

科年	光绪二十年(1894)甲午			光绪二十八年(1902)壬寅	
姓名	林以佃	施耀南	戴宗林	黄鸿翔	王人骥
籍贯	宜兰县	彰化县	宜兰县	嘉义县	安平县
学籍	宜兰县学廪生	彰化县学附生	宜兰县学附生	龙溪县学附生	龙溪县学附生

① 赖子清纂修:《嘉义县志》卷七《人物志》,第 95、98 页。

② 倪赞元编:《云林县采访册・斗六堡・科贡》,《台湾文献丛刊》第 37 种,台湾大通书局版,第 33 页。

③ 赖炽昌主修:《彰化县志稿》卷八《教育志》,台北成文出版社 1980 年版(据 1958 年排印本影印),第 235 页。

剔除(6 人)

姓 名	郑鸿善	许国梁	张文雅	张安邦	许守博	林大均
剔除原因	武举	武举	武举	武举	非举人	非台籍

明确、订正科年、学籍(6 人)

姓 名	《台湾的书院与科举》名录		明确、订正后	
	科 年	学籍	科 年	学籍
赵光诏	光绪五年(1878)己卯	未详	光绪元年(1875)乙亥	福州府学
黄彦鸿	未详	未详	光绪十四年(1888)戊子	侯官县学附生
罗秀惠	据传为清光绪年间举人	未详	光绪十四年(1888)戊子	嘉义县学附生
李清琦	未详	未详	光绪十五年(1889)己丑	台北府学附生
黄希尧	传为光绪十四年(1888)戊子举人	未详	光绪二十年(1894)甲午	淡水县学附生
黄鸿藻	据传为清光绪年间举人	未详	光绪二十三年(1897)丁酉	龙溪县学附生

科年订正(5 人)

姓 名	《台湾的书院与科举》名录列科年	订正后科年
丁寿泉	光绪元年(1875)乙亥	同治十二年(1873)癸酉
施士洁	光绪二年(1876)丙子	光绪元年(1875)乙亥
吴廷琪	光绪八年(1882)壬午	光绪五年(1878)己卯
叶懋禧	光绪十四年(1888)戊子	光绪十一年(1885)乙酉
萧云镛	光绪十四年(1888)戊子	光绪十五年(1889)己丑

明确学籍(部分)

姓 名	林凤藻	林际春	汪春源	赖文安	王瑶	许猷琛	高选锋
学 籍	台湾府学附生	台湾府学廪生	安平县学廪生	安平县学廪生	安平县学附生	安平县学廪生	侯官县学附生

刘海峰据两部《福建通志》统计得台湾府县学生员福建乡试中式的台湾举人 305 人,笔者前已增列以正白旗籍顺天中式的陈梦球、以侯官县学附生身份赴福建乡试的黄彦鸿和乙未割台后归籍龙溪的嘉义士子黄鸿翔。据两部《福建通志》,还有个别台湾士子以内地府县学生员身份福建乡试中式:乾隆三十年乙酉泉州府张植发,乾隆三十五年庚寅泉州府梁丹元,道光元年辛巳漳州府龙溪林西园,道光十一年辛卯泉州府晋江吴春晖,道光二十三年癸卯泉州府晋江李联芬和同治九年庚午泉州府晋江曾登洲、施赞隆,林书及台湾府县志中均认同他们为台湾举人。

由以上对林文龙、刘海峰研究成果的辨析表明,包括钦赐举人在内,目前考订出的清代台湾举人总数超过 320 人;不计钦赐举人,亦有 320 人上下。汪毅夫称:“从清初到清末屡有赴京参加顺天乡试并且中为举人的漳州一带人士,其他地方,当亦如此。”①他认为:“台湾举人除了从福建乡试胜出外,亦有部分乃从顺天府试胜出,统计台湾举人未可付诸阙如也。”②是否还有其他台湾士子由内地府县学赴福建、顺天等乡试中举,仍有待今后深入探讨。

据《台湾省通志》,清代台湾府学和各县学共选拔出优贡、拔贡、副贡、恩贡和岁贡“五贡”960 名。③ 因文献史料和笔者精力所限,本文未就此深入探究。

三、士子与台湾社会及两岸交流

明清社会的读书人是两岸交流的重要群体。实际上,台湾士子渡海参加福州乡试、京城会试殿试,本身就是两岸交流的一部分。④

古人云“学而优则仕”,一些士子考取功名后入仕。清代对官员实行严格的回避制度:“督抚以下、杂职以上,均各回避本省。”⑤入仕的台湾士子留在京城或交流到各省为官。清廷又规定:“教职原系专用本省,止回避本府。”⑥闽台亲缘近、语言通,便利福建与台湾交流,而且不仅进士、举人、贡生,还有廪生通过“捐纳”担任教职。台湾早期的府县学教授、教谕、训导均来自福建,乾隆三十九年清廷特规定:“台湾府学训导及台湾、凤山、诸罗、彰化等四学各教谕、训导,遇有缺出,先尽漳、泉七学调缺教职内拣调;倘或不敷或人地未宜,仍于通省教职内一体拣选调补。”⑦闽台士子对发展两岸文化教育贡献卓著。有研究称:“据清代台湾职官表统计,在清领台湾的 200 余年间,从福建各地前往台湾任府县学教授、教谕、训导的多达 300 余人,其中前往人数最多的是晋江、闽县、侯官、福清、安溪、同安各县属,其余各州、县也都有人前往。”同期,“全台共有 80 名科举人物被派往福建任职。其中进士 1 名、举人 18 名、贡生 61 名。有的在福建还连任数职”⑧。台湾建省后设北、中、南三府,士子们都在岛内易府任教职,如澎湖厅举人郭鹗翔、台湾县举人王蓝玉先后任台湾府学教授。书院不受教职回避限制,台湾

① 汪毅夫:《〈漳郡会馆录〉发微》,《台湾研究集刊》2003 年第 3 期,第 27—33 页。
② 汪毅夫:《从台湾进士看清代科举制度》。
③ 庄金德纂修:《台湾省通志》卷五《教育志·考选篇》,第 36—70 页。
④ 汪毅夫:《从台湾进士看清代科举制度》。
⑤ 昆冈等修:《钦定大清会典事例》卷四七《吏部·汉员铨选》,光绪二十五年重修本。
⑥ 同上条。
⑦ 昆冈等修:《钦定大清会典事例》卷六五《吏部·汉员遴选》。
⑧ 杨彦杰:《闽台文化关系的形成及其特征》,《福建师范大学学报》(哲学社会科学版)1994 年第 4 期,第 110—116 页。

进士郑用锡、蔡廷兰、施琼芳、杨士芳、丁寿泉、林启东、施士洁、丘逢甲，举人陈维英、黄缵绪、陈肇兴、江呈辉，贡生黄学海，诸生洪月樵等均曾任岛内著名书院讲席、山长。

进士、举人、贡生和秀才构成了士绅阶层。他们的身份介于官员与百姓之间，既是地方领头人，也是官员交好的对象。对上可代百姓与官府沟通陈情，对下则成为官府维持地方秩序的代理人，在社会上起着举足轻重的作用。

民众与官府沟通，一般都由乡绅挑头。如光绪年间竹南二保蛤仔市等庄为换印章，推举"贡生刘缉光，生员吴廷光、刘廷骏，举人谢锡光，贡生林际春等，为公务攸关，佥举请示换戳，以便责成事"①。其中的贡生林际春后来乡试中举。阿罩雾(今雾峰)出身的朝廷武官林文明同治年间被诬谋反，遭冤杀，林家为此举家抗争，民间也多有同情之声。雾峰林家后人林光辉存有一份彰化士子为林文明鸣冤陈情的具文，由彰化县学廪生苏云衢、苏云裳、谢道荣、庄庆祺和附生曾大猷、苏廷明等20多人具名。其中苏廷明光绪十一年成台湾府学拔贡，苏云衢、苏云裳分别于光绪十三年、十五年成彰化县学岁贡。

光绪年间台湾建省，刘铭传为首任台湾巡抚。为推行洋务运动，他首先依靠乡绅清理田赋，以增加财政收入。清赋初期台南官府的"田园清丈禀呈"称"本月初四日，设立台南清丈总局，督同台湾县沈令，邀集在籍内阁中书施士洁，广东候补知府陈望曾，户部主事蔡霞潭，分部主事张绍芬，浙江补用同知陈尚惠，候选同知徐元焯，举人曾云峰、曾登洲、王蓝玉、卢宗烈、许廷仑、陈楷、蔡国琳、许南英、林凤藻，五品职员吴敦追等到局，复将宪颁条款，并节奏札文详为宣示"，初九日"即派陈绅尚惠、曾绅登洲、王绅蓝玉、卢绅宗烈四人，与原委各员，下乡分班勘丈"。② 除前述进士、举人外，张绍芬、徐元焯、陈尚惠、蔡霞潭亦为举人、贡生、生员，均为著名乡绅。清赋功成，刘铭传为有功人员请奖，其中台湾士绅七八十人，据光绪十八年《台湾清赋全功告竣出力各员请奖清单》，有"已革四川即用知县江昶荣，拟请开复原官"、"内阁中书陈日翔，拟请赏加五品衔"、"指分浙江试用同知潘成清……拟请免补本班，以知府各留原省归候补班前补用"、"兵部郎中林文钦，拟请赏加道衔"、"举人卢德祥，拟请以知县，不论双单月尽先选用"、"举人就职教谕卢宗烈，拟请以本班，不分双单月尽先选用"等。③

① 《淡新档案选录行政编初集》第463《佥呈》"蛤仔市、公馆等庄绅衿吴廷光等，禀举谢锡彰为总经理"，《台湾文献丛刊》第295种，台湾大通书局版，第581—582页。

② 《台湾私法物权编》第一章《总论》"田园清丈禀呈"，《台湾文献丛刊》第150种，台湾大通书局版，第38—40页。

③ 《淡新档案(五)》第一编《行政·财政类：田赋、清赋》"台湾清赋全功告竣出力各员请奖清单"，台湾大学图书馆2001年版，第283—290页。

乙未割台，绅民不服，许多台湾士子坚守气节，成为民众抗日斗争的组织领导者。正在北京参加乙未会试的台湾举人汪春源、罗秀惠、黄宗鼎联合在京台湾进士叶题雁、李清琦“五人上书”，表明“台地军民必能舍生忘死，为国家效命”，发出“与其生为降虏，不如死为义民”的悲壮吼声。[①] 为自主保台，丘逢甲率台湾士绅推动成立“台湾民主国”，亲任“副总统”兼义军统领，誓言“愿人人战死而失台，绝不愿拱手而让台”。在反割台武装斗争中，徐骧、吴汤兴、姜绍祖、林昆冈、吴彭年等台湾秀才为国捐躯。[②] 台北失守后，进士许南英与黑旗军首领刘永福共同领导了台南的抗日斗争，并设立议院作为抗日斗争的民意机构。上海的《字林沪报》、《万国公报》当时以“选绅设院”为题刊登有一份刘永福发布的告示：“据绅民许南英面称，公议不服日，立为自主国，请创议院，以通上下之情，并佥举公正绅耆为议院主等。……兹特准派许绅献琛、徐绅元焯、王绅蓝玉三人为议院主议，卢绅振基、陈绅鸣锵、林绅香山三人为议院参议，并刻发关防，俾昭信守。”[③]他们中许献琛、王蓝玉为举人；卢振基即参与清赋举人卢宗烈的叔父、陈楷的岳父，还是进士施士洁早年应童试的保人，[④]他和徐元焯同为贡生；林香（馨）山为生员，他们都是台南地区有名望的士绅。全台沦陷后，许多士子誓不臣倭、离台内渡。有的内渡士子还坚持参加会试乡试，黄彦鸿、陈浚芝、汪春源相继中为进士，黄鸿藻、高选锋、黄鸿翔、王人骥等中为举人。

四、几点结论

根据以上的论述，可以得到几点简单的结论。

1. 两岸一家亲，清代台湾共出现了33位进士，他们都是闽粤移民及其后裔，其中约四分之三是闽南籍，再次说明了闽台亲缘、文缘之深。

2. 本文通过诸多史料，对近年来多位学者所列清代举人名单作了部分辨析，对有的学籍、科年作了澄清、订正，有个别增列、剔除。考订的结果进一步表明，包括钦赐举人在内，清代台湾举人总数超过320名。

3. 历史事件、人物的考证是一项细致的工作。由于原始文献随岁月散佚，及其原本错讹和后人传抄重排之误，要求我们在研究考据时，必须广集文献史料、认真比较对

---

① 北京市台湾同胞联谊会编著：《台湾会馆与同乡会》第四篇《在北京的台湾人》，第172—174页。

② 连横著：《台湾通史》卷三六《列传八》，《台湾文献丛刊》第128种，台湾大通书局版，第1034—1041页。

③ 卢咸池：《1895年反割台斗争时期台南抗日政府的一份告示》，《闽台文化交流》2012年第2期，第72—75、114页。

④ 施士洁：《司训立轩卢公家传》，《后苏龛合集·后苏龛文稿补编》，《台湾文献丛刊》第215种，台湾大通书局版，第433—434页。

照分析，才能充分保证其可信度。

4. 进士、举人、贡生和秀才等构成了台湾士绅群体，他们促进两岸交流、推动文化教育，是百姓的领头人和官府的倚重力量，在台湾社会起着举足轻重的作用，在历史上写下了浓重的一笔。

地方官与清代台湾科举考试*

杨齐福**

摘　要：康熙年间清廷统一台湾后，在台设官治民、开科化民。在清代台湾科举考试中，地方官主持科举考试，为朝廷选拔人才；设立考棚试馆，大大方便考生；打击考试舞弊，确保公平公正；编选考试范文，为考生提供帮助。这表明地方官在清代台湾科举考试中扮演重要角色，发挥重要作用，产生重要影响。

关键词：清代台湾；科举考试；地方官

康熙年间清廷统一台湾后，便在台设官治民。台湾设道员、知府，各县设知县，厅州设通判。康熙年间朱一贵起义后，朝廷派出满汉御史前往台湾巡视，监督当地官员，后因滋弊而撤销。清末"牡丹社"事件后，朝廷先是派闽抚冬春驻台，继而设立福建台湾省。同时，为了笼络人心，清廷又在台开科化民，童试在台湾举行，乡试在福州举行，会试则在京城举行，还在乡、会试中给予台湾考生"保障"名额，并在府设教授、州设学正、县设教谕，劝学兴文，督课士子。

清廷在台设官治民又开科化民。那么，地方官在清代台湾科举考试中扮演何种角色？发挥什么作用？产生怎样的影响？这些问题的探究有助于深化清代台湾科举考试的研究。然而，长期以来学界对此问题关注不足。虽然庄林丽的著作《清代台湾道、台湾道台与台湾社会》探讨了台湾道员在台湾科举考试中的作用，①尹全海的著作《清代渡海巡台制度研究》阐述了巡台御史对台湾科举考试的贡献，②

* 本文为国家社科基金项目"科举考试与东亚社会"（项目批准号：17BZS025）的阶段性研究成果。

** 作者简介：杨齐福，浙江工商大学历史系教授。

① 庄林丽：《清代台湾道、台湾道台与台湾社会》，社科文献出版社 2015 年版。

② 尹全海：《清代渡海巡台制度研究》，九州出版社 2007 年版。

金铢、吴振芝的论文《清代台湾地方科举之研究》肯定了地方官对台湾科举考试发展的推动，①汤熙勇的论文《巡台御史对台湾科举教育的贡献》阐述了巡台御史在奏定粤童学额和争取乡会试名额等方面的贡献，②但对于此问题的研究仍有待进一步深入。

一

众所周知，清代童试中县、府试由知县和知府主考，院试由学政负责。各省学政③皆由朝廷从侍郎、京堂、翰、詹、科、道、部属等进士出身人员中选拔，三年一任，其职责为“督察师儒，考校庠序”④。具体而言，学政“掌学校政令，岁科两试。巡历所至，察师儒优劣，生员勤惰，升其贤者能者，斥其不帅教者”⑤。这表明学政既是管理各省教育的最高长官，又是主持各地科举考试的主考官。

清廷统一台湾后便实行科举考试。台湾作为福建下辖一个府，院试理应由福建学政主持。但福建学政常驻福州，前往台湾主持考试必须横渡台湾海峡，既不方便又很危险，因而台湾科举考试大多由当地官员或赴台官员代为主持。

(一)

康熙二十三年(1684)至雍正五年(1727)间，台湾科考试由分巡台厦道主持。

清廷统一台湾后，设台厦道，“安戢兵民、抚绥地方，皆该道之责”，因此其人“必才猷练达、年力富强，既有廉洁之操持，复具深沉之胆识，方克胜任”。台湾道员缺出，“应照广西南宁等府之例，于闽省现在各道内，选择详请具题调补”⑥。泉州知府高拱乾“才守兼优、年力并壮，有胆、有识，能慎、能勤，留心濒海之情形、熟悉岩疆之风土”，首任台厦道员。⑦

台湾实施科举考试后，台厦道员周昌认为闽台两地“层洋天险，学道断难远涉按试，揆情度势，必归宪台就近秉衡，良为妥便”⑧。诸罗知县季麒光也强调“通省学政，未便涉洋临试”，“请归台湾本道，如广东琼州之例”。⑨ 康熙二十五年福建巡抚金鋐以

---

① 金铢、吴振芝：《清代台湾地方科举之研究》，《成功大学历史学报》第五期。
② 汤熙勇：《巡台御史对台湾科举教育的贡献》，《史联杂志》第十七期。
③ 顺治时，顺天、江南、浙江称学政，其他各省称学道；雍正时，废学道，各省皆称学政。
④ 商衍鎏：《清代科举考试述录及有关著作》，百花文艺出版社2004年版，第7页。
⑤ 赵尔巽：《清史稿》，中华书局1977年版，第3345页。
⑥ 高拱乾：《台湾府志》，《台湾文献丛刊》第六五种，第240页。
⑦ 同上条。
⑧ 高拱乾：《台湾府志》，第238页。
⑨ 季麒光：《蓉洲诗文稿选辑》，香港人民出版社2006年版，第180页。

闽台“两隔海洋，学宪断不能飞舫涉险”为由，并援引陕西延安、广东琼州之例，提出由台厦道兼负科举考试事宜。[①] 按制，“分守、分巡及粮储、盐法各道，或兼兵备，或兼河务，或兼学政，或兼茶马、屯田，或以粮盐兼分巡之事”[②]。道员兼学政为份内之事。于是，朝廷准许“照陕西延安、广东琼州之例，就台厦道提督学政，兼行试事”[③]。台厦道员陈璸在俸满三年所开具履历中陈述其任内各项事务：

一、本道莅任以来，每逢朔望率所属官员会台湾镇营传集师生、里老于公所，宣讲上谕十六条，务使明晰、民番尽晓，以兴教化。一、府庠文庙、启圣祠颓塌，本道详明修盖，并修建名宦、乡贤祠及明伦堂西廊、教官斋舍等处。又新建朱子祠，以崇正学。一、本道兼理学政，岁、科两试，凛遵定例，矢公矢慎，杜绝苞苴，务拔真才。按月发题到学，课卷亲加评阅。仍将《御制训饬士子文》刻板刷印，分给四学生员人各一张，并令教官面加讲解；俾得通晓，以敦德行。一、本道设立四坊社学，礼请文学兼优之士为师，年给馆谷；凡孤寒有志者俱令从学，按期督课。又于季终亲行会考阖郡生童，优者奖赏，以示鼓励。[④]

这些事务既有属于道员的也有属于学政的。雍正帝曾云：“有司有治民之责，学政有课士之任，虽各有专司，而其实则相为表里也。”[⑤]后来，台湾道员又增加了兵备道头衔，职责也随之加重，“凡厅县刑名，由府审转者，道复核审移司。钱谷册案，亦多经道稽核。举岁科试，甄录文武生童；其恩拔岁贡，亦由道考取汇卷册送本省学政。岁会台湾镇两阅水陆军务”[⑥]。但其学政方面的职责并没有因此而削弱。

(二)

雍正六年至乾隆十七年(1752)间，台湾科举考试由巡台汉御史主持。

朱一贵起义后，为了加强对台地官员的监管，康熙六十年清廷决定每年自京派出满、汉御史各一员，前往巡查，一年更换。这样，“彼处一切信息，可得速闻。凡有应条奏事宜，亦可条奏，而彼处之人，皆知畏惧，至于地方事务，御史不必管理”[⑦]。

---

① 高拱乾：《台湾府志》，第 237 页。雍正五年朝廷改分巡台厦道为分巡台湾道。乾隆三十二年加兵备衔，五十一年又加按察副使衔。

② 《清朝通典》，浙江古籍出版社 1988 年版，第 2209—2210 页。

③ 周钟瑄：《诸罗县志》，《台湾文献丛刊》第一四一种，第 78 页。

④ 陈璸：《陈清端公年谱》，《台湾文献丛刊》第二〇七种，第 69—70 页。

⑤ 转引自汤熙勇《巡台御史清代台湾科举教育的贡献》。

⑥ 朱景英：《海东札记》，《台湾文献丛刊》第一九种，第 17 页。

⑦ 张本政：《清实录台湾史料专辑》，福建人民出版社 1993 年版，第 88 页。

巡台御史职责为“表正风俗、稽查弹压，剔除弊端”[①]。而道员的职责则为“佐藩臬，核官吏、课农桑、兴贤能、厉风俗、简军实、固封守”[②]，在地方行政中扮演“承上启下”的角色。雍正五年朝廷考虑到“道员管理地方之事又兼学政，未免稍繁。每年既派御史二员前往台湾巡查，应将学政交与汉御史管理，甚为妥协”[③]。此后，学政事务便转交巡台汉御史办理。

然而，巡台御史体制运行不久就遭到非议。乾隆十二年福建巡抚陈大受上奏直指巡台御史的弊端，其“于养廉外，又分派台、凤、诸、彰四县轮值，每季需费三四百金”，其“出巡南北两路，供应夫车厨传，赏给各社番黎，操阅犒兵，俱令各县措备”，其“衙门滥准诉讼，差拘滋扰，于额设胥役之外，更有奸民挂名，恃符生事”，并抨击“御史所以稽察人者也，今乃自作弊，后先相袭不为怪”，违背当初设立御史之本意，且“台湾本身有总兵、道府大员，足资弹压。一切案件，原属本省督抚察核，似可不必另派巡察，以滋烦扰”。[④] 巡台御史“积习相沿，因循滋弊”，吏部提议“乾隆五年以后巡台各御史应请革职”，清廷遂将现任巡台御史六十七、范咸革职，前任巡台御史舒辂、书山、杨二酉、熊学鹏、张湄革职留任。[⑤] 因“台郡袤延二千余里，远隔重洋平时地方宁谧，镇道等员，足资办理；猝遇要员，每指画无术，巡察坐镇其间，身目易固，且使文武各官，有所顾忌，不致荡检逾闲”，清廷主张“仍照旧制，毋庸议裁”。[⑥]

“御史为朝廷耳目，事无远近，俱应据实入告。”[⑦]乾隆十七年彰化县生番出草、[⑧]残杀兵民，巡台御史却没有据实上报，在朝廷追问后“仍属支吾，未得实情”。清廷认为台湾“文有道府，武有镇营，足资弹压。巡察三年更替，徒拥虚名，事权则不如督抚，切近又不如守令”，觉得“巡察竟成冗赘，于设官本意，失之远”，遂下令“所有巡察台湾御史，着三年一次命往，事竣即回”。[⑨] “其提督台湾学政关防，仍令台湾道兼管。”[⑩]这样，科举考试又改归台湾道主持。

---

① 《台案汇录乙集》，《台湾文献丛刊》第一七三种，第 27 页。

② 《清朝通典》，第 2210 页。

③ 《清会典台湾事例》，《台湾文献丛刊》第二二六种，第 87 页。

④ 张本政：《清实录台湾史料专辑》，第 153—154 页。

⑤ 张本政：《清实录台湾史料专辑》，第 154 页。

⑥ 张本政：《清实录台湾史料专辑》，第 158 页。

⑦ 张本政：《清实录台湾史料专辑》，第 177 页。

⑧ 清代台湾生番杀人曰出草。唐赞衮《台阳见闻录》云：“番以射猎为生，名曰出草。”

⑨ 《清高宗实录选辑》，《台湾文献丛刊》第一八六种，第 92 页。乾隆五十三年朝廷谕令：“台湾孤悬海外，远隔重洋，民情刁悍，奸徒易于滋事，向来只派御史前往巡视，职分较小，且不能备悉该处情形，殊属有名无实，着将请派巡台御史之例停止。令该督抚及水师、陆路提督，每年轮值一人前渡台湾，严行稽察。”（张本政：《清实录台湾史资料专辑》，第 525 页。）

⑩ 《清会典台湾事例》，第 88 页。

(三)

乾隆十八年至光绪二年(1876)间,台湾科举考试由分巡台湾道[①]主持。

“台湾道兼管学政,有衡文之责”,因此历任台湾道“俱系科甲出身人员”,由此可见朝廷“慎重衡文”之意。[②] 乾隆十九年闽浙总督喀尔吉善上奏指出,“台湾道柁穆齐图未习举业,难兼学政事务,请与兴泉道白瀛对调”。但乾隆却不以为然:“该处民情刁悍,必得谙练熟手,方足以资弹压。学政事务,原可一身办理,至偶遇考试,则该处知府丞倅及知县各官内,皆可调令入署,协同校阅,不必因此更调。”[③]道光十七年(1837)台湾道员周凯因病出缺,闽省督抚委任永春州知州沈汝瀚署理,此人捐班出身,署理道台之职,“一遇考试,何以拔取真才”?为此,监察御史杜彦士上书要求“明定章程,嗣后台湾道出缺,如或因事调署,须择科甲出身、人地相宜者,奏请署理,不得以捐班人员,率行委署”[④]。道光十八年清廷谕令:“台湾道职兼学政,嗣后该道缺出,着督抚遴选科甲出身人员委署,毋得委用捐班,以昭慎重。”[⑤]

(四)

光绪三年至光绪四年间,台湾科举考试由驻台福建巡抚主持。

“牡丹社”事件之后,清廷委派沈葆桢为钦差大臣前往台湾办理海防事宜。他抵达台湾后,发现台湾积弊重重:“班兵之惰窳也,蠹吏之盘踞也,土匪之横恣也,民俗之蹈淫也,海防陆守之俱虚也,械斗扎厝之迭见也。学术之不明,庠序以容豪猾。禁令之不守,烟赌以为饔飧。”此外,“居民向有漳籍、泉籍、粤籍之分,番族又有生番、熟番、屯番之异;气类既殊,抚驭匪易”。官斯土者,“始苦于事权之牵制,继苦于毁誉之混淆”,大多碌碌无为。这一切皆缘于台湾地处海岛,官员无法督察。如何有效治理台湾“以绝彼族觊觎之心,以消目前肘腋之患”?沈葆桢提议开山抚番,“台地延袤千有余里,官吏所治只滨海平原三分之一”,后山一带幅地广阔,“可建郡者三、可建县者有十数,固非一府所能辖”,然而“欲别建一省,又苦器局之未成;而闽省向需台米接济、台饷向由省城转输,彼此相依,不能离而为二”。[⑥] 同治十三年(1874)十一月沈葆桢在上奏中提出“欲固地险,在得民心;欲得民心,先修吏治、营政;而整顿吏治、营政之

---

① 刘璈在《巡台退思录·禀复筹议移驻各情由》中载:“雍正八年以前,分巡者曰‘台厦道’,兼顾台湾、厦门。雍正八年以后,分巡者曰‘台湾道’,澎湖属于台道,以澎湖居台、厦之中,为台、厦门户;而其地倚南,去台湾为近,特归台湾道控制,有呼台湾道曰‘台澎道’者。”

② 诸家:《道咸同光四朝奏议选辑》,《台湾文献丛刊》第二二八种,第26页。

③ 张本政:《清实录台湾史料专辑》,第188页。

④ 诸家:《道咸同光四朝奏议选辑》,第26页。

⑤ 张本政:《清实录台湾史料专辑》,第869页。

⑥ 沈葆桢:《福建台湾奏折》,《台湾文献丛刊》第二九种,第2—4页。

权，操于督抚。总督兼辖浙江，移驻不如巡抚之便”，主张“仿江苏巡抚驻苏州之例，移福建巡抚驻台”。[①] 他在奏折中详细陈述移福建巡抚驻台之益：

> 镇、道虽有专责，事必禀承督、抚而行；重洋远隔，文报稽延，率意径行，又嫌专擅。驻巡抚则有事可以立断，其便一。镇治兵、道治民，本两相辅也。转两相妨，职分不相统摄，意见不免参差，上各有所疑，下各有所恃，不贤者以为推卸地步，其贤者亦时时存形迹于其间。驻巡抚则统属文武，权归一尊，镇、道不敢不各修所职，其便二。镇、道有节制文武之责，而无遴选文武之权。文官之贪廉、武弁之勇怯，督、抚所闻与镇、道所见，时或互异。驻台则不待采访，而耳目能周，黜陟可以立定，其便三。城社之巨奸、民间之冤抑，睹闻亲切，法令易行，公道速伸，人心帖服，其便四。台民烟瘾本多，台兵为甚；海疆久营制久坏，台兵为尤。良以弁兵由督、抚、提、标抽取而来，各有恃其本帅之见。镇将设法羁縻，只求其不生意外之事，是以比户窝赌，如贾之于市、农之于田。有巡抚则考察无所瞻徇，训练乃有实际，其便五。福建地瘠民贫，州、县率多亏累，恒视台地为调剂之区，不肖者骫法取盈，往往不免。有巡抚以临之，贪黩之风得以渐戢，其便六。向来台员不得志于镇、道，及其内渡，每造蜚语中伤之，镇、道或时为所挟。有巡抚则此技悉穷，其便七。台民游惰可恶，而实戆直可怜。所以常闻蠢动者，始由官以吏役为爪牙、吏役以民为鱼肉，继则民以官为仇雠。词讼不清，而械斗、扎厝之端起；奸宄得志，而竖旗聚众之势成。有巡抚则能预拔乱本而塞祸源，其便八。况开地伊始，地殊势异，成法难拘，可以因心裁酌，其便九。新建郡邑，骤立营堡，无地不需人才，丞倅将领可以随时札调，其便十。设官分职，有宜经久者、有属权宜者，随事增革，不至廪食之虚糜，其便十有一。开煤炼铁，有第资民力者，有宜参用洋机者，就近察勘，可以择地而兴利，其便十有二。[②]

闽浙总督李鹤年、福建巡抚王凯泰也上奏：“福台关联甚巨，彼此相依，未可遽分为二。请以福建巡抚冬春驻台，夏秋驻省。”清廷采纳沈葆桢建议，谕令福建巡抚夏秋驻省、冬春驻台。[③]

光绪元年五月福建巡抚王凯泰移驻台湾。[④] 台湾道员夏献纶提出“今福建巡抚来

---

① 沈葆桢：《福建台湾奏折》，第4—5页。

② 沈葆桢：《福建台湾奏折》，第3—4页。

③ 连横：《台湾通史》，华东师范大学出版社2006年版，第73页。

④ 十月王凯泰病故，十一月丁日昌接任。

台，所有台属考试，似应统归巡抚主政”。王凯泰认为：“岁、科两试，国家抡才大典，人文所系，风教攸关；该道所请，具见慎重之意。惟属更张，臣等未敢擅便；所以本届科试，臣凯泰仍批饬按照旧章由道举行，业于五月间扃试竣事。以后应否以巡抚兼理学政之处，仰恳天恩饬部议复。”①礼部以为巡抚兼理学政，“系为因时制宜起见；应如所奏，将台湾考试统归巡抚，咨达事件亦经由巡抚办理，以昭慎重而一事权”②。光绪二年十二月清廷发布谕旨：“台湾学政事宜，著巡抚兼理。”③台湾道员夏献纶将台湾学政关防、文卷、花名册等交给福建巡抚丁日昌。丁日昌认为“图治之要，文教为先”，台湾虽然僻在海东，士风朴陋，但经过天朝圣泽沐浴，“人物渐有可观”，因此教化劝导之事不容或缓，遂“照章檄府行知各厅、县，择期举行岁试”。④

（五）

光绪四年至光绪十一年期间，台湾科举考试仍由台湾道主持。

光绪三年七月丁日昌因病返回大陆，次年四月正式离任，吴赞诚接署福建巡抚。适逢此年台湾举行科试，丁日昌上奏提出“台湾文武考试，照旧仍归台湾道办理”，获得朝廷批准。吴赞诚“本拟部署一切，早日渡台，定期开考”，遂提出学政事务“现在既复旧章仍归台湾道办理，所有学政关防自应送交台湾道接受，以昭信守而符体制”，将台湾学政关防及文卷等交还台湾道员，正式卸除学政事务。⑤

因台湾南北路途较远，台湾道员无力也无暇亲临各地主持科举考试，遂采取变通措施。如光绪八年刘璈举行科考，台南府属各士子，由其亲临考棚，命题扃试；台北府属各士子，由其缄寄试题，委托台北知府监考，尔后封卷来辕。⑥

（六）

光绪十二年至光绪二十一年间，台湾科举考试由台湾巡抚主持。

中法战争后，台湾战略地位受到朝野高度重视。光绪十一年左宗棠上奏：“将福建巡抚改为台湾巡抚，所有台澎一切事宜，概归该抚一手经理。”⑦清廷谕令台湾正式建省，如甘肃新疆之制，与福建联成一气。台湾建省后，刘铭传提出学政“向归台湾道兼理，光绪元年曾有议归巡抚明文，现应查照前议，由道将学政关防文卷呈送巡抚管理”⑧。御史陈

① 沈葆桢：《福建台湾奏折》，第64—65页。

② 《清季申报福建台湾纪事辑录》，《台湾文献丛刊》第二四七种，第599页。

③ 《清季申报福建台湾纪事辑录》，第672页。

④ 同上条。

⑤ 《清季申报福建台湾纪事辑录》，第800页。

⑥ 刘璈：《巡台退思录》，岳麓书社2011年版，第98页。

⑦ 连横：《台湾通史》，第74页。

⑧ 刘铭传：《刘壮肃公奏议》，《台湾文献丛刊》第二七种，第281页。

琇莹也指出台湾“僻处海外，士鲜实学，其恃符健讼、武断乡曲者所在多有，非有专司学校之员，似不足以大加整顿”，奏请“台湾考试宜添设台湾学政，以专责成；或令福建学政乘轮东渡，按试台属”。[①] 清廷责令闽浙总督杨昌浚、巡抚刘铭传、学政陈学棻会同商议，他们认为“台属考试，仅只三棚，而中路应试之士子，仍即嘉、彰、新竹等县之人，近虽划为三府，为数并不加多，专设学政一员，经费尚属有限，而事太简略，如由福建学政渡台考试，而台洋系属横流，如遇风涛海雾，轮船每多阻滞”，提议台湾学政事宜仍归巡抚兼理。[②] 随后，朝廷批准“台湾学政改归巡抚管理，由台湾道将关防文卷呈送查收，其一切造册解卷咨达事件径由巡抚办理。”[③]

虽然台湾巡抚兼理学政，但因事务繁忙，科举考试有时仍由台湾道员代为主持，如光绪十七年科试由唐景崧主试、光绪十九年科试由顾肇熙主持。

地方官员主持台湾科举考试，既有力确保了台湾科举考试的正常运行，又大力推进了台湾科举考试的不断发展。

二

地方官员一般在考试之前发布文告，规劝考生，指导应试。如台湾道徐宗干先颁布《试院谕诸生》：

一要保身。读书上进，将来为国家出力，须要精神。若谓年力方强，任意游荡，习为佻达，即学问优良，场中精神不到，必犯规被黜。

一要敦行。家道素殷者，切勿内听妇言、外交损友，以致兄弟不和，贻父母忧。贫苦者须守分安命，果能孝友无亏，天必不负也。显亲扬名，先固根本，故曰君子务本。

一要积德。恃有护符，扛帮词讼、挟制官长、结交胥役，甚至与棍徒为密友，不但剥丧功名，久且身家不保。天上主司有眼，单看心田，借文章为去取。

一要养气。幸为四民之首，遇事逞忿，愚民相效，而争斗之风日甚。十室之邑，必有忠信，能令一乡之人，皆熏其德而化为善良，排难解纷，保全多少身家性命。此莫大阴骘，天必报之。

一要笃志。实力用功，非徒求名；正心养心，终日对圣贤书，则邪僻之心自少，

① 《清代台湾教化档案选编》，《历史档案》2016 年第 2 期。

② 《清德宗实录选辑》，《台湾文献丛刊》第一九三种，第 217 页。

③ 陈云林总编：《明清宫藏档案汇编》（第 203 册），九州出版社 2009 年版，第 206 页。

且无暇干预外事，而品行自端。须先穷经为根柢之学，或专治一经，务熟不务多，兼看注疏及先儒说经精义，则作文可以贯通，而二场工夫亦并及之矣。暇时兼观史书，不但为策问之学，并可增长识力；不是读几篇时文、钞几本类典，便诩通才也。

一要专心。或理家务，或教生徒，不能不分心兼顾。须自定课程：或十日内，某日读经、某日课文；或一日内，某时作诗、某时写字。当此日此时，万事撇开，尽此一刻精力，自有长进。试帖须平日讲究，场中因诗有疵黜落，可惜。且得甲科后，尤必工诗、善书。①

这些针对考生提出的要求既有道德伦理的规范也有读书问学的训示。后来，他又发布《考试示谕》：

一、各学官于被控生员情节虚诬者，不得附和地方官，致有屈抑。其实有劣迹者，亦不得徇庇干咎。

一、生童免试经解，其取古者免招覆。果由自己出笔，一望而知。录取内记，不先榜示。

一、童生取进，多备一二十名。先将坐号开单，传谕原保廪生认明本童；于某日辰初集院面试，各记坐号听点。不准报名代备真草纸页，无用另具卷册，亦不必携带考筐，用布包文具；不许另带片纸。覆定出榜，再照例招覆。此外，未经入选各童，可及早回籍，免致逗留。

一、岁试，各属生员有应次年出贡者，准其预考，以省跋涉。

一、岁试武生未取，有愿闱试者，准其预考遗才。

一、生员二等、三等前列坐号先行发府，由各学官赴府开单传知。俟一等覆定，再拆弥封榜示。未经取录者，可免守候。

一、生员有事故及被控暂革者，造册交送考学官赍呈内地学政查考，以杜蒙混。并设木榜，开列各生姓名事由，立限投案，以凭酌量；情节可宽者，于榜内签示开复，注册报部。

一、文武分起于覆试榜后，随堂簪挂；不必全俟试毕示期，以免守候。

一、幼童默三经以上者，除取进外，余选取若干，另册发书院注册，按期饬学官背诵后作文；或全篇、或半篇，各从其便。佳者，给外课膏伙。②

① 丁曰健：《治台必告录》，《台湾文献丛刊》第一七种，第355—357页。

② 丁曰健：《治台必告录》，第377—378页。

徐宗干在谕示中不厌其烦地告诫考生及学官在考试过程中的注意事项，不仅有助于科举考试的顺利实施，而且也有利于消除科举考试的弊端。

“台湾考试之弊，内地所无。”[①]地方官员大多通过科举考试选拔出来，对科举考试弊端有着切身体会，因而采取严厉措施打击各种舞弊。台湾道陈璸曾发布《严禁冒考等弊示略》：

> 兹科试届期，尔等务各洗肠涤肺，无蹈前辙；异日品行端方、文章足述，有厚望焉！如怙终不悛，是无耻已极！定将本童并保结廪生依律治罪。[②]

台湾道刘璈饬令各地“于各廪生内秉公遴选平日品行端方、学问优长者，举保数人，豫期详请，察核批示，方准与保”，还要求廪生“毋得混行冒保内地之人，跨籍冒考，以及雇倩枪手顶替姓名，通同作弊”。[③] 台湾道刘鸿翱在考试时“照学额加倍取复试，使众互相结而顶替除；面试一日三易题，而代倩除”[④]。台湾道万钟杰在考试时发现“有粤生冒入闽童场为人倩代者，事觉，按律充发”[⑤]。台湾道徐宗干在童试时拿获一名枪手，“当即发提调官枷号示众”，考毕“仍发台湾县收禁”，并“提廪保及本童分别严讯，革究拟办”。[⑥] 福建巡抚丁日昌在主持考试时“亲自巡查坐号，并遴选妥慎之员梭巡文场内外，使窦弊无从而生”，发现“澎湖认保增生陈翔云，有混填年岁情弊，当即由学斥革”。[⑦] 台湾巡抚刘铭传在主持考试时“查获枪替一人，即发提调官枷责示众，并扣除失察廪生”[⑧]。

清初因“台湾应试人少，故未建立考棚”，每逢科举考试皆借海东书院举行。[⑨] 乾隆二年巡台湾御史单德谟考虑到台湾“人文日盛，生童众多，非复畴昔之比”，提出“照内地之例，建立考棚”。[⑩] 尔后“台湾文风渐盛，应试者逐年增加，四县三厅文童计达二千余人”，而“道署内逼隘，难得位地”[⑪]，道光十三年台湾道刘鸿翱新建考棚，“左右各

---

① 《台湾关系文献集零》，《台湾文献丛刊》第三〇九种，第72页。
② 陈璸：《陈清端公年谱》，第3页。
③ 刘璈：《巡台退思录》，《台湾文献丛刊》第二一种，第99页。
④ 《台湾关系文献集零》，第72页。
⑤ 谢金銮：《续修台湾县志》，《台湾文献丛刊》第一四〇种，第128页。
⑥ 丁曰健：《治台必告录》，第341页。
⑦ 《清季申报福建台湾纪事辑录》，第698页。
⑧ 刘铭传：《刘壮肃公奏议》，第300页。
⑨ 张本政：《清实录台湾史资料专辑》，第124页。
⑩ 同上条。
⑪ 台湾省文献委员会编：《台湾省通志》卷五《教育志·选举篇》，台湾众文图书公司1973年版，第36页。

三廊。一廊十间，间五十座，凡士子之座三千。北横廊左右各七间，间二十座；南横廊左右各六间，间十座；凡士子之座四百”①。此外，为了方便士子参加科举考试，地方官员积极筹建试馆。乾隆三十六年澎湖通判胡建伟在台湾府城捐建澎湖试馆，“内两进各一厅二房，右边护厝房五间，额曰澎瀛书院，为应试诸生公寓”②。同治初年澎湖训导魏缉熙拿出四千元在省会福州南台买地创建台澎会馆。这样，“台、澎诸生应乡试者，甫登岸时，得以休息，行李咸称便”③。因台湾考生远赴省城或京城参加乡、会试没有专门的栖息场所，光绪九年台湾道刘璈“提银一万五千元，即在省城贡院左近，购建台南、北试馆，遴委员绅监造，以为全台乡试士子栖息之所。又提银三千元，函托在京绅友，即在都城购建全台会馆，以备台湾会试举人及供职于京者，借以居住”④。

地方官员担任台湾科举考试的主考官，其道德品质与能力水平不但牵涉台湾社会治理，而且也影响台湾科举考试。

三

清代由于台湾文教不发达，考生水平大多低下，如光绪十八年蒋师辙在台南评阅岁考试卷，“诸卷无一合作，其纰缪多可喷饭”⑤，因而，地方官员时常选录优秀文章作为范文，供士子学习、摹拟，以期提升考生素质。

康熙年间台厦道陈瑸主持考试，挑选佳文美篇，编纂《台厦试牍》。其序云：

> 庚寅、辛卯岁科试，见佳文美不胜收，以为此皆七闽山川秀灵之气别起一支，腾踔于蛟宫鼍渚之侧，其离奇光怪，屏之愈远，藏之愈固，则发之也亦愈难掩。只恐不自知其为宝，而委之泥涂，俾渔人舟子皆得玩而弃之为可惜也。宁非司衡者之憾欤！爰梓其尤雅者若干篇，示诸生，题曰海外人文，以窃附东坡之后云。⑥

雍正六年御史夏之芳巡视台湾，兼理学政，汇集佳作，名为《海天玉尺编（初集）》，以为士子科考撰文之楷模。他在序中云：“兹因岁试告竣，择其文尤雅驯者付之梓，而因以发之，益使台之人知录其文者之非徒以文示也。”他还在序中强调“四民之众，士为之

---

① 《台湾关系文献集零》，第73页。
② 林豪：《澎湖厅志》，《台湾文献丛刊》第一六四种，第110页。
③ 同上条。
④ 刘璈：《巡台退思录》，第180页。
⑤ 蒋师辙：《台游日记》，《台湾文献丛刊》第六种，第15页。
⑥ 陈瑸：《陈清端公文选》，第27页。

倡；士习之邪正，风俗因之。台郡人文蔚起，宁患无才？有才不醇，则庞杂与卑污同病。昔人谓士先器识而后文艺。士习不端，只以文藻夸世，匪唯无益，抑且为民害焉。……（台）郡人士既得秀于山海钟毓，尤当厚自鼓舞，以上副皇恩，毋自域于棫朴菁莪外”，期望台湾士子“读书绩学、修身立品，使文章积为有用，而又以其诗书弦诵驯其子弟，化导乡人”。[1] 后来，他又汇编科场之文，名为《海天玉尺编（二集）》。他在序中云：

台地越在海表，才隽之士，时时间出；所虑无老师宿学，穷经嗜古而陶冶之。其抱守椠铅者，甚以僻陋寡闻，销磨其志于蚓窍蛙鸣之内。才以地限，殊可惜也。余屡试校阅，皆随材甄别，曲示鼓励，故其文亦颇渐次有可观者。……岁试所录，强半灵秀之篇；科试则多取醇正昌博者，为台人更进一格。亦俾知盛朝文教之隆、设科取士之法，以明正大为宗，而不得囿于方隅闻见间也。乃更合岁、科试文得八十首付之梓，以为多士式。[2]

他希望“择其文之拔前茅者录付剞劂，亦为海隅人士作其气而导之先路”[3]。乾隆六年巡台御史张湄赴任，收集先正大家名文三百篇，编为《珊枝集》，“置海东书院，为诸生楷模”[4]。他在《珊枝集序》中云：

《珊枝集》者何？集海东校士之文而名之也。珊枝者何？珊瑚之枝也。……文若珊瑚，诚贵之也，亦难之也。何难乎尔？难乎其枝也。其枝奈何？曰：枝生海底，一岁黄、三岁赤，渔人以铁网取之，未及时不得取；失时不取，则腐也。故曰难也。台湾者，万川环流、一岛中屹，与世殊绝；六十年来，沐浴圣教，暗汐跃乎光明。海邦人士，璘璘然、纷纷然质有其文矣。前乎此者未可取，珊瑚未有枝也；今不取，吾惧其失时也。[5]

《珊枝集》因“脍炙人口”而“纸贵台阳”，[6]博得众人交口称赞。道光二十七年台湾道徐宗干抵台，“集诸生于海东书院肆业，……并选院课刊之，名曰《瀛洲校士录》”。他在序中云：

---

① 王必昌：《重修台湾县志》，《台湾文献丛刊》第一一三种，第464—465页。
② 王必昌：《重修台湾县志》，第465—466页。
③ 王必昌：《重修台湾县志》，第465页。
④ 六十七：《使署闲情》，《台湾文献丛刊》第一二二种，第116页。
⑤ 王必昌：《重修台湾县志》，第466页。
⑥ 六十七：《使署闲情》，第116页。

试竣,集诸生徒于海东书院,旬锻而月炼之。解经为根柢实学,能赋乃著作通才,故考录制艺雅驯者,已编为《东瀛试牍》;而说经、论史及古近杂体诗文并肄业及之者,裒辑二卷,曰《校士录》,俾庠塾子弟有所观感,而则效焉为诱掖奖劝之助,藉以鼓舞而振厉之。①

此举"上为国家储黼黻之才,下为海邦广弦诵之教,将见灵秀焕发、瑰奇挺生、凤起蛟腾、日华云烂,必大有人焉,杰出于瀛洲、壶峤间",然而"搜求俊乂,尚多珊网之遗;生长蓬莱,宜备玉堂之选",乃辑录此编以赓续前人之志。② 他还在《东瀛试牍》序中直言:

制科取士,宾兴贤能,化民成俗,一以贯之者也。……由文而行,由艺而德,引以正鹄,则心不外求;范以驰驱,则才不泛骛。有以取之,无自弃也;有以荣之,无自辱也。诱掖以此,奖劝亦以此。③

台地处海疆,洪涛怒吼,风雨晦明,士子的文章也是千姿百态,汪洋恣肆,海内无人知晓。乾隆十四年巡台御史杨开鼎上任,有感于"夏前辈筠庄名其所刊文曰海天玉尺,所以量瀛之才也;张前辈鹭州名其所刊文曰珊枝,所以罗瀛之珍也",而其"欲量瀛之材而无玉尺、欲罗瀛之珍而无珊网,然则何所持以与都人士勖乎",乃效仿前辈,集学子佳作,编为《梯瀛集》,"以是集而为瀛之梯"。其在《梯瀛集》序中云:

余视学斯土,历试诸生文,其中有清者、浓者、奇者、正者、窅而深者、沛然决者,各成一家言,而不能以一律绳。想亦游心于瀛海瀛山之怪怪奇奇,相与探幽揽胜,一泄而为不可羁勒之文耶?有是文而不梨枣登之,以共诸同好,则海以内乌知其瀛以文彰、文以瀛传也?④

此外,乾隆年间台湾道张珽辑录《海东试牍》、台湾道杨廷理汇编《台阳试牍》等皆为台湾士子课试佳作之汇集。道光年间周凯也"手录读书作文要诀一卷",题曰《香祖笔谈》。⑤

---

① 徐宗干:《斯未信斋文编》,《台湾文献丛刊》第八七种,第120—121页。
② 徐宗干:《斯未信斋文编》,第121页。
③ 徐宗干:《斯未信斋文编》,第133页。
④ 王必昌:《重修台湾县志》,第467页。
⑤ 林豪:《澎湖厅志》,第238页。

这些试题汇编或应试秘诀不仅改变了台湾士子的读书风气，而且也提高了台地考生的应试水准，从而在一定程度上推动了台湾科举考试的发展。

总之，台湾地方官员在清代科举考试中扮演着重要角色，发挥着重要作用，产生着重大影响。他们主持台湾科举考试，设立考棚试馆，严惩考试舞弊，汇编考试范文，使得科举考试在台湾发展获得了权力的支撑和制度的保证，从而为清代台湾社会转型提供了坚实的基础。

科举文化

科举申遗的若干管理问题研究

——以江南贡院科举圈文化遗产保护机制为中心*

冯用军**

摘　要： 科举文化遗产是中国特色世界一流的历史遗产之一，具有申请世界遗产的充要条件和重大价值。江南贡院及其关联科举文化遗产是南京夫子庙秦淮风光带的核心景点，是造就南京天下文枢十代繁华的核心动力，也是居东南各省之冠的科举教育与儒教文化建筑群。在概述江南贡院科举圈文化遗产群的前提下，分析其所在景区的管理现状，探讨其文化遗产保护与开发中存在的主要问题与成因，并对江南贡院科举圈文化遗产管理问题进行机理分析，提出科举文化遗产保护与开发的对策建议，持续推动科举申遗从观念走向实践，在保护中华传统文化的过程中早日实现科举申遗转向“后申遗”时代。

关键词： 文化遗产；科举文化遗产；科举申遗；江南贡院；保护机制

科举是国家抡才大典、至公制度，科举文化是五千年中华传统文化的重要组成部分，也是中国特色社会主义文化的基础理论源泉之一，曾经在1300年间型塑了中国科举社会并影响至今，留下了一份巨量而沉重的文化遗产。① 追溯科举文化特别是江南贡院科举圈文化遗产的源流，探究其传续，前瞻其走向，探讨其文化遗产保护与开发中存在的主要问题及其成因，并对江南贡院科举圈文化遗产管理问题进行机理分析，提出科举文化遗产保护与开发的对策建议，持续推动科举申遗从观念走向实践，对于助

*　基金项目：教育部人文社科项目“西南联大办学理念与世界高水平大学建设研究”（13YJC880019），唐山交大文化遗产保护与开发协同创新中心（2017XTZX07）。

**　作者简介：冯用军，唐山师范学院副教授、教育学博士（北师大博士后）、硕士生导师，京津冀高等教育发展研究中心主任，安邦研究院执行院长，从事教育历史与文化、教育政策与评价、科举学研究。

①　刘海峰：《科举制的遗产与申遗问题》，《教育与考试》2016第4期。

力中华民族文化家园立根铸魂、①中国特色社会主义文化事业发展繁荣凝心聚力都有重大意义。

中国是考试的故乡，1300 年的科举运行史，在全球留下了超过 1300 年的科举文化遗产。中国、越南、朝鲜、韩国、泰国、日本保存的科举文化遗产和流落意、法、英、美等国的科举文物文献数以亿万计，有些保护与开发尚好，有些保护状况令人堪忧，加之韩国、越南等曾经的"中国科举辐射国"有科举申遗的动议，②使得我国科举申遗颇有迫在眉睫之感。翻开联合国教科文组织的五大类《世界遗产名录》，遍查已入选的"中字号"遗产和备选项目，似乎尚缺"中国科举"的身影。改革开放以来，特别是 1992 年以来，随着刘海峰教授首倡的"科举学"的兴起、形成与发展、提升，海内外一大批来自政府、高校、企业、国际组织、非政府组织、研究机构、民间机构等的有识之士开始认识到科举及其文化遗产的重大价值，并逐渐凝心聚力为科举申遗奔走呼号、出谋划策，③如 2016 年 2 月 2 日中华炎黄文化研究会科举文化专业委员会和南京市秦淮区人民政府召开了"科举申遗讨论会"，政界、学界、媒体界和民间等首次联手共商科举申遗大计，开启了科举申遗的进程，虽然目前进展非常缓慢且鲜有"新闻"。理论为先导，实践出真知，科举学界非常重视理论研究的先导作用。④ 我从 2004 年从事科举多学科研究及科举学跨学科研究以来，非常重视科举制度的功能与科举文化的价值研究，从 2005 年首届科举制与科举学国际学术研讨会开始分享研究心得，特别是在第十三届科举制与科举学国际学术研讨会提交了《科举文化遗产申遗的若干基本问题研究》，第十四届科举制与科举学国际学术研讨会提交了《再论科举文化遗产申遗的若干基本问题研究》，引起了与会专家学者的讨论和媒体的关注，⑤两次参会论文的精简版先后公开发表，⑥在学界和社会上引起了一定反响，但并未达到预期效果。科举文化遗产是中国特色世界一流的历史遗产，具有申请世界文化遗产的充要条件和重大价值。江南贡院及其关联科举文化遗产是南京夫子庙秦淮风光带的核心景点，是造就南京天下文枢十代繁华的核心动力，也是居东南各省之冠的科举教育与儒教文化建筑群。本文以

---

① 杜飞进：《溯民族精神之源流 辟与时俱进之路径——深入学习习近平同志关于弘扬中华优秀传统文化的思想》，《人民日报》2017 年 2 月 10 日。

② 中新网，"韩国汉阳城举办科举考试为申遗做宣传"，http://www.chinanews.com/tp/hd2011/2012/10—08/137718.shtml。

③ 韦铭：《专家倡议江南贡院等申报世界非遗 南京科举文化研究展陈吸引世界目光，全球 110 多"大儒"云集》，《南京日报》2016 年 12 月 21 日。

④ 侯会：《科举制度最值得"申遗"》，《北京晨报》2010 年 8 月 19 日。

⑤ 肖佐刚：《应深化对科举文化遗产的研究》，《光明日报》2016 年 8 月 10 日。

⑥ 冯用军：《科举申遗的若干基本问题研究》，《教育与考试》2016 年第 4 期；冯用军：《科举申遗的若干重大问题研究》，《中国考试》2017 年第 9 期。

江南贡院科举圈文化遗产保护机制为中心视角，与书为伴、携文与会、以文会友，希望引起更多有识之士、有能之人的高度关注，特别是国家文物局、省级文物局等的更多关注，在学界、政界、新闻界和社会上造成一种正向的舆论和积蓄的动能，为科举申遗鼓与呼、谋与划、知与行，在保护中华传统文化进程中早日实现科举申遗转向“后申遗”。

一、江南贡院科举圈文化遗产群概况

南京简称“宁”，古有金陵、建康等别称，是中国四大古都之一、首批国家历史文化名城、中华文明的重要发祥地，历史上长期是中国南方的政治、经济、文化中心，国家区域中心城市(华东)，中国东部战区司令部驻地，长三角辐射带动中西部地区发展的国家重要门户城市，未来杭州湾大湾区支撑城市，南京都市圈核心城市。南京地区早在100—120万年前就有古人类活动，公元229年吴大帝孙权在此建都，此后东晋、南朝的刘宋、萧齐、萧梁、陈均相继在此建都，故有“六朝古都”之称。继此之后，南京又先后成为杨吴西都、南唐国都、南宋行都、明朝京师、太平天国天京、中华民国首都，故称“十朝都会”。南京是首批中国优秀旅游城市、国家历史文化名城，著名历史景点有中山陵、明孝陵、明城墙、玄武湖、夫子庙、紫金山、鸡鸣寺等。截至2016年，南京有世界文化遗产1项、世界文化遗产预备名单遗产2项、全国重点文物保护单位49处、江苏省文物保护单位109处、市级以上文物保护单位516处、国家级历史文化街区2个、省级历史文化街区7个、国家级历史文化名镇(村)2个，共有A级景区56家，4A级以上景区22家，钟山风景名胜区、夫子庙秦淮风光带为开放式国家5A级旅游景区、中国旅游胜地四十佳之一，接待海内外旅游者共112.06亿人次，实现旅游总收入1909.26亿元，国际旅游创汇收入6.76亿美元，被国家旅游局评为第二批国家全域旅游示范区。①

南京是国家重要的科教文化中心，自古以来就是一座崇文重教的城市，有“天下文枢”、“东南第一学”的美誉，明清时期一半以上的状元出自江南贡院。江南贡院是中国古代最大的科举考场，可谓金陵文脉之所在、天下文枢之依归，以之为中心形成了世界上独一无二的科举文化圈，涵盖秦淮河畔、夫子庙侧，在这0.3万平方公里的土地上，上演了700多年的科举故事汇，留下了海量科举文化遗产，让人在这里流连忘返、感受历史、见证文明。江南贡院位于南京市秦淮区夫子庙学宫东侧，又称南京贡院、建康贡院，中国南方地区开科取士之地，也是夫子庙地区三大古建筑群之一，夫子庙秦淮风光

① 田飞、李果：《寻城记·南京》，商务印书馆2012年版，第1—10页。

带重要组成部分。夫子庙秦淮风光带以夫子庙古建筑群为中心、江南贡院为基点、十里秦淮为轴线、明朝城墙为纽带，串联起众多全国重点文物保护单位、省级和市级文物保护单位，以儒家思想与科举文化、民俗文化等为内涵，集自然风光、山水园林、庙宇学堂、街市民居、乡土人情、美食购物、市井文化、科普教育、节庆文化于一体，是南京历史文化荟萃之地。江南贡院始建于南宋孝宗赵昚乾道四年(1168)，经历代修缮扩建，明清时期达到鼎盛，清同治年间，仅考试号舍就有 20644 间，可接纳 2 万多名考生同时考试，加上附属建筑数百间，占地超过 30 余万平方米，其规模之大、占地之广，居中国各省贡院之冠，创中国古代科举考场之最。清光绪三十一年(1905)，袁世凯、张之洞等奏请清廷立停科举，以便推广学堂，咸趋实学。科举遽废，江南贡院的历史使命被自然终结。从江南贡院落成直至晚清废除科举，江南贡院为国家输送了 800 余名状元、10 万余名进士、100 万名举人，造就了全国半数以上的官员，堪称“明清官员的摇篮”。唐伯虎、郑板桥、吴敬梓、吴承恩、方苞、袁枚、林则徐、曾国藩、左宗棠、李鸿章、陈独秀等名人均与江南贡院有着直接联系，金陵科举文化之昌盛可见一斑。[①] 2012 年，在江南贡院的基础上扩建了南京中国科举博物馆，号称中国唯一以反映中国科举考试制度为内容的专业性博物馆，也是中国科举制度中心、中国科举文化中心和中国科举文物收藏中心，其“文明的阶梯——科举文化专题展”入围第十五届(2017 年度)全国博物馆十大陈列展览精品。2014 年 8 月 11 日已开放的部分场馆包括博物馆地下一层，地面上明远楼、至公堂、号舍、碑刻及南苑的魁光阁等，含 11 个展厅。在江南贡院科举圈文化遗产群中，还分布着天下读书人供奉和祭祀孔子的夫子庙学宫、演绎举子鱼龙变化前后生活的秦淮河、上江考棚、棋峰试馆、乌衣巷、桃叶渡、媚香楼等，可以说，夫子庙秦淮风光带实质是以江南贡院科举建筑群为核心的科举文化风光带。

二、江南贡院科举圈文化遗产管理现状

江南贡院科举圈文化遗产主要有江南贡院、夫子庙、学宫、白鹭洲、秦淮河、媚香楼、桃叶渡、吴敬梓故居、秦大士故居、贡院街、上江考棚、下江考棚、棋峰试馆等(表 1)，皆与科举有着紧密关系，有些本身即是科举遗迹。分析江南贡院科举圈文化遗产群的管理现状，有助于为以江南贡院为首，协同国内外贡院、书院和文庙等联合申报世界文化遗产“科举考场：国家抡才大典之贡院相关遗产群”等提供优化思路。

---

① 周道祥：《江南贡院史话・总序》，南京出版社 2008 年版。

表 1　江南贡院科举圈文化遗产景点及管辖部门

名　称	管 辖 部 门
江南贡院	秦淮区人民政府、南京市文物局博物馆处和文物处、秦淮区文化局、夫子庙秦淮风光带风景名胜区管理委员会、夫子庙管理局、夫子庙—秦淮风光带管理办公室、南京夫子庙文化旅游集团有限公司等
孔庙	秦淮区人民政府、南京市文物局博物馆处和文物处、夫子庙管理局、夫子庙秦淮风光带风景名胜区管理委员会、夫子庙—秦淮风光带管理办公室、南京夫子庙文化旅游集团有限公司等
学宫	秦淮区人民政府、南京市文物局博物馆处和文物处、夫子庙管理局、夫子庙秦淮风光带风景名胜区管理委员会、夫子庙—秦淮风光带管理办公室、南京夫子庙文化旅游集团有限公司等
白鹭洲	秦淮区人民政府、南京市文物局博物馆处和文物处、夫子庙管理局、夫子庙秦淮风光带风景名胜区管理委员会、夫子庙—秦淮风光带管理办公室、白鹭洲公园管理处、南京太平天国历史博物馆等
秦淮河	秦淮区人民政府、南京市文物局博物馆处和文物处、夫子庙管理局、夫子庙秦淮风光带风景名胜区管理委员会、夫子庙—秦淮风光带管理办公室、南京夫子庙文化旅游集团有限公司、南京秦淮河建设开发有限公司、南京夫子庙旅游商务管理有限公司等
媚香楼	夫子庙秦淮风光带风景名胜区管理委员会、夫子庙—秦淮风光带管理办公室、李香君故居陈列馆、南京夫子庙文化旅游集团有限公司等
桃叶渡文化艺术馆	夫子庙管理局、夫子庙秦淮风光带风景名胜区管理委员会、夫子庙—秦淮风光带管理办公室、南京桃叶渡文化发展有限公司、南京夫子庙文化旅游集团有限公司等
吴敬梓故居	秦淮区人民政府、南京市文物局博物馆处和文物处、秦淮区文化局、南京夫子庙文化旅游集团有限公司等
秦大士故居	江苏省文物局、秦淮区人民政府、南京市文物局博物馆处和文物处、秦淮区文化局、秦大士故居展览馆有限责任公司等
上江考棚(三中艺术部礼堂)	秦淮区人民政府、南京市教育局、秦淮区教育局、南京市第三中学等
棋峰试馆	秦淮区人民政府、南京市文物局博物馆处和文物处、秦淮区文化局、南京夫子庙文化旅游集团有限公司等

夫子庙秦淮风光带是南京文脉聚焦之所，孔庙、学宫与东侧的贡院组成三大文教古建筑群。江南贡院是中国留存至今的最大乡试考场，清代 114 名状元中，有 58 名诞生于此，占比 52%；古时立学必建孔庙祀奉孔子，属于国家祀典内容之一，所以孔庙的特点是庙附于学，和国学、府(州)县学联为一体，其位置或在学宫的前部，或偏于一侧。

南京夫子庙是前庙后学的布局。古时候的孔庙有一定的布局形式，一般前设照壁、棂星门和东西牌坊形成庙前广场，棂星门前设以半圆形水池，称为“泮池”。南京孔庙六朝时为大族聚居、商贾云集之地，素有“衣冠文物，盛于江南；文采风流，甲于海内”之称，现在已是“旧时王谢堂前燕，飞入寻常百姓家”；学宫位于大成殿后街北，是夫子庙建筑群的核心建筑，原有“东南第一学”门坊，包括明德堂、尊经阁、青云楼、崇圣祠等古建筑。明德堂是学宫的主体建筑，科举时代秀才每月逢朔、望都到这里听训导宣讲。中国的学宫都称“明伦堂”，而夫子庙的学宫独称“明德堂”，据说是因南宋科举状元文天祥题写的“明德堂”匾额之故。1986 年明德堂维修时修复了两旁的“志道”、“据德”、“依仁”、“游艺”四斋。孔庙学宫前庙后学的独特规制具有极高的历史文化科学价值。白鹭洲是明朝开国元勋中山王徐达府第，也是其后裔徐天赐与王世贞、吴承恩等许多著名文人诗酒欢会的雅集之所；媚香楼又叫李香君故居或李香君楼，是孔尚任《桃花扇》中江南名妓李香君和秀才侯方域缠绵爱情的发生地；吴敬梓故居还原了吴敬梓的生平经历和他的科举之路，并再现了《儒林外史》中一个个脍炙人口的故事；秦大士故居又名秦状元府，为清朝第 43 位状元秦大士故宅，其子秦承恩官至直隶总督，秦承业以帝傅之荣赠礼部尚书，故人呼其宅“大夫第”；上江考棚在南京前后共有三处，白下路三中院内的这一处上江考棚，是公元 1873 年(同治十二年)由安徽士绅集资修建的，是安徽学子的预考考场。大门前为广场，两旁有一对雕刻精细的石狮子(今已毁)，门前对面有大照壁(今已毁)，正堂开始叫明伦堂，后改为行知馆，现为南京三中艺术部学生阅览室；棋峰试馆位于南京市秦淮区钞库街 52 号，东邻李香君故居，西望武定桥，为安徽朱棋峰所建，凡朱家来南京赶考之士，均住这里，先后被改建为娱乐场所和饭店，后收归国有，并于 2017 年 1 月完成改造修缮。

通过实地调查走访、查阅文献史料等可以发现，江南贡院科举圈文化遗产群管理现状并不乐观。一是圈内整体秩序比较混乱。跟中国绝大多数风景名胜区一样，江南贡院科举圈商业化程度非常高，商业氛围非常浓厚，圈内不乏小商小贩围追兜售，摆地摊卖“古董”、卜卦算命等“闲人”不绝于眼，不合理低价游、违法一日游和在线旅游企业恶性竞争等拉客、欺客、甩客行为频发。部分景点服务态度不友好，导游管理比较松散，文创宣传力度不够，讲解深度和信度有限；部分景点软硬件设施需要完善，游客中心较少且空间不足。二是商业开发模式太生硬。南京市委市政府实施全域旅游资源商业化战略，特别是借 2014 年南京青奥会契机，政企合作模式下由南京夫子庙文化旅游集团有限公司等对江南贡院科举圈实施保护性商业化开发，江南贡院科举圈核心景点的修缮、整修和复建很快成为“改造南京”的焦点之一。南京市委市政府在吸纳民间资本参与公共性资源工程建设方面力度较大，江南贡院科举圈部分景点确实有实质性提升，但对诸如古桃叶渡、吴敬梓故居等保护性开发却不尽如人意，小小桃叶渡景点“装修”一年多依然破败不堪，吴敬梓故居铁将军把门，馆内茶社人去楼空。[①] 三是公益性开放性不足。江南贡院科举圈文化遗产群的主导性开发主体的商业化范围涉及文创、餐饮、住宿、演艺、画舫等多方面，大部分是收费项目，免费的公益性资源很少，注重的是局部利益最大化，不如西湖等的开放性。局部盈利丰厚必然带来一定的困惑，多方博弈容易产生利益纷争，特别是部分景点门票高企，如果江南贡院所在夫子庙秦淮河“打包”上市，可能引发文旅集团和地方政府的投资商与江南贡院等关于公益性与商业性之争。总之，江南贡院科举圈文化遗产管理，包括保护与开发过分商业化导向可能会影响文化遗产本身的真实性、完整性、通用性、重要性和可行性，反而不利于江南贡院科举圈文化遗产整合申遗。

三、科举文化遗产保护与开发中存在的问题与成因

科举宗主国、科举辐射国和科举影响国等保存着巨量科举文化遗产。墙内开花墙外香，从整体情况来看，我国和国外科举文化遗产的保护情况比较良好，但我国对部分科举文化遗产的保护不得力或开发有点过度，其中问题与成因是多方面的。

第一，科举文化遗产保护与开发的资金问题。中国是四大文明古国中唯一文脉赓续传承的国家，文化遗产不计其数，亟需保护的濒危文化遗产数不胜数。众所周知，文化遗产保护与开发是个“无底洞”，需要持续投入大量的人力、物力和财力。中国虽然经济总量已位居世界第二，但人均和用于文保的经费相对偏低。我国首批《中国世界遗产预备名单》于 1996 年向联合国教科文组织递交。第二批《中国世界遗产预备名单》于 2006 年 12 月 15 日公布并报送联合国教科文组织世界遗产中心，其中包括文化遗产 35 项。2017 年 2 月 28 日正式公布并在联合国教科文组织世界遗产中心网站更新的《中国世界文化遗产预备名单》，包括 61 项不同类型文化遗产，分布于我国 28 个省、自治区、直辖市，涵盖了古建筑、考古遗址、文化景观、文化线路、历史村镇、农业遗产、工业遗产等多种文化遗产类型。自然遗产和文化与自然双重遗产、文化景观、文化线路、工业遗产等新的遗产类型在世界遗产申报中日益受到重视。科举文化遗产包括古建筑、考古遗址、文化景观、文化线路、历史村镇等，江南贡院科举圈属于古建筑、文化景观、文化线路，其保护与开发需要大量的资金持续投入，必须建立稳定的全域多元筹融资渠道和平台，吸纳全球商业或公益资金投入。

---

① 吴欣慰、李灿伦：《桃叶渡景点“装修”一年多依然破败不堪》，《晨报》2012 年 2 月 21 日。

第二,科举文化遗产资源的产权归属与利益分配问题。由于复杂的历史原因,我国很多文化遗产资源的产权是比较模糊的,包括因为战争、文物盗掘贩卖等流失海外的中国文化遗产资源。特别是在中国,科举文化遗产亦是如此。百年之后无废纸,千年之后是珍宝。科举运行的1300年间及科举遽废后的100年内,跟科举有关的物品如殿试卷并不特别受到重视,特别是在1905—1977年间,科举文物并不被看好,甚至一度在"破四旧"中被弃之如敝屣,但改革开放后,情况逐步发生了翻天覆地的变化,科举文化遗产逐渐变成了宝贝,同样是殿试卷可能就价值连城了。科举文化遗产类型和归属等比较复杂,公有属性和私有属性的界限往往不够明晰,比如在夫子庙秦淮河公共空间内的吴敬梓故居、桃叶渡文化艺术馆、南京中国科举博物馆、棋峰试馆等,由于利益相关者矛盾不断(如门票问题)而并未能充分发挥它们的公益性文化普及作用。

第三,科举文化遗产保护与开发之间的关系处理问题。科举文化遗产是稀缺性、不可再生性资源,一旦保护不力被局部或全部损毁,其整体性价值将大打折扣,因此必须遵循科学性保护原则,在保护的基础上再考虑是否开发和开发程度问题。一般而言,对科举文化遗产的科学性保护,特别是对科举文物的修缮、整理和复建必须遵循"修旧如旧"的基本原则,尽力保持文化遗产的原貌原样,而不是先毁后建,拆掉真文物,建个假文物,特别是要尽可能减少木石真文物变身钢筋混凝土"假文物"的情况。目前江南贡院科举圈文化遗产,江南贡院仅剩一座明远楼、数间号舍和几块残碑,其他都是人造"假文物"(南京中国科举博物馆内有科举真文物);孔庙、学宫、大成门、大成殿、明德堂、尊经阁、泮池、照壁等基本为1984年后逐步维修和复建;秦大士故居、李香君故居为原址修复;桃叶渡为复建、吴敬梓故居为迁建、棋峰试馆为改造,等等。南京市委市政府和秦淮区委区政府为保护江南贡院科举圈文化遗产,虽邀请了相关专家进行科学论证和规划,历经三十年先后耗资数十亿人民币对秦淮河两侧主要古迹和旅游景点进行了精心维修与复建,但难免为商业所侵袭并被过度开发,具体表现就是贡院街变成了旅游文化商业街,夫子庙、江南贡院、秦淮河变成了特色鲜明的市场群,夫子庙—秦淮河风光带成为南京商业中心之一,儒家文化、书生气息几近消亡。

第四,党和政府在科举文化遗产保护中的科学合理定位问题。按照党的十八大报告的精神要求,围绕构建中国特色社会主义文化遗产管理体系,必须加快形成党委领导、政府负责、社会协同、公众参与、法治保障的文化遗产管理体制。但在实践中,由于存在党政不分、以党代政、政企不分、股权混乱等问题,导致在科举文化遗产管理中党委、政府、国企、民企等的定位不够科学合理,往往存在包办效应。按照中国特色社会主义市场经济体制的精神实质,在江南贡院科举圈文化遗产保护与开发中本应由利益关联方共享管理权限,才可能多方协同、相互制衡,特别是在文化遗产保护与开发过程中努力保持公益性和商业性的相对平衡，但是梳理江南贡院暨科举博物馆的大事记（2013—2017 年），[①]可以发现社会协同、公众参与、法治保障并未得到充分体现。

四、江南贡院科举圈文化遗产管理问题的机理分析

江南贡院科举圈文化遗产管理存在四大问题，这些问题的产生有其内在原因和机理，主要表现在原则性、原理性和完整性等方面。

第一，科举文化遗产保护与开发的原则性机理。是各方对江南贡院科举圈文化遗产的初始认知阶段，是对其特征、类型和层次的基本认知。在党政部门和江南贡院科举圈文化遗产群之间关系的原则性认知是，党政部门对该文化遗产群拥有所有权和管理权，企业、学界、公益代管方、民间代表等只有使用权或参与权。党政部门在这对关系里面的角色定位应是弘扬以儒家文化为核心的优秀传统文化，维护江南贡院科举圈文化遗产群的知识产权，打造富含独特秦淮基因的贡院文化品牌，将夫子庙—秦淮河的知名度推向全世界等。

第二，科举文化遗产保护与开发的原理性机理。是各方对科举文化遗产保护与开发的基本规律的具有普遍意义的认识，即在大量观察、实践的基础上，经过归纳、概括而得出的文化遗产保护与开发的基本理论，既能指导实践，又必须经受实践的检验。具体到江南贡院科举圈文化遗产群的保护与开发，最普遍的或基本的规律性认识是在保护理念、保护投入、保护管理、保护技术和保护监督等方面都要创新保护机制，利益关联者中党政部门主导、旅游型企业投入、社区居民参与、专家技术支持、旅游者监督的核心都应是尽一切可能保护科举文化遗产的原样原貌，即修旧如旧、原汁原味是首选，次之为修旧如故、带病延年，最次是修新如旧、神散形似，保护科举文物本质上是为了保护科举文物的价值。

第三，科举文化遗产保护与开发的完整性机理。德国格式塔心理学家发现，人脑思维具有自发的完形（Gestalt）能力，即人类对事物的知觉并非根据此事物的各个分离的片断作出判断，而是以一个有意义的整体为单位，即使这个事物是残缺的，比如"米洛的维纳斯"（Vénus de Milo）。江南贡院科举圈文化遗产群保护除了有真实性的需求之外，还有对文物完整性的追求，特别是相对而言文物价值更大的江南贡院、秦大

① 南京中国科举博物馆，"大事记"，http://www.njiemuseum.com/event.aspx?t=636398158897163379&menuId=4840&submenuId=5117。

士故居、棋峰试馆等，它们的修复既不是去维护已有建筑，也不是去维修或者重建它们，而是重现其完好的状态，[①]如异地搬迁安置南京市中医院、首都大戏院旧址博物馆、夫子庙购物中心、南京市夫子庙派出所并撤除相应建筑，恢复江南贡院曾经的“前考场后阅场”布局，以飞虹桥为界打通历史轴线（大门、二门、龙门、明远楼、东西文场、至公堂、飞虹桥、衡鉴堂、主考房等），掌握好损坏部分的考古修复、博物馆修复和商业修复的度，让江南贡院建筑群整体呈现出风格的完整、统一和优美。

另外，江南贡院科举圈文化遗产群的保护与开发管理还应考虑其流程性与操作性，即江南贡院牵头的贡院申遗应明确申遗的前提、要件、范围和程序等，包括可能性和可行性研究。比如：贡院申遗的路径选择是中国贡院系统单独申遗，还是以中国贡院为主牵头联合韩国、越南、泰国、朝鲜、日本的贡院申遗；贡院申遗的精髓是中国贡院——历史国际铨选考场，可以将顺天贡院——贡院街（中国古代最高等级的乡试、会试考场），江南贡院——明远楼、号舍、碑刻（中国古代最大的乡试考场），河南贡院——碑刻（中国古代最后一科乡试、会试考场），广东贡院——明远楼（红楼）、号舍遗址（中国古代最东南的乡试考场），云南贡院——至公堂、号舍（中国古代最西南的乡试考场），甘肃贡院——至公堂（中国古代最西北的乡试考场），湖南贡院——墙、石狮（中国古代最居中的乡试考场），阆中贡院——前院（中国古代童试考棚），定州贡院——魁阁、号舍（中国古代童试考棚），青州贡院（中国古代童试考棚）等优化重组。

五、科举文化遗产保护与开发的对策建议

科举是中国古代最伟大的创制之一，是人类社会海量、高效、低风险、持续铨选人才的解决方案之一，堪称“第一大发明”，[②]科举遗产是最重要的文化遗产，拥有独一无二的理念、智慧、气度和神韵，“考试故乡”增加了中国人民和中华民族内心深处的自信和自豪。事实上，从科举遽废污名化到为科举正名，社会各界历经千辛万苦、曲折轮回，初步形成这些共识花费了上百年的时间，近年能有科举申遗动议真是来之不易。科举文化遗产是中华文化遗产的大宗之一，其保护现状与开发程度总体不容乐观，亟需“对症下药”提出对策建议，采取有效操作措施，推动保护和开发机制创新。科举文化遗产保护与开发机制的不断创新才能满足日益严峻的保护与开发形势，协调保护与开发、公益与盈利、开发与封闭等的矛盾，让科举文化遗产群发挥“帕累托最优”文化效应，增强国家文化软实力，为实现中华民族伟大复兴的中国梦“添砖加瓦”。

---

① 张夏：《文物有病也得治，谁说文保一定要“修旧如旧”？》，《洞见》2016 年第 263 期。

② 冯用军：《多学科视野的科举学研究——大规模考试视角》，云南人民出版社 2009 年版，第 235 页。

第一，加强科举文化遗产保护相关法律法规建设。世界文化强国非常注重文化遗产保护与开发的法律法规建设，在文物保护与开发方面管控非常严格，我国在文化遗产保护与开发方面也出台了一些相关的法律法规和政策，如《中华人民共和国文物保护法》、《中华人民共和国非物质文化遗产保护法》、《关于实施中华优秀传统文化传承发展工程的意见》等。《文物保护法》于1982年出台，2002年进行了修订，2015年最新修订。[①] 为配合《文物保护法》的实施，国务院2003年颁布了《中华人民共和国文物保护法实施条例》，并进行跟踪研究和采集实践反馈，通过不断完善使其与实际的文物保护与开发情况更加符合。但是，江南贡院科举圈文化遗产群在保护和开发的过程中依然存在诸多问题，如有法不依执法不严，对一些破损文化遗产资源、毁坏真文物制造假文物等的行为等并未给予相应的法律制裁等。总体而言，我国亟需完善文化遗产保护与开发的法律法规，制定出符合我国国情的遗产保护母法和分支法规，使得科举文化遗产的管理、保护和开发等行为早日走上法制化的轨道，并加强普法、执法的力度，从重从严打击破坏科举文化遗产等中华文化遗产的行为。

第二，明确划分科举文化遗产群保护与开发的权利和责任界定。调查、访谈和查阅文献可以发现，江南贡院科举圈文化遗产群存在多重管理和多头决策，存在管理权限交叉、管理责任不明等现象，由此引发诸多困扰，如科举文物破损后的修复，是政府还是文旅集团负责容易产生不对等摩擦，吴敬梓故居运营不善、棋峰试馆被变形改造等就是明证。应根据江南贡院科举圈文化遗产群的产权主体之间的责任归属来划分权利和责任，保证责任与权利的基本对等。只有对科举文化遗产的产权主体进行明晰的责权划分，建立精细的流程化监控体系、动态的弹性奖惩机制和各方认同的参与体制，人人保护、人人有责、人人参与、人人共享，才能有效保护江南贡院科举圈文化遗产资源的可持续利用，为子孙后代留下镜鉴。

第三，促进科举文化遗产资源的可持续发展。要学会正确处理科举文化遗产保护与开发利用的关系。保护是开发的前提和基础，而开发是为了更好的去保护，文物在一切皆有可能，文物不在一切都是废话。科举文化遗产作为一种不可再生性稀缺资源，特别是江南贡院科举圈文化遗产群，不仅对于南京文化旅游业的发展有重要战略意义，而且对于文化主权的保护特别是确保中国考试故乡(发源地)的地位至关重要。因此，党和政府应该建立更加科学合理的文化遗产保护体制机制、文化资源补偿体制机制和文化遗产监控质保体制机制。对科举文化遗产特别是江南贡院科举圈文化遗产群进行统一监管、科学保护、合理规划、梯次开发、适度开放，一切从实践出发，从南

① 《中华人民共和国文物保护法》，法律出版社2015年版，第1页。

京实际发展情况出发去认识江南贡院科举圈文化遗产群的问题，找出合理破解方略，利用现代科技重现秦淮河畔乡试活的形态和活的生态，从而将其打造成为贡院申遗的一个样本。

第四，建立健全科举文化遗产保护与开发的危机管理体制机制。夫子庙—秦淮河因江南贡院乡试而兴，无论是明清还是当代，都是大量人口的集散地，必须建立健全危机管理体制机制。危机管理意识是大景区管理尤其是大文化遗产资源群保护必须具备的现代意识，危机干预系统和舆情监控应对系统是大景区平稳运行的必备系统。景区安保、服务和管理人员在具有危机管理意识的基础上，必须用实际行动建立相应的危机管理体制机制，缩短对景区突发事件（危机）处理的响应时间。江南贡院科举圈文化遗产群的非游客群体，除了有必要的危机意识，还要完善监测与危机预警系统，利用“天眼”或“全球眼”等负责实时、远程监控特定环境、特定文物和特定人员等，从而对每个可能引发不良变化的对象及时给予反应，并发出量子信号给相关系统及其负责人员，比如秦淮河画舫游客落水、江南贡院文物失窃、古桃叶渡翻越护栏等的预警。力争通过有效的危机发生后的激活机制、口碑营销和舆情发布，尽可能将江南贡院科举圈文化遗产群突发事件的影响特别是负面影响程度降到最低，减少负能量、传播正能量。科举文化遗产保护与开发中危机事件的处置，要充分利用大（大数据）智（人工智能）移（移动互联网）云（云计算）工程并发挥其作用。

第五，激发公众的力量参与科举文化遗产申遗工作。科举文化遗产的保护和世界文化遗产的申请工作都非常艰巨，除了需要政府的大力支持以外，还应发动人民群众，发挥民间的力量，因为我们每一个人都是文化遗产的享用者，这是我们当仁不让的权利，保护共同的文化遗产，也是我们义不容辞的责任。夫子庙秦淮风光带的每一位游客，都应主动承担起保护这一片土地上的每一件文物或公物的完整性的责任。另外，要建立多元化的文化遗产保护与开发的投融资渠道，通过系统的普及和宣传工作，可以充分利用新媒体如微博、微信公众号、微视等来使更多的公众意识到科举文化遗产的唯一性、稀缺性和重要性，使人们能够自动地践行保护文化遗产的职责和监管任务。江南贡院科举圈文化遗产的保护和申遗等要力争获得中华社会文化发展基金会（China Foundation for the Development of Social Culture，CFDSC）的资助，它是中华人民共和国文化部主管的全国性公募型基金会，在此基础上开源节流。

总之，贡院是国家抡才大典之所，承载着千年科举的背影。[①] 科举在历史中诞生，又在历史中消亡。关注科举文化遗产保护与开发，推动科举文化遗产申遗落地，必须

① 刘海峰：《贡院——千年科举的背影》，《社会科学战线》2009年第5期。

溯民族文化之源流，辟与时俱进之路径。不忘初心方得始终，科举文化遗产的保护与开发的博弈始终会贯穿科举申遗管理的全过程和全要素，其实保护与开发之间是对立统一的关系，都是为了让更多的人了解遗产的文化元素、感受遗产的文化气息、认知遗产的文化价值。党政部门在科举文化遗产保护、开发与申遗过程中的主要责任是对景区的必要保护，以及提供景区承载量内尽可能多的游客们欣赏遗产的渠道。党和政府还要与企业、非政府组织、科研机构、专家学者等协同互补、有新作为，取长补短、扬长避短，共同参与科举文化遗产的保护、开发与申遗工作。

Etienne Zi 何许人也

——最早系统介绍科举的两部法文著作及其作者考

尹　磊*

摘　要:《中华文科试实则》和《中华武科试实则》是最早系统介绍科举的两部法文著作,在科举研究领域具有重要影响。但有关其作者 Etienne Zi,则学界多存异说,甚至有认为其乃是来自法国的西方传教士。本文通过对两部著作法语原文的研究,对照相关教会文献,探明 Etienne Zi 的真实身份,并进而论述这两部作品在西方的影响。特别是通过介绍两书在西方汉学界取得的成就,阐明科举文化在欧洲的传播也经历了从西人撰述一统天下,到有深谙双语的教会华裔学者参与其间,再到中国学者用西方语言在欧洲学界发表的过程。

关键词:徐劢;《中华文科试实则》;《中华武科试实则》;欧洲汉学

一

对中国科举文化向欧洲传播的历史略有涉猎者,不难接触到 *Pratique des examens littéraires en Chine* 及 *Pratique des examens militaires en Chine* 这两部法文著作的名字。它们可谓是最早系统介绍中国科举制度的外文专著。前书出版于 1894 年,总计 278 页,正如作者在是书序言中所云,乃是"一部汇集了所有关于科举制度存在之原因的专论(une monographie d'ensemble toute sa raison d'êtes)"①,其主要参考文献来源于《学政全书》和《科场条例》。全书共分为五大部分,第一部分为秀才考试,

---

* 作者简介:尹磊,南京中国科举博物馆副馆长,法国高等实践研究院(EPHE)博士,研究方向为欧洲早期汉学、明代江南社会史及丝绸之路上的知识传播研究。

① Le P. Etienne Zi (Siu), S. J., *Pratique des examens littéraires en Chine*, Chang-Hai: IMPRIMERIE DE LA MISSION CATHOLIQUE, 1894, Preface III.

介绍了基本概念、考前准备乃至县考、府考、院考、中试、岁考、生员种类和科考；第二部分为举人考试，由基本概念、考试前、考试中、考试后及补编构成；第三部分为进士考试，包含了考试的不同名目，然后分别介绍会试、殿试和朝考；第四部分为附录，附录一从基本概念、翻译秀才、翻译举人、翻译进士四个不同层面，介绍了施用于八旗子弟的翻译科的情况，附录二则为《熙朝鼎甲录》，这份图录展示了到1894年即该书的出版之年为止，有清一朝所举行的108场殿试中每场考试前三名的姓名、籍贯等；第五部分则为书中引用的上谕及部议之索引，以及专有名词中法文对照表。出版于1896年的*Pratique des examens militaires en Chine*篇幅则简短得多，仅有132页。作者在该书序言中提到：

> 与欧洲不同，在那里是根据不同的学院存在着许多的科目，诸如文学、法学、数学、物理、自然，等等；中国则仅有文、武两科，因此也就存在着两种考试。文科考试已在《汉学丛书》(*Variétés Sinologiques*)第五种*Pratique des examens littéraires en Chine*中进行了描述，本书所要探讨的则是武科考试。[①]

因此其基本构架亦效法作者前书，由四部分构成：第一部分为武秀才考试，介绍了基本概念、武县考、武府考、武院考以及武岁考；第二部分为武举人考试，包含基本概念、考试前、考试中、考试后四章；第三部分为武进士考试，介绍了基本概念、武会试及武殿试；第四部分则为书中引用的上谕及部议之索引，以及专有名词中法对照表。

这两部著作虽出版于百年前，但至今仍不断为海内外科举研究名家所征引，[②]而两书作者署名为Le P. Etienne Zi (Siu), S. J.，他的身份和事迹，一直以来却为重重迷雾所掩盖。此人究竟何许人也，这两部著作的闻世，又应当放在何种背景下进行分析，是本文的关注点所在。

二

通过法国国家图书馆Gallica网站提供的*Pratique des examens militaires en*

---

① Le P. Etienne Zi (Siu), S. J., *Pratique des examens militaires en Chine*, Chang-Hai: IMPRIMERIE DE LA MISSION CATHOLIQUE, 1896, Preface II.

② 如刘海峰教授《科举学的形成与发展》,《湖南大学学报》(社会科学版)第21卷第4期,2007年;《科举学的起承转合——科举研究史的千年回顾》,《社会科学战线》2013年第7期,第210—222页。Benjamin A. Elman, "The Civil Examination System in Late Imperial China, 1400 - 1900", *Frontiers of History in China*, 2013, 8 (1), pp. 32 - 50.

Chine 一书的电子版，我们可以看到，作者在序言中的署名如图所示：

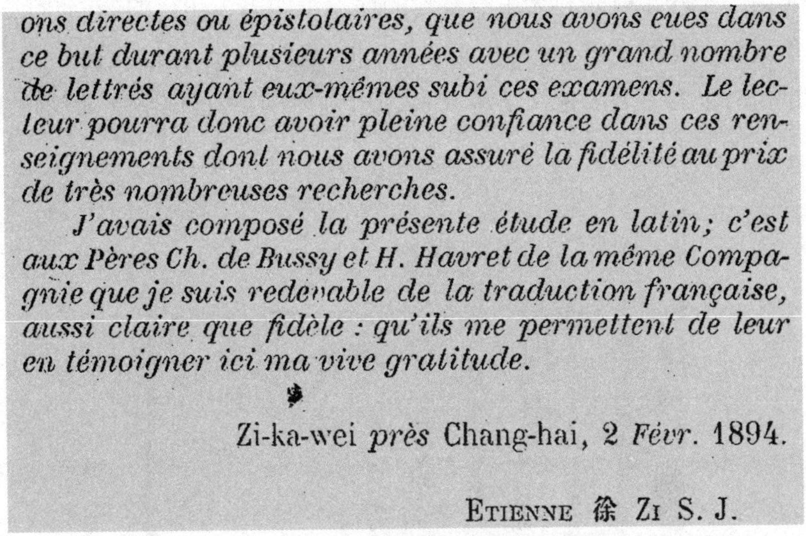

ons directes ou épistolaires, que nous avons eues dans ce but durant plusieurs années avec un grand nombre de lettrés ayant eux-mêmes subi ces examens. Le lecteur pourra donc avoir pleine confiance dans ces renseignements dont nous avons assuré la fidélité au prix de très nombreuses recherches.

J'avais composé la présente étude en latin; c'est aux Pères Ch. de Bussy et H. Havret de la même Compagnie que je suis redevable de la traduction française, aussi claire que fidèle: qu'ils me permettent de leur en témoigner ici ma vive gratitude.

Zi-ka-wei *près* Chang-hai, 2 *Févr.* 1894.

ETIENNE 徐 ZI S. J.

图 1

可见 Le P. Etienne Zi (Siu), S. J. 中的(Siu)是作者姓氏“徐”的拉丁字母转写，而对于 Zi 一词，笔者最初考虑到耶稣会士如利玛窦称“大西利子”之先例，则此处名中的 Zi，恐系汉语“子”的拉丁字母转写，但后来转思徐的吴语发音通常转写作 Zi，典型的例子即是图 1 中倒数第二行的徐家汇(Zi-ka-wei)，由此可证，Zi 即是吴语发音“徐”这一姓氏的拉丁字母转写。Etienne 则为其圣名(天主教徒受洗时选择主保圣人之名为己之圣名，亦称教名)，天主教中译为“斯德望”。故法国与比利时来华传教者，若其名为 Etienne，则通常以德望作为汉名，如明代在陕西传教的方德望(Etienne Faber)、在贵州的外方传教会会士白德望(Etienne-Raymond Albrand)均是如此。因此 *Pratique des examens militaires en Chine* 序言末尾的署名，如果全部翻译成中文或可写作“徐德望”，S. J 则是 Societas Jesu 即耶稣会的缩写，用来表示这位徐姓作者的身份。由此，Le P. Etienne Zi (Siu), S. J. 的作者署名豁然开朗，即“徐德望神父，耶稣会士”。

通过以上考辨，可见此人应是一徐姓、教名为斯德望的耶稣会士，然而明、清入华的外籍耶稣会士，也多有采用汉姓者，那么他的真实身份为何？此人究竟是何许人呢？通过图 1 所见，序言撰写的地点是在“Zi-Ka-wei près Chang-hai”，即上海徐家汇。因此我们不得不考虑，这位徐姓耶稣会士是否与以徐光启为代表人物的上海徐氏天主教科举世家有关联？最先列入考虑也最著名的当然是徐光启的十二世孙、著名天主教史学家徐宗泽神父(1886—1947)，但考虑到两书出版之岁，徐宗泽神父年方髫龄，且其教名为若瑟(Joseph)，显然与上文的斯德望不合。通过参考法国国家图书馆给出的作者生卒年(1851—1932)判断，这位徐德望应该是另有其人。

继考光绪二十八年(1902)天主教背景的徐家汇印书馆印行的《五洲图考》一书，其中由龚柴负责亚洲和欧洲部分，许彬负责美、非、澳洲部分，徐劢负责中国方域部分。前两者都是当时上海著名的神父学者，那么图 2 中所示的这位平江徐劢伯愚氏，是否就是我们寻找的 Etienne Zi 呢？

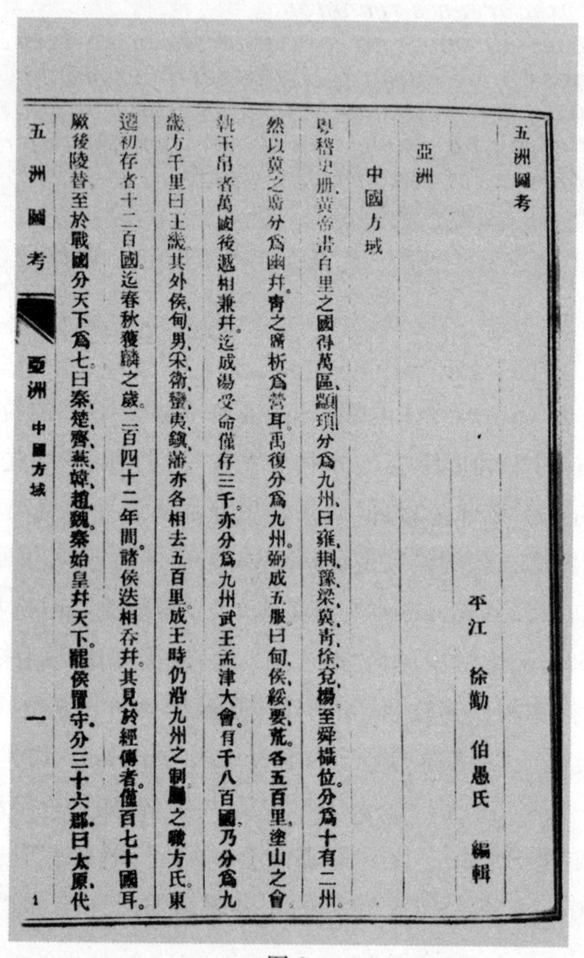
五洲圖考

亞洲

平江 徐勱 伯愚氏 編輯

中國方域

昔稽史冊、黃帝畫百里之國得萬區、顓頊分爲九州、曰雍、荊、豫、梁、冀、青、徐、兗、揚。至舜攝位。分爲十有二州。然以冀之廣分爲幽并。青之廣析爲營耳。禹復分爲九州。弼成五服。曰甸、侯、綏、要、荒。各五百里。塗山之會執玉帛者萬國。後遞相兼并。迄成湯受命僅存三千。亦分爲九州。武王孟津大會。有千八百國。乃分爲九畿。方千里曰王畿。其外侯、甸、男、采、衛、蠻、夷、鎮、蕃亦各相去五百里。成王時仍沿九州之制。屬之職方氏。東遷初存者十二百國。迄春秋獲麟之歲。二百四十二年間。諸侯迭相吞并。其見於經傳者。僅百七十國耳。厥後陵替。至於戰國分天下爲七。曰秦、楚、齊、燕、韓、趙、魏。秦始皇并天下。罷侯置守。分三十六郡。曰太原、代

五洲圖考 亞洲 中國方域 一

1

图 2

带着这样的疑问，我们查考了近代中国天主教最重要的报刊《圣教杂志》中的有关信息，发现一则名为《圣心报主任徐伯愚司铎逝世》[①]的简讯(图 3)。简讯中称：徐劢(1851—1932)，字伯愚，圣名斯德望，原籍苏州。这正与《五洲图考》中所记其籍贯“平江”相合。他是耶稣会司铎(即神父)，西文著作中的署名为“Etienne Zi”。至此，Etienne Zi 之谜可谓已完全揭开。

① 《圣心报主任徐伯愚司铎逝世》，《圣教杂志》第 21 卷第 8 期，线装书局 2010 年版，第 508 页。

一千九百三十二年國曆八月

敎中新聞

……新敎區管轄十三縣。即洪洞。趙城。汾西。霍縣。靈石。永和。隰縣。大寧。蒲縣。臨汾。襄陵。浮山。安澤等。成公捷三字玉堂。現年五十七歲。山西晉城大箕村人。一九〇三年晉鐸。一九一一年任潞安[illegible]學校校長。一九二四年。參與上海全國主敎公會議。一九二八年調任洪洞學校。成公辦事熱心。有勇敢。對於栽培後生。尤爲公所注意。今被簡主敎。深爲該敎區賀。

◉聖心報主任徐伯愚司鐸逝世　公諱勵。字伯愚。聖名斯德望。原籍蘇州。生於一八五一年一月四日。一八六〇年。避髮匪亂。隨父母徙居奉賢縣之道院村。一八七五年十一月二十日。棄俗入耶穌會。一八八二年。

徐大司鐸伯愚遺像

图 3

通过史料的梳理我们了解到，徐劢在李问渔和潘谷声之后，曾长期担任当时中国天主教最大的报刊《圣心报》的主任即主编。据《圣教杂志》及笔者研究，在其名下的中、西文撰述主要有如下一些：

（一）中文部分：

1.《五洲图考》，徐劢负责中国地理部分的编辑撰写，徐家汇印书馆，光绪二十八年(1902)。

本书是李问渔主编的《益闻录》半月刊(后改为周刊)中“五洲图考”专栏的文章缀合编辑而成。

2.《露德圣母纪略》，上海土山湾印书馆。

3.《圣母善导纪要》。

4.《显灵圣牌考》。

5.《真福高隆汴小传》，上海土山湾印书馆，1930年。

6.《圣女德肋撒行实》。

7.《圣女婴孩耶稣德肋撒小史》。

此处书名应为《圣女婴孩耶稣德肋撒传略》，《圣教杂志》文误。

8.《福女伯尔纳德传略》。

9.《圣达尼老九德默想》，上海土山湾印书馆，1926年。

本书封二著者名称为 P. stephan. Zi(徐)s. j. ,因法文中 etienne 在英文中作 Stephan 也。

10.《金训》。

11.《若瑟小篇》。

12.《首瞻礼六简本》,土山湾,1907 年。

13.《大赦短经汇编》。

14.《会赦摭陈》,上海土山湾印书馆,1915 年。

15.《圣母会友袖珍》。

16.《祈祷宗会袖珍》。

以上均为篇幅短小的教牧、圣史类杂著。

(二) 西文部分:

1. Le P. Etienne Zi (Siu), S. J. , *Pratique des examens littéraires en Chine*, Chang-Hai: IMPRIMERIE DE LA MISSION CATHOLIQUE, 1894.

本书的中文名,据《圣教杂志》文,应为《中华文科试实则》。

2. Le P. Etienne Zi (Siu), S. J. , *Pratique des examens militaires en Chine*, Chang-Hai: IMPRIMERIE DE LA MISSION CATHOLIQUE, 1896.

本书的中文名,据《圣教杂志》文,应为《中华武科试实则》。

VARIÉTÉS SINOLOGIQUES N° 5.

PRATIQUE

DES

EXAMENS LITTÉRAIRES

EN CHINE

PAR

LE P. ETIENNE ZI (SIU), S. J.

CHANG-HAI.

IMPRIMERIE DE LA MISSION CATHOLIQUE

1894.

图 4 《中华文科试实则》书影

VARIÉTÉS SINOLOGIQUES N° 9.

PRATIQUE

DES

EXAMENS MILITAIRES

EN CHINE

PAR

LE P. ETIENNE ZI (SIU), S. J.

CHANG-HAI

IMPRIMERIE DE LA MISSION CATHOLIQUE

1896.

图 5 《中华武科试实则》书影

3. Le P. Etienne Zi (Siu), S. J., *Notice historique sur les t'oan* 团 *ou cercles du Siu-Tcheou Fou* 徐州府, *particulièrement sur ceux du district de Ou-toan*, Chang-Hai: IMPRIMERIE DE LA MISSION CATHOLIQUE, 1914.

本书是基于徐劢在徐州五段传教时，对该地山东籍移民的情况产生兴趣，从而进行调查，撰成的移民社会史方面的著作。

三部西文著作，均作为法籍来华耶稣会士夏鸣雷(Henri Havret)神父创办的《汉学丛书》系列作品而刊行，主要以介绍中国文化及社会历史研究为主。《圣教杂志》简讯且称："若法文之《中华文、武科试实则》及徐州铜山县之《五团志》，则且传颂海外，咸称杰构。"①由此可见，*Pratique des examens littéraires en Chine* 及 *Pratique des examens militaires en Chine* 两书的中文名称，应根据《圣心报主任徐伯愚司铎逝世》简讯中的定名，为《中华文科试实则》、《中华武科试实则》，较之意译为"中国的文科考试实践"、"中国的武科考试实践"要更为得宜。

三

徐劢关于中国科举制度的两部作品相继出版后，在一定范围内引起了西方汉学界的关注，荷兰汉学家施古德(G. Schlegel, 1840—1903)在 1896 年 3 月出版的《通报》第 7 期中对两部书进行了如下评价，他写道：

> 作为汉学丛书第五号，徐劢神父在官方汉文文献的基础上，曾为我们重点介绍了中国的文科科举考试实则。
>
> 而在本号专刊(第九号)中，作为对他第一部著作的补充，他介绍了中国的武举，而这些制度至今仍在天朝遵行不废。
>
> 从我们西方人的眼光看来，这些都已经过时了，作战武器早已发生了翻天覆地的变化。我们以枪炮作战，而不再使用弓箭。然而不可忘记的是，罗马人曾经用这样的武器征服了世界，而中国人则借此降服了那些蠢蠢欲动的诸族，而后者也同样使用弓箭、长枪和马刀作战。这部作品中有很多木刻原画，描绘了各种不同的实战方式，这些均是由方殿华神父(P. L. Gaillard)所提供的。这些绘画从艺术的角度看可能不甚精彩，然而毕竟非常直观。一幅不那么好的版画也胜过千言万语的描述。

---

① 《圣心报主任徐伯愚司铎逝世》，《圣教杂志》第 21 卷第 8 期，线装书局 2010 年版，第 508 页。

> 这部作品最初是作者用拉丁文撰成的，然后由德彪西神父(P. C. de Bussy)翻译为法文。其主要内容大部分是由1864年版的《武场条例》所构成，这部著作具有很高的权威性，是由北京的兵部编纂并予以确认的。
>
> 我们在此要以欧洲汉学家的名义公开致谢，感谢徐神父深具教益的工作，为不像我们这样的汉学家介绍了这一考试。①

首先明显可见的是，这当然不是一则充满溢美之词的书评，特别是对于《中华武科试实则》的原创性问题，施古德一针见血地指出其来源是《武场条例》，甚至认为书中由方殿华神父所绘制的插图，其价值要大于作者的描述本身。这一观点公允与否姑置不论，但以施古德为代表的欧洲汉学一流人物的汉文能力及对其汉学修养的自负却是跃然纸上。

施古德是19世纪下半期欧洲最负盛名的汉学家之一，他9岁就开始向莱顿大学的日本学家霍夫曼(J. J. Hoffman)学习中文，曾经在中国和当时的荷属巴达维亚学习和游历，并且是莱顿大学第一个汉学讲座设立的推动者和首任教授。1890年，他与法国汉学家亨利·考迪埃(Henri Cordier)共同发起出版《通报》杂志，研究范围为东亚的历史、语言、地理和民族学。从童年时代即打下扎实基础的汉学修养，再加上同时也是四卷本《兰汉词典》的作者，施古德对徐劢的作品作出如此评价，也就不足为怪了。事实上，欧洲汉学家的汉文阅读能力自施古德、考迪埃，一传至沙畹(E. Chavannes)，再传至伯希和(P. Pelliot)、马伯乐(H. Maspero)、戴密微(P. Demiéville)，三传至戴何都(R Des Retours)、韩百诗(L. Hambis)、谢和耐(Jacques Gernet)诸人，一直保持在较高水平，直到20世纪70年代，汉学(Sinology)向中国研究(Chinese Studies)的转向已成大势后，这一优点才不复存在。相反，老辈汉学家往往存在的不能使用汉语口语进行交流的问题，乃至像汉学、语言学大家高本汉(K. Karlgren)那样操山西方言的现象，在年轻一代的西方汉学研究者身上也基本是看不到的。

其次，我们拟探讨一下两书出版时的现实意义。如上所录，《中华文科试实则》出版于1894年，距科举考试的废除尚有11年；《中华武科试实则》则出版于1896年，距武举考试的废除亦尚有5年。在徐劢撰书之时，科举制仍然作为一项重要的制度施行于中国。因此，他的这两部著作，不仅仅是对历史事实的梳理，而且也应当视作对现实

① G. Schlegel对 *Pratique des examens militaires en Chine* 一书的书评，见 *T'oung Pao*, vol. VII, no. 1(Mars 1896), pp. 434-435.

制度的研究。正如他在《中华文科试实则》的前言中所提到的，其著作的资料来源不仅仅包含《学政全书》、《科场条例》之类的官方资料，且他本人还穷数年之功，亲自向大量参加过科举考试的人请教，以了解科举考试运作的直观情况和相应细节，并把这些反映在书中。① 因此，其著作作为历史研究的价值自不待言；同时也可以提供历史人类学方面的参考。

《中华武科试实则》的情况则更为复杂。我们上文转引的施古德对《武科试实则》的书评中"作战武器发生翻天覆地变化"的观点，实际上与徐劢本人在序言中所云并无二致。他并且总结道：

> 我也认为体能和箭术在战争中已失去其优势地位，而且也不可能很快恢复其重要性。根据军职进行考试，特别是关于枪炮操练的考试，将更为合理。对于此我并不否认。然而，这是政府的事务。对我而言，我们的工作并非是指出改革的方向，那太艰难了。本书仅是为记录那些一直延续到如今的事物。②

虽然徐劢所言如此，但我们不难发现他的弦外之音，通过徐劢的介绍，关注当时中国现状的西方人得以系统地了解武举的运作方式。是否有人从中获得知识，又反过来推动了帝制中国末期的军事改革和武举的废除呢？在此我们不拟展开讨论。

此外，对于徐劢神父这两本书在以科举文化为内容的汉学传播史上的地位应当如何判断？施古德的书评，显然过于严苛了。如所周知，清末民国时期的海外留学生，特别是文科领域的研究者，在撰写学术论文时往往存在以外国语撰写论文方面的障碍。选择他们所熟悉的论题，特别是与中国古代历史、文化有关的论题进行译介，作为硕士、博士论文进行答辩，通常是一条"终南捷径"。甚至西方汉学家中，亦有不少人以对汉文古籍的译、注而得享大名的，如伯希和的几部经典之作《马可波罗注》、《圣武亲征录注》、《真腊风土记笺注》等均是如此。徐劢基于汉文官方史料进行译介的做法，本无足深责。更为难能可贵的是，他这部作品乃是由其本人以拉丁文撰写，再由德彪西神父译成法文，与后来中国学子往往以中文撰写论文再倩人翻译成外国文字者，相差不啻天壤。

对于徐劢在汉学研究，特别是科举文化研究领域的贡献，后来汉学界所给予的评

① Le P. Etienne Zi (Siu), S. J., *Pratique des examens littéraires en Chine*, Chang-Hai: IMPRIMERIE DE LA MISSION CATHOLIQUE, 1894, Preface III.

② Le P. Etienne Zi (Siu), S. J., *Pratique des examens militaires en Chine*, Chang-Hai: IMPRIMERIE DE LA MISSION CATHOLIQUE, 1896, Preface II.

价转高。这方面的标志性事件就是1899年徐劢和另一位耶稣会会士黄伯禄共同获得了当年的儒莲奖(Prix Stanislas Julien),[①]获奖作品正是《中华武科试实则》。儒莲奖是法兰西金石和美文学学院成员、汉学大家儒莲(1797—1873),于其去世前一年即1872年赠给学院一笔1500法郎的经费所设立的,自1875年开始颁授,颁发对象为杰出的汉学作品著者,被誉为是汉学界的"诺贝尔奖"。首位获得儒莲奖的是苏格兰汉学家理雅各(J. Legge),到徐劢获奖的1899年,儒莲奖已是第24次颁发,在此之前没有任何一位中国人或东方人膺此殊荣;而在徐劢获奖15年后,才有黄伯禄凭借其另一部著作再次获奖(当时黄实已身故);又过20年,到第二次世界大战前后,王静如、洪业、冯友兰等方才相继获奖。由此可见,作为中国人的徐劢,在世界汉学之林的地位可谓前无古人。作为获得法国汉学最高奖儒莲奖的第一个中国人,徐劢其人其名却未能得到彰显,百年之后,甚至被不少学者当成研究汉学的法国人,实在是很可遗憾的一件事。

四

在徐劢以前,首先向西方介绍科举文化的当属利玛窦的《中国札记》以及杜赫德(du Halde)的《中华帝国全志》(出版于1735年),当然二者仅流于表面的观察。后来则有法国学者毕瓯(Edouard Biot)在其有关中华帝国制度的历史研究论文(发表于1847年)中填补了对清代科举考试相关文献研究的空白,但其主要的资料来源是《大清会典》,对于清代以前科举考试的情况则付之阙如,徐劢也认为他的作品中"错误甚多"。再之后就是1867年出版的由美国公理会传教士卢公明(J. Doolittle)所撰写的《中国人的社会生活》,[②]其中用60页描述了中国的科举制度,相较之前各书更为精准,然而篇幅所限,未能阐述科举考试的细节。因此,正如徐劢在《中华文科试实则》的序言中所云:

> 近期出版的有关科举研究的札记和报告,往往仅只考虑一些某种角度看来太过特别的问题,而将此融为一炉的专著则付之阙如。[③]

---

① *Comptes-rendus des séances de l'Académie des Inscriptions et Belles-Lettres*, 1899,43(6),p. 697.

② J. Dooliottle,*Social Life of the Chinese*,vol. I,New York,1867,pp. 383 - 443.

③ Le P. Etienne Zi (Siu), S. J.,*Pratique des examens littéraires en Chine*,Chang-Hai: IMPRIMERIE DE LA MISSION CATHOLIQUE,1894,Preface III.

徐劢撰写关于科举文化研究两书的目的正在于此，他无愧于向西方学界系统介绍中国科举制度第一人的称号。

同时我们也可以看出，自清末以降向西方介绍中国文化的传播主体，已渐渐由西人一统天下向间杂以西人和华人的局面转变。而在这一转变过程中起到重要衔接作用的，正是如徐劢、黄伯禄这样的华人教士。他们除了具备良好的汉文功底外，又兼具西方文献乃至西方古典文献的阅读和写作能力。这批人肩负起了向西方传播科举等中国文化的责任，并使在他们的后辈中出现陈垣、马相伯、洪业等著名学者成为可能。

今天我们再来审视《中华文科试实则》及《中华武科试实则》两书，会发现其重要性已经溢出科举研究的范围，而应采用跨学科的方法予以进一步研究。如在《中华文科试实则》的附录一中有关翻译科的介绍中，徐劢将满人和蒙古人统称为鞑靼（Tartares），此词在法语中兼具草原之民与野蛮人的双重含义，采用这样的说法，固然有适用于西方读者语境的考虑，但是否也反映了当时时代潮流下作者的民族意识呢？又如《中华武科试实则》中，由方殿华神父所绘制的大量图画，特别是其中的人物，从衣冠服饰上看无疑是清代服色，但面孔却纯然是西方人的。因此，从图像学研究的角度将其与同时代西人描绘中国风俗的图画进行比较，无疑也是非常有趣的课题。

余 论

至此，我们可以对南京中国科举博物馆常设展陈中关于 Etienne Zi 的介绍提出修正意见。他既不是“法国人”，也不是作为“西方传教士”写出了研究科举的最早专著。现在我们知道，他是徐劢神父，苏州人，耶稣会士。他既是向西方学界系统介绍中国科举制度的第一人，同时也是中国乃至亚洲获得西方汉学最高奖——儒莲奖的第一人。

刘海峰著《中国科举文化》英文版*的学术价值述评

余卫华**

一、主要内容

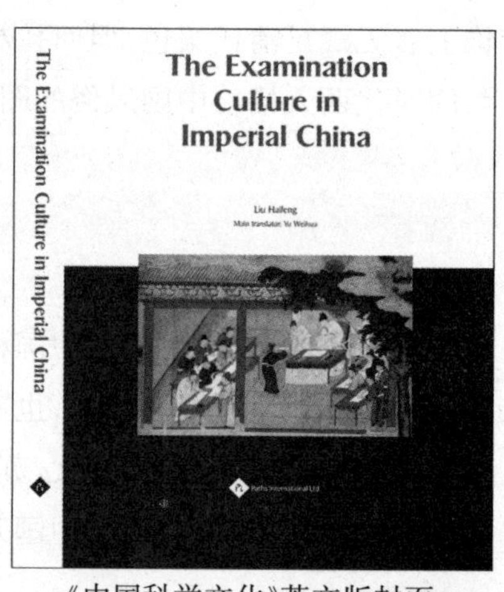

《中国科举文化》英文版封面

随着中国在国际社会上的影响力与日俱增，特别是习近平总书记提出了“一带一路”的倡议和十九大提出了新时代中国特色社会主义思想后，西方社会对于中国文化的了解兴趣日渐兴隆。《中国科举文化》正是顺应这一时势向西方社会推出的宣传中国传统文化的一本权威、全面和综合性介绍中国科举制度的学术专著。它对于希望了解中国文化，特别是中国传统文化中的教育和考试制度的西方英语世界具有指导意义和现实意义。刘海峰教授的这本专著中文版于2010年12月由辽宁教育出版社出版。原书质量极高，于2013年3月获第六届中国高等学校科学研究优秀成果奖（人文社会科学）一等奖，引起学界的极大关注。书中文字之厚实、内容之饱满，让读者叹为观止。全书内容丰富、角度新颖、专题鲜明、史料翔实，将科举文化及其相关内容生动、客观地展现在读者面前，使读者走近科举、了解科举，最终折服于科举学的博大精深。本书从大概念的范围对中国科举文化进行了全面、系统的研究，具有鲜明特色。这是一部学术价值很高、文化底蕴丰厚、研究主题鲜明的科举文化巨作，作者被称为中

* Liu Haifeng: *The Examination Culture in Imperial China*, Paths International Limited, 2018.

** 作者简介：余卫华，教授、博士，研究方向：跨文化研究与翻译、跨文化研究与英语教育。工作单位：浙江越秀外国语学院。

国现代科举学研究的创始人，是研究科举考试历史沿袭的权威人士，也是中国最著名的教育学历史学家之一。他出版书籍 20 多本，发表论文 450 多篇，是使边缘学科（科举学——中国科举考试研究）更加规范化的主要倡导者之一。他的很多文章关注如何从中国传统的科举考试吸取精华、经验和教训。刘海峰教授虽然是中国著名的历史学家和教育学权威，而且在国内外学术圈内有极高的影响力，但他本人从来没有出版过英文科举研究著作。本书英译本是作者的第一本英文版著作。原书共计 48 万字，529 页，英译本考虑到翻译和读者的需求等原因进行了删减，由原出版社授权，作者亲自修订，删除了中文版第二章的全部内容和其他章的 12 个小节，现由英国 Paths International 出版社 2018 年出版。这是一本值得每一位英语世界的读者去细心品味的权威著作。

科举是一种离我们既远又近的传统考试制度。虽然已走入历史，属于已经过去的时代，在当今中国已不可能再度恢复，但它那挥之不去的历史记忆时常被唤醒，其大量的历史遗迹和踪影在当今现实教育的大规模考试中仍有传统的影响，甚至还在以不同的形态在现实社会中重新复活。在这部英译专著中，作者从大概念的范围对中国科举文化进行了全面、系统的研究，具有鲜明特色。首先，作者围绕科举百年祭，对科举的历史功过进行科学评判，提出为科举制平反，还原历史真相，这对于当前考试制度的改革与完善具有十分重要的意义。其次，该书分析了科举制的兴起和得失。作者认为，隋唐开创了中国历史上的科举时代，尤其是唐代为科举制的奠基期。唐代在科举制方面的建树，为宋朝以后各代科举内容、形式、场次的真正形成发挥了奠基性作用，从而使中国社会的政治生活和人文教育活动有了一个关键的场域。因此，唐代科举具有特别的研究价值。同时，作者对科举教育的利弊得失、科举与书院教育的关系、科举的自学考试性质、智力测验性质、学位考试性质等进行了专门探讨，构成了书中主干部分的内容，这在很大程度上填补了科举考试研究的空白，具有显而易见的学术价值。再次，除探讨科举对中国文化的影响和科举习俗的现代遗存之外，该书着重研究了科举制的东渐与西传，分析了东亚科举文化圈的形成和“科举西传说”的来龙去脉，相关研究成果精致细腻、论证严密、逻辑性强。此外，作者还以较多篇幅从各个不同侧面探讨科举学的含义、旨趣、范畴和前景，力求挖掘出科举学的文化底蕴，帮助人们从深层次了解科举学的缘起和意义。

二、学术价值

进入 21 世纪以来，科举学已成为中国传统文化研究的一个重要学术方向，它原本就是中国传统文化的重要组成部分。在科举学与科举制研究的热潮中，如何认识和解读科举学，已成为迫切需要回答的问题。本书正是应运而生的一部阐释科举学与中国文化关系的力作。本书英译本的意义在于让更多的国外学者了解科举，弘扬中华传统文化。该英译本的学术价值主要体现在以下四个方面：

（一）呈现了丰富精彩的科举内容

中国科举史长达1400余年，人们对科举的研究可谓源远流长，不少海内外学者在这一领域也取得了很多实质性的研究成果，并持续对其进行着关注。在中国，科举制度除对人才选拔有重要影响之外，不少状元戏曲、才子佳人小说作为科举制度的附带产品也流传开来。因此，“科举”一词可以说深入人心，但是由于历史原因，“在20世纪80年代以前，有谁看过总结古人赞扬科举的观点的论文”？种种现象表明，在大多数现代中国人的心目中，“科举”已然成为一个贬义词，而各种媒体对其的批判与丑化，使得这种偏见一时无法得以矫正。

本书却让读者认识到一个真实的科举。第一部分9篇论文，围绕为科举制平反这一主题，拨乱反正，纠正了长期以来人们对科举制的偏见，分析有理有据，令人信服；同时，本书还让读者领略到科举学博大精深的魅力。可以说，对于不了解科举的广大读者，“科举”不再单单只有科举，其内容之多恐怕是读者穷其一生都无法阅尽与了解的。诚然，在大多人心目中，科举仅仅是一种考试制度，作为一种考试手段而存在。然而在阅毕全书之后，读者会惊喜地发现，刘海峰教授用丰富的史料以及实事求是的态度向我们展现出，科举考试文化在中国乃至世界文化史上留下了极为深刻的影响。科举作为一种文化遗产，具有深厚的文化底蕴，其内容之广，包括了童试、乡试、会试等试卷，秀才科、俊士科、策学等科目，贡院、会馆、进士题名碑、科甲功名牌坊以及进士宅第等建筑物，婚庆习俗、博状元习俗、“闱姓”赌榜习俗、文昌崇拜习俗等科举习俗，还包括了对日、朝、越三国科举的影响以及对西方国家文官考试制度的影响。读者从这些内容中可以看出，大到治国理念、社会风俗、学校教育，小到学校课本、考试试卷，科举文化的痕迹无处不在。

众所周知，科举制已废止100多年，作为历史陈迹，已经成为距离我们越来越远的考试制度，其影响也应该随之逐渐消退。但是，书中给出了新的观点：“过去是现在的起点，历史在现实中延伸，现实则在改革中选择历史延伸的正确方向和具有进一步发展前途的各个方面。”的确，读者在作者详尽的陈述中可以发现，虽然科举制度已经成为历史，但却“以潜在的形式存在于现实与未来之中，融化于现实与未来之中，不断地对现实起积极或消极的作用。”本书从不同的专题出发，却又紧密围绕“科举文化”这一主题，从科举文化的不同角度切入，为读者作了一个全景式的描述，也启发读者从科举文化的角度看待中华民族的文化。作者的充分论证也印证了张亚群教授提出的“科举制体现了中华民族主流文化的特色”。比如,科举史上曾出现过的六次大规模的利弊存废之争,与当今学术界涉及的有关高考存废的问题如出一辙。又如,关于高考分省定额划线录取的问题争论,又与900多年前欧阳修和司马光关于科举分区取人的争论是如此相似。最明显的是,科举制度所遗留下的本质核心,其考试的平等竞争原则与择优录用的方法,对中国考试的发展与改革也有着生生不息的影响。

(二)开辟了崭新广阔的科举研究

相对于很多学科而言,科举学可以算是一门新兴学科。1992年,由刘海峰教授提出“科举学”之后,经过二十多年时间的沉淀,科举学已经被人们认同与了解。在经历了中国科举百年祭之后,科举学已经步入了一个新的历史发展阶段。作为该书的作者,作为科举学研究的创立者,刘海峰教授在科举这方领土上,一次又一次开辟新天地,引领新方向,其所付出的艰辛与努力,读者借由本书也可以窥得一二。

科举制度在中国的历史长达一千余年,其影响不容置疑。正如书中所提到的一样,科举考试涵盖考试思想、考试活动、考试影响等诸多内容,因此科举制度与社会政治、经济、文化等各方面都有一定的相关性。本书虽然是以“科举文化”为主题,但却融合了教育学、历史学、政治学、文学、社会学等多学科的学术研究成果。刘海峰教授在写作此书时,正是通过对学科交叉与融合成为学科发展新兴势头的观察,预见到了科举学发展愈来愈盛行的趋势。这种学科交叉的研究方法也是作者在学术领域的创新所得,也只有像作者这样具有不同学科背景及深厚文化底蕴的学者才能做到如此。

在以往的著作中,作者曾从政治学的角度探讨科举制的创立对官僚政治发展的影响,也从教育学的角度辨析了科举与教育不可分割的内在联系。虽然本书以文化为主题,但是作者对内容的论述也融合了不同的学科视角。从社会学和历史学的角度来看,作者提出了“科举制可称之为‘中国的第五大发明’”,将科举制对中国文化以及世界历史的贡献展现在世人面前。这个发现,是作者经过几十年的探索与研究所得出的。“第五大发明”看似只是一个名称,但是对其的证明是作者长期艰辛探索与研究的成果。作为中华文化的一大瑰宝,科举制度对西方文官考试制度的形成也起到了重要的借鉴意义,也对日、朝、越等国科举制的产生与发展产生过重要影响。今天西方文官考试制度与科举考试制度的相似之处,以及日、朝、越等国对科举制度的仿制与中国科举制一起形成的东亚科举文化圈,就是对其巨大影响力的有力例证。

(三)运用翔实可靠的科举史料

本书英译本在内容方面涉及到了与科举文化有关的方方面面。这样一部巨作,如果仅仅依靠作者的阐述或简单的史料列举,恐无法详尽体现出科举的魅力。作者谨慎的学术态度、小心求证的研究作风,以及丰富翔实的科举史料,使本书的学术价值得到很大提升。

本书是科举学研究的一项重大成果，支撑这项成果的是其大量的一手文献资料，其中许多资料都是作者首次从善本、孤本和前人视为一文不值的坊间刊印的策卷中沙里淘金发掘出来的珍贵资料。作者对历史资料的考察可谓是“上穷碧落下黄泉”，而其著书立说的精妙亦远非常人所及。正如他在以往所著的《科举学导论》、《科举制与“科举学”》、《中国科举史》等著作中一样，在本书中，其史料丰富、资料翔实程度非一般同类书籍可比。作者通过运用科学的研究方法、敏锐的洞察力和分析力，对史料进行严谨、细致的论证，使得史料的运用与理论的形成有了很好的归纳和提升，其诉诸笔端的瞬间思想凝结更加让读者慨叹，让更多读者知古通今、古为今用。

以“策学”研究为例，作者在研究过程中启用大量过去被忽视的原始“策学”文献，探讨其由来与发展。在对“策学”释名时，作者就已经查阅了包括《旧唐书》、《策学渊萃》、《十三经策安》、《苏轼文集》等 14 部历史著作；在之后的唐明清“策学”的发展研究中，所引用的历史文献多达 20 部。在这样丰富的史料呈现下，对“策学”的阐述可谓淋漓尽致。再如，在论述《科举西传新证》一文时，作者详尽查阅了 17 世纪到 19 世纪西方国家学者对科举的研究成果。其中，17 世纪的文献中包括了英国、荷兰、西班牙以及葡萄牙学者对科举相关内容的描述；在 18 世纪，西方国家对科举的相关论述已达 10 多部，内容也相当全面；到了 19 世纪，该书作者提到由其自己新发现的英文书刊已有 34 种之多，在本书的相关列举中也呈现了 15 条。在这样丰富的史料与文献的佐证下，作者在书中的观点更加让人理解与信服。

（四）成就国学研究的世纪“显学”

21 世纪初以来，学者们提出了一个新问题，下一个屹立于国学之林的显学是什么？可能很少有人会想到科举学。作者也曾担忧“科举产生在中国，而科举学不在中国”的尴尬现象的出现。但随着时间的推移，以及研究者对西方文官考试制度的考察以及东亚其他国家对科举传统的重视，中国学者开始进行反思，对科举的研究也愈发重视。在研究科举的过程中，刘海峰教授发现了这种不断上升的研究趋势，并提出“已经逐渐形成一个专门研究领域的‘科举学’，必将成为 21 世纪的显学”的观点。

不同于 18 世纪西方国家对中国文明的推崇，“中英鸦片战争以后，中国在西方人眼中已不再神秘，声望一落千丈，曾被英法等国打败的中国人给他们留下的印象往往是男子留长辫、女子缠小脚、众人嗜鸦片，一切都落后原始，唯独科举制是例外”。科举制实行竞争考试、择优录取，这明显优于当时欧美各国实行的个人赡徇制、政党分肥制。在这种认识下，科举制引起了大批西方学者的研究兴趣，在“1570 至 1870 年间主要用英文出版的涉及中国科举的文献总数当在 120 种以上”，而到了“19 世纪中叶时中国的科举考试制度已为欧洲知识界普遍知晓”。另一方面，在东亚科举文化圈中，韩国对科举制的态度引发读者深深思考。1980 年，韩国召开以科举研究为主题的全国历史学大会；1994 年，韩国举行规模盛大的效仿李氏朝鲜的模拟考试，以此纪念科举考试废止 100 年。这些都预示着科举研究不断兴起的趋势。相对于韩国对科举文化传统的高度重视，作为科举制发源地的中国，仍有一大部分人陷于对科举偏见的泥沼不可自拔。所幸有一批像刘海峰教授这样的学者，在科举研究领域笔耕不辍、孜孜不倦，使更多人感受到这份沉重而有价值的历史文化遗产，同时也带领着科举学屹立于国学之林。

科举正逐渐引起当代大批学者的研究兴趣。正如本书作者刘海峰教授所言，学术领域如同文化矿产，有富矿与贫矿之分。毫无疑问，科举制就如同作者在探索与寻觅中所找到属于其自己的学术富矿，其范围之广，涉及内容之多，吸引作者投入更大的兴趣与精力去发掘，更加吸引众多的学者投身到这块富矿的开采之中。本书是在发掘过程中的又一次大收获。但想要将这一矿产完整发掘出来，还需要更多学者投入更多时间与精力。

三、影响与意义

本书的一个显著特色，就是运用材料新。书中大量材料都是作者亲自从国内外刊物和论著中挖掘出来，经过深入研究，对以往、国内外关于中国科举的议论或成见，决不盲从，一一经过自己考量，从而引出结论。通贯全书，其所探讨的学术问题，独出己见者多。

比如，在日本，至今还流传着“科举、宦官、缠足”为中国三大奇习的讽刺。长期以来，总认为此言出于国人中有不满科举考试的士人的咒骂。研究科举的学者也没有去深究。然而，本书作者为客观公正评价科举制，以“掘地三尺”的精神，挖掘史料，终于发现，这竟然是出于西方传教士对科举制的恶意诬蔑。正是他们将鸦片、缠足、科举列为“三祸害”。一个叫弗莱尔(Fryer)的英国传教士于 1895 年在中国出版的英文《中国文库》上发起以“鸦片、缠足、科举为中国三祸害”为题的征文，奖金自 5 美元至 50 美元不等，至是年 9 月 15 日止，收到征文 150 篇。显然，这个征文动机不在批判科举制的弊病，而在于针对中国社会精英热衷于科举考试，严重阻碍了基督教在中国传播的现实，用这种破坏科举名声的手法，为废除科举制推波助澜。此举十分卑劣，使中国科举考试蒙上了恶名，流毒至广至深，影响自国人至于东亚。要不是本书作者下大工夫搜寻海内外科举文献，发掘出如此重要的史料，我们至今还难以洗刷西方传教士泼在中国科举制身上的脏水。在百余年来的科举研究中，这个研究成果令人耳目一新，其卓然创见亦令人刮目相看。

科举是中国古代一项集文化、教育、政治、社会等多方面功能的基本制度。它曾长期左右士人的命运和文风时尚。1400年间，传统中国官僚政治、士绅社会与儒家文化皆以科场为中心得以维系和共生，科场成为中国社会政治生活和人文教育活动的一个关键场域。一千多年以来，它不仅对中国的教育、文化和社会风俗等产生深刻的影响，而且还影响着东亚和西方一些国家的教育考试和文官考试，是中国对世界文明的重大贡献。科举制不仅对从隋唐至明清时期的中国政治、教育、社会、文学等各方面具有重大而深远的影响，而且为东亚国家的科举制和西方国家的文官考试制度所借鉴，对当今中国社会的文化教育也还有深刻的影响。它的实质就是用考试的办法来进行公平竞争。一千多年的科举社会使中国人养成了一种“应考的遗传性”。当代的应试教育与当时的应举教育是一脉相承的，这便是科举教育传统的典型体现。此外，科举考试还形成了积极向学与读书至上两个相关联的传统。因此，如何保持和发扬中华民族重视读书学习的优良传统，并防止对子女的教育期望过高而走向极端，仍然是中国教育界应当长期加以注意的一个问题。

科举学的研究对象虽然十分独特，但研究空间却非常广阔。它是与中国一千多年间大部分知名人物、大部分书籍和几乎所有地区有关的一门学问。科举学不是关于一时一地或一人一书的学问，不是关于中国传统文化局部，而是关于中国传统文化整体的学问。本书作为迄今为止最为系统全面的科举研究专著，对科举文化的发展产生了重要影响。充分认识并深入研究科举文化，在今天有着明显的现实意义。本书英译本的出版促进了中国科举文化的研究，为科举学的西传起到了添砖加瓦的作用。

虽然国外已有美国和日本学者撰写的英文科举著作和论文，但与其他研究主题相似的英文书籍相比，本书最大的特色是由中国最权威的学者撰写。因此，对于国际上对中国考试制度的历史感兴趣的学者，或者对东亚考试文化感兴趣的学者来说，这本根据中国本土权威学者撰写的专著翻译成的英译本图书可以作为更加直接的参考。中国考试文化的历史根源必然会引起全球教育界学者的兴趣。正如作者在本书的英译本前言所述：“我的研究是过去和现在的考试系统的研究的结合，因为本书研究并发现了当今高考制度和古代科举考试惊人的相似之处。”

科举学家访谈

科举文献、登科总录与科举学

——龚延明教授访谈录

龚延明　刘海峰

龚延明，真名贤明。浙江义乌人，1940年生。1960年原杭州大学历史系毕业。1992年晋升为历史学教授。1993年起，享受国务院特殊津贴。1994年，评为古典文献学博士生导师。1993—2000年，担任杭州大学古籍研究所、浙江大学古籍研究所所长。2003年退休。现任学术兼职：浙江省重点科研基地浙大宋学研究中心学术委员会主任，全国高校古籍整理与研究工作委员会委员，点校本《二十四史》及《清史稿》修订工程审定委员会委员，中华炎黄文化研究会科举委员会主席团主席，岳飞研究会会长。在《中国社会科学》、《历史研究》、《中国史研究》、《文史》、《北京大学学报》、《清华大学学报》、《浙江大学学报》等刊物上发表论文百余篇，代表作有《唐孝廉科置废及其指称》、《宋代及第进士之鉴别》、《明洪武十八年榜进士发覆》、《清代科举八股文衡文标准》(合作)等。专著代表作为：《宋史职官志补正》、《宋代官制辞典》、《中国历代职官别名大辞典》、《宋登科记考》、《宋代登科总录》。现正主持国家社科基金滚动资助重大课题《中国历代登科总录》、浙江省第二期文化建设工程重大项目《浙江进士录》。

刘海峰，厦门大学考试研究中心主任、长江学者特聘教授。

刘海峰： 您原来主要研究宋史和官制史，后来怎么会走到集中研究科举和进士方面来呢？

龚延明： 的确，80年代，我主要精力在宋代官制研究。在我的官制研究的道路上，我幸运地遇上了贵人相助。一个是原中华书局总编傅璇琮先生，一个是北京大学名教授、宋史泰斗邓广铭先生。傅璇琮先生尚在担任中华书局编辑期间，得知我因邓先生已做过《宋史职官志考正》，不敢承担《宋史职官志补正》课题的情况时，帮我树立信心，确定以《宋史职官志补正》为基点、致力于宋代官制史研究的学术方向。邓先生则对我的学术处女作《宋史职官志补正》给予了高度评价，成为名家奖掖后进的典范，从而坚定了我一生从事职官制度史研究的决心。[①] 后来，升任中华书局总编的傅先生拍板接受在中华出版拙著断代官制辞典——《宋代官制辞典》，此书自 1997 年出版以来，重印三次，去年又出了增订版，已成为长销不衰、受海内外宋史研究学者欢迎的工具书。

进入 90 年代，正当我在宋代官制史研究领域取得了一定成果，计划撰写《宋代官制史》时，我的官制史研究发生了重大转折。1991 年，中华书局总编傅璇琮先生向我建议："鉴于唐代进士名录，借(清)徐松辑录的《登科记考》，部分得以保存，大有裨益于今人；然而，宋代科举取士历朝最盛，却没有一部《宋登科记考》，这是学术界深感遗憾的事。你能否来做这件事？"

开始我有点犹豫。因在宋代科举研究领域，美国李弘祺教授(现为台湾清华大学教授)、北大张希清教授、杭大何忠礼教授，都已有较深入的研究；厦门大学刘海峰教授领军的团队，全面研究中国科举制度，成果斐然，享誉海内外。如果我半途出家，在科举史研究领域中，能有所创新和建树吗？我沉入了思考，科举考试，从 7 世纪开始，至 20 世纪初，长达近一千三百年。这种通过考试选拔官吏的制度，不但对中国的政治、思想和文化产生深远的影响，而且也对西方近代文官制度的建立起过积极促进的作用。在这一历史长河之中，宋代的科举制正好处于承上启下的关键时期，它上接唐代科举创始期，使科举考试条制规范化、健全化，增强了竞争的透明度、公正性，又启示明清两代作更合理的调整。宋代登科人数又是历朝最多的，据初步统计，两宋通过各类科举考试，录取了十一万人以上，其每年平均取士人数，约为唐代的 5 倍、元代的 30 倍、明清两代的 3—4 倍。这当与宋代的经济发展与文化普及有很大关系。可以说，我们做宋代政治、文化史或中国政治、文化史研究，无论从哪个学术角度考察，都必须联系宋代科举制度，这样才能使整体研究有所深入。

任何一门学科的确立与发展，首先要重视的是基础研究。科举史研究也不例外。如果不了解两宋科举考试录取了多少人、这些人中有多少人的登科资料还保存下来、多少人的登科资料已灰飞烟灭，又不能将保存下来的登科人资料予以搜集、整理，撰编成《宋登科记考》，那如何能说宋代科举研究是完整的呢？犹如建造一座高楼大厦，不

① 陈来：《醉心北大精神的史家》，《读书》2001 年第 6 期。

先去打地基，停留于关于屋顶、门窗、内部设施的讨论，不就成了零部件研究了吗？自从20世纪科举制废除以来，关于中国科举制度研究，海内外学人已取得不少成果，而且还在继续全面地开展。遗憾的是，宋代科举史的基础性研究，长期以来无人问津。与科举制兴起阶段——唐代科举制度研究相比，就会发现：清朝学者徐松撰《登科记考》，已为唐五代科举研究提供了相对比较详细的基础性资料。而宋代则没有，宋代科举研究，在基础性研究方面，已落后唐代一大步。唐代文学史专家傅璇琮有感于此，于20世纪80年代，在他的名著《唐代科举与文学》中曾提到：研究宋代科举制，需要"效徐松之书的体例编撰一部《宋登科记考》"。我想，他正是基于此考虑，建议我做《宋登科记考》课题。我理解了，也想明白了，也许，从宋代科举史基础研究着手，虽半途出家，同样亦能有所建树；此外从广义上讲，科举属职官制度铨选范畴，宋代科举制度研究与宋代官制研究紧密相联系。鉴于以上考虑，我接受了傅先生的建议，暂时放下宋代官制研究，致力于填补宋代科举研究基础薄弱的空白，编撰一部《宋登科记考》。

为此，我向全国高校古委会申请立项，1992年，《宋登科记考》被批准列入高校古委会项目，拨给科研启动经费。于是，在傅璇琮先生指导下，《宋登科记考》编撰工作就顺利地开始了。经过我和祖慧教授前后十余年的努力，四百多万字的《宋登科记考》（上、下）终于在2009年由江苏教育出版社出版了。

刘海峰： 您和祖慧教授编撰的《宋登科记考》，是您较早出版的一本大部头科举学著作，这部著作有什么特色？

龚延明： 首先，《宋登科记考》在科举研究史上，首次提供了一份118榜宋代登科人名录。两宋118榜科举考试，仅留下绍兴十八年和宝祐四年两榜《登科录》，116榜《登科录》都已灰飞烟灭，必须从零开始，通过检阅宋代经、史、子、集海量的文献，挖掘一个进士又一个进士的资料，为此历尽艰辛，终于清理出41040人的宋代登科人名录，并一一为他们撰写了小传。小传包含了登科人姓名、字号、籍贯、仕宦、亲属、所试科目（或进士、或诸科、或制科、或武举、或童子、或博学鸿词科、或上舍释褐、或赐第）、登科年、初授官、曾任的重要官和最高官及谥号等信息。四百多万字《宋登科记考》的问世出版，为中国科举史填补了宋无《登科录》的空白。41040名宋代登科人是一个什么概念？我举个例子：我们常用的、台湾王德毅先生编撰的《宋代人名资料索引》，一共收录了宋代两万多人，而《宋登科记考》专收宋代登科进士、诸科登科人，人数超过其一半以上。张为之、沈起炜、刘德重主编，50人参与撰写条目的《中国历代人物大辞典》（649万字），共收录54500人，比《宋登科记考》所收一朝登科人亦只多出一万三千余人。可见，《宋登科记考》采收登科人数量之巨。

其次，《宋登科记考》完整地编撰了北宋、南宋近三百年的科举大事记。它包含了两宋大量的科举诏令,解额分配、登科人初授官等科举政策,实行类省试、别头试、漕试、三级试、特奏名、试卷誊录糊名、科场规制等制度,皇帝临轩唱名、新进士期集活动,科目变化,历榜试官名单,每榜登科人数等记载,是研究宋代科举史不可或缺的第一手史料,也是一部宋代科举史长编,具有较高的科举文献价值。

如果说 118 榜登科名录是纬,那么三百年科举大事记是经,经、纬相辅,织就了全方位的宋代科举史网络,为了解、研究宋代科举制度与科举史,带来了很大方便。

刘海峰: 2014 年,您和祖慧又出版了《宋代登科总录》煌煌 14 册,这真是一个巨大的文化工程,在编著的过程中,一定有许多的甘苦,您能否谈谈其中的感受?

龚延明: 要谈我和祖慧教授编著《宋代登科总录》的感受,第一点,是做学问要有见难而上、不断创新的精神。《宋登科记考》出版后,虽然受到好评。但,回过头看看,我们感到还有进一步提高的空间,那就是将原来只提供登科人小传与资料出处的书目,增加书证。这意味着什么呢?就是要在每一条立项的登科人小传之下,将所列参考书目,一一补充进支撑小传信息的第一手文献资料,作为书证,为读者进一步提供查阅、研究登科人资料的便利,这就是我们做《宋代登科总录》的出发点。任举一例:

【梁固】字仲坚。东平府须城县人。颢子。初以门荫赐进士出身。服除,辞特赐命,自奋应科举。大中祥符二年进士第一人,初授将作监丞、密州通判,终判户部勾院。颢、固父子状元。

《宋会要·选举》七之一一《亲试》:"(大中祥符)二年六月二十七日,御崇政殿试服勤词学经明行修举人……得进士梁固等三十一人,并赐及第、同进士、《三礼》出身。"

《宋会要·选举》二之三《进士科》:"(大中祥符二年)七月十九日,以新及第进士第一人梁固[为]将作监丞、第二人宋程、第三人麻温舒为大理评事,通[判]诸州。"

宋李焘《续资治通鉴长编》卷七一,大中祥符二年六月庚戌:"上御崇政殿亲试,仍别录本考校……赐进士梁固等二十六人及第、同出身者三人、同《三礼》出身者二人。固,颢之子也。初以颢遗荫进士出身,服除,诣登闻让前命,愿赴乡贡。许之。"

宋张方平《乐全集》卷三九《朝奉郎守秘书省著作郎直史馆判三司户部勾院轻车都尉赐绯鱼袋梁君(固)墓志铭》:"君讳固,字仲坚,东平须城人……烈考讳颢翰林学士、右谏议大夫,赠刑部尚书……君一上冠礼部贡籍,法座临轩复试,遂占魁甲……雍熙中翰林公策名第一……逮今言父子继登甲科者有梁氏……(君)

解巾将作监丞、监高密郡。才二十五岁,代还,迁著作郎、直史馆,赐五品服,旋除三司户部判官,寻改判本部勾院……天禧三年三月遘疾,卒于京师,享年三十三。”

《宋史》卷二九六《梁颢附子固传》:“梁颢,字太素,郓州须城人……(子)固字仲坚。幼有志节,尝著《汉春秋》,颢器赏之。初,以颢遗荫,赐进士出身。服阕,诣登闻院让前命,愿赴乡举,许之。大中祥符元年,举服勤词学科,擢甲第。解褐将作监丞、同判密州,就迁著作佐郎。归朝,改著作郎、直史馆……判户部勾院。”

元马端临《文献通考·选举考》五《宋登科总目》:“(大中祥符)二年,亲试东封路进士三十一人,状元梁固。”

雍正《山东通志》卷一五《选举志·宋制科》:“梁固,须城人,状元,著作郎。”

丁传靖《宋人轶事汇编》卷一〇、页476:“本朝状元多同岁:徐奭、梁固皆生乙酉(985年),王鲁(曾)、张师德皆生戊寅(978年),吕溱、杨寘皆生甲寅(1014年),贾黯、郑獬皆生壬戌(1022年),彭汝砺、许安世皆生于辛巳(1041)。”①

《宋代登科总录》所收进士“梁固”的书证,共八条,都是原文献史料。相比《宋登科记考》所收之“梁固”,“小传”之下仅有引用的书目:

【梁固】字仲坚。东平府须城县人。颢子。初以门荫赐进士出身。服除,辞特赐命,自奋应科举。大中祥符二年进士第一人,初授将作监丞、密州通判,终判户部勾院。

《宋会要·选举》七之一一《亲试》,宋李焘《续资治通鉴长编》卷七一大中祥符二年六月庚戌,宋张方平《乐全集》卷三九《朝奉郎守秘书省著作郎直史馆判三司户部勾院轻车都尉赐绯鱼袋梁君(固)墓志铭》,《宋史》卷二九六《梁颢附子固传》,雍正《山东通志》卷一五《选举志·宋制科》,丁传靖《宋人轶事汇编》卷一〇。②

两相对照,《宋代登科总录》工作量要比《宋登科记考》增加几倍,且每一条书证的工作流程,都须经过查检原书、抄录相关史料、输录史料,增补、修改小传,书稿一次次校对,可以想见,完成宋代四万进士、一千多万字的书稿,工作是何等艰辛!想起从清

① 龚延明、祖慧编著:《宋代登科总录》第1册,广西师范大学出版社2014年版,第269—270页。

② 傅璇琮主编,龚延明、祖慧编著:《宋登科记考》上册卷三,真宗大中祥符二年(1009),江苏教育出版社2009年版,第84页。

早到深夜，在与青灯黄卷为伴的漫长岁月里艰难爬梳，不禁感慨万千，我从黑发做到白发，曾自况“绳锯木断重构宋代四万进士档案”①，深感做学问需要一种绳锯木断、精益求精的慢功夫，和甘于寂寞、坚持不懈的毅力。

第二点感受，学问要做大，先要有点，然后上下延伸，连成线。这就是我们常说的“大处着眼，小处着手”。做断代研究，不能止于断代，一定要注意上下贯通。所以，我开始着手做《宋登科记考》时，就已在设计，以《宋登科记考》为基点，上下延伸，做一个《中国历代登科总录》系列。1993年，学校把我从历史系调到古籍所，接替姜亮夫先生担任原杭州大学古籍研究所所长。我以此为契机，于1995年，向高校古委会申请了《中国历代登科总录》集体项目，得到批准。2003年，《中国历代登科总录》列入国家社科基金项目。2012年，经国家社科基金办组织专家中期评估，《中国历代登科总录》提升为国家滚动资助的重大项目。现在出版的《宋代登科总录》，是其中的一个子课题。子课题《明代登科总录》(1500万字左右)书稿，已经完成并交付出版社。紧接着是《清代登科总录》、《辽金元登科总录》、《隋唐五代登科总录》，正稳步向前推进中。从《宋代登科总录》这个基点出发，五个子课题全部完成后，五卷本《中国历代登科总录》把一千三百年科举选人的历史连成线，从而将中国古代科举社会十余万精英人物档案集中亮相于人世，可望为传承中华优秀文化作出贡献。

刘海峰： 您主编点校的《天一阁藏明代科举录选刊》出版后，为研究明代科举的人带来许多方便，这是您拿手的古籍整理与科举学研究的一个结合点吧？

龚延明： 人文社会科学学术研究，离不开文献。科举学离不开科举文献。涉及科举的文献资料面广、量大，但核心的文献，是唐以后出现的《登科录》、《会试录》、《乡试录》。然唐代无《登科录》留存，宋、元所留原始科举录，也仅三种而已。值得庆幸的是，明嘉靖十一年(1498)进士出身的明代兵部侍郎(兵部副部长)范钦，②在故乡宁波修建天一阁，收藏了大量明代科举文献，有明代登科录、会试录、乡试录三级科举考试录，其中天一阁独家收藏的明代《登科录》达40榜，《会试录》38种、《乡试录》277种，占海内外收藏的明代《登科录》总数的67%、《会试录》的71%、《乡试录》的92%，极为珍贵，是天一阁镇阁之宝，也是中华独特科举文化之瑰宝，为海内外科举研究学者所神往。然而在20世纪90年代以前，庋藏深闺，连读者求见一面都难，遑论公开、流动，全面向社会开放。直至新世纪初叶，2006—2010年，宁波出版社终于把天一阁博物馆深藏的《登科录》、《会试录》、《乡试录》，冠以《明代科举录选刊》影印公开出版。然影印本没有

① 龚延明：《绳锯木断重构宋代四万进士档案》，《光明日报》“国家社科基金”专栏，2016年5月12日。

② 龚延明主编：“中国历代科举人物数据库”第60046名，待公开运行。

标点,涉及玉音、策问、应试人策论,未经标点断句,一大块一大块文字,密密麻麻,阅读困难;影印本尚有大量漫漶讹误,未经校勘,也不便读者使用。为此,宁波出版社邀我主持点校《明代科举录选刊》。我深感对影印本《明代科举录选刊》三级科举录进行点校、整理的必要,尽管手头事多,还是答应下来,组织了浙大古典文献专业博士生毕业的毛晓阳、邱进春、方芳、闫真真等年轻学者团队,分工承担《登科录》、《会试录》的点校,277 册《乡试录》(863 万字)分量太大,人力和时间不够,未及标点,而由我直接进行分段,并将一页页整页无任何标示的原始文献,鉴别乡试场次、试官、一道道策题、书名、策论、试官批语等,用不同字体作了区别标示等整理工作,亦方便了研究者的使用。历经三年时间,完成了天一原阁藏明代三级科举录的点校、整理任务。2016 年,由宁波出版社推出了横排本 15 册(1237 万字)的新版本。

点校整理本天一阁藏《明代科举录选刊》出版后,受到学界欢迎和好评。《光明日报》2017 年 12 月 16 日发表了中国社科院文学研究所刘京臣撰写的书评《科举文献整理的新成果:读龚延明主编的点校本〈天一阁藏明代科举录选刊〉》;《中华读书报》2018 年 1 月 31 日刊登了明代科举史专家、福建师大郭培贵教授撰写的书评《天一阁藏明代科举录选刊》,该书评中指出,相比于影印本,此次整理横排繁体本具有以下几个突出优点,

一是对影印的天一阁所藏明代 41 科《登科录》和《嘉靖十一年进士同年序齿录》、《崇祯十三年庚辰科进士三代履历》、《国朝河南进士名录》、《皇明进士登科录》以及 38 科《会试录》和 277 种《乡试录》进行了全面校勘。影印本中有大量的异体字甚至讹字,如“徳”、“靣”、“負”、“竒”、“宿”或“畧”、“脩”、“呉”、“謙”等字,在横排繁体本中,都相应改作“德”、“面”、“員”、“奇”、“宿”或“略”、“修”、“吴”、“謙”等标准字,从而显著提高了该书文本用字的规范性,也大大便利了读者对文本的阅读、理解和征引。

二是对《登科录》、《会试录》不仅进行了校勘,而且进行了分段标点,这无疑对提高读者阅读速度、减少误读和准确理解文本原意具有重要意义。《登科录》对进士的中式年龄和出生月日是连在一起记载的,如某某进士“年三十九月十五日生”,在没有标点的情况下,读者很容易把该进士的中式年龄误读作“年三十九”,而有了标点,呈现为:“年三十,九月十五日生。”就可有效避免这种误读。又如,《登科录》和《会试录》中的程文以及《会试录》中的序文都是不分段的,这就給今人的阅读造成很大障碍,而《登科录》和《会试录》横排繁体本的分段标点就排除了这一障碍。另,《登科录》对进士“家状”有严格的书写格式,故凡遇进士上三代有多

项官号需要写入时，因书写空间有限，就会造成字小挤压的情况。如万历二年二甲进士孙鑛，其上三代“曾祖新赠礼部尚书加赠荣禄大夫祖燧巡抚江西右副都御史赠礼部尚书谥忠烈加赠荣禄大夫父升南京礼部尚书赠太子少保谥文恪”等55个字被挤压在不到一竖行的空间内，自然难以辨认；而横排繁体本经重排标点后变为：“曾祖新，赠礼部尚书，加赠荣禄大夫。祖燧，巡抚江西右副都御史，赠礼部尚书，谥忠烈，加赠荣禄大夫。父升，南京礼部尚书，赠太子少保，谥文恪。”就清晰可辨且文意明白了。

三是主编龚延明先生在该书《总序》中迭出新见，对科举制、明代科举及其科举文献的历史作用和价值都给予了中肯的评价。如他指出“中国科举制具有塑造中国古代知识分子立身治国形象、打造中国大一统和合文化形态、建构东亚儒家文化圈与催生现代西方文官制度产生的价值”。“科举与国运相联系，成为中国封建社会皇帝权力的象征之一，是国家机器正常运行的重要标志，是调节国家政策的杠杆，是士大夫梦想所寄，是凝聚民心的纽带”。又指出：“研究中国读代社会，离不开科举研究，否则绝不可能完整认识中国古代社会的政治与文化。”认为相比于宋代《登科录》，明代《登科录》的“家状信息量增加了”，但削去了进士参加会试的次数，“这说明在明代进士登第更为艰难，举数多，在家状中列出，没有积极意义”。以上观点，无论对于促进科举研究的深入，具有重要的启示意义。

总之，海峰教授就《天一阁藏明代科举录选刊》出版，提出“古籍整理与科举学研究的一个结合点问题”，很有意义。的确，科举研究需要和科举文献整理工作相结合。文献整理，对年轻的科举学者，是一个基本功的训练，同时，通过触摸原始文献，增强历史感和真切了解科举考试的流程，无异是在聆听无声的科举专业知识课。经过科举文献整理，从事科举制度与科举史研究的学者，其对科举史料的把握及其感知度与深度，一定会比较强。

刘海峰： 您指导过众多以进士研究为博士学位论文选题的博士生，在培养科举学人才方面有什么经验或体会？

龚延明： 海峰教授，说起培养科举学人才，您最有资格，您在厦门大学，培养了多少博士？一个连？一个营？一时也数不清。关键是，您正处盛年，现在还在一批一批带，厦大已成为国内无以匹比的科举学重镇，经验丰富。而我在浙大，于2003年退休，停止招生已十五六年，带过的博士生，屈指可数。谈何经验？盛情难却，说几点感受吧。

一点感受是，指导博士生读原典，触摸第一手与科举相关的文献。如原博士生毛晓阳，在了解了清代科举文献目录基础上，安排他阅读未经标点的清钱吉仪、缪荃孙、闵吉昌、汪兆镛《碑传合集》，碑传涉及清代科举、官制、官员出身、官衔等，科举人物与制度信息含量大。如其中钱氏编的《碑传集》，按历朝传主爵秩官职、人物角色分类。如官员，分宰辅、部院大臣、翰詹、科道、督抚、河臣、监司、守令等门类，这样，阅读《碑传集》既是阅读碑传传主仕历、事功文字，在提高古籍阅读水平的同时，又了解了清代职官制度。然后，布置晓阳，与中华书局点校出版的《清代碑传集》相比照，找出自己未能断句的文字，并找出原因何在。这样，《碑传集》读毕，文献功底就打下了，这对他以后进入厦大博士后流动站与您合作从事进一步科举研究，和工作后独立从事科举课题研究，大有裨益。比如他近年承担的《天一阁明代科举选刊》之《登科录》下册（78 万字）点校，差错极少，质量甚高。①

博士生方芳博士论文是研究清代科举家族，高明扬研究清代八股文。我都首先安排他们去啃 420 册的《清代朱卷集成》。培养学生做学问，首先要带他们学会坐冷板凳，啃原典。

第二点，让博士生参加我主持的国家社科基金项目《中国历代登科总录》，并同博士学位论文写作挂钩。这样，一方面，让博士生协助课题搜集前期资料工作——搜集进士的信息资料；另一方面，在参加课题工作中，提高科举目录学、版本学的学识；再一方面，为顺利完成博士学位论文，搜集撰写博士学位论文所需要的第一手、翔实可靠的文献资料，一举三得。如，博士生陈长文，他选定的博士论文题目是《明代进士登科录研究》，为此我请他参加《明代登科总录》前期资料搜集工作，集中检索天一阁《明代方志选刊》初编、续编中的进士资料。长文能吃苦，非常投入，将参加课题与博士学位论文写作紧密结合，对明代科举文献进行了全面摸底、探究，从而使他对明代科举文献的了解与掌握达到较高水平，2005 年，顺利完成了博士学位论文《明代进士登科录研究》的写作，被博士学位论文评审专家评为优秀博士论文。该论文不久即以专著形式出版，受到科举学界的好评。

第三点，和学生切磋学问，讨论疑难问题，及时抓住创新思维，引导学生勇于在学术上创新。我有一个学生高明扬，人很聪明，悟性很高。他选的博士学位论文是清代科举八股文研究。这可是多少人研究过的老题目！但我有一个信念，学问无止境、学术难封顶。老调也可能新弹。既然学生选了它，我没有束缚他，也没有事前共同讨论论文提纲，而是让他先大量阅读、钻研《清代朱卷集成》中的八股文、试官批语，放飞思路。高明扬为了大量阅读八股文，日夜啃《清代朱卷集成》，浸润其中。他在细读大量

---

① 龚延明主编，毛晓阳点校：《明代科举录选刊》之《登科录》下册，宁波出版社 2016 年版。

试卷八股文后，逐渐由表入里，进入一个新境界。一天，他同我讨论，突然冒出一个问题：试官对举子试卷批语，都有“理、法、辞、气”的考察要求，而落实到“清、真、雅、正”一个标准，是不是八股文便于试官阅卷打分？我一听，眼睛一亮，是呀，这可是一个十分难得的新见！举子试卷，动辄成千上万，如果大家各自发挥，随意写命题作文，有的天马行空，有的纵横驰骋，有的喋喋不休，那阅卷官不是看得眼花缭乱，如何统一打分？而八股文，规定代圣人立言，是载道之文，其体式分八股：破题、承题、起讲、起比、中比、后比、束比、收结，使答卷规范化。所有试卷的格式，就像一个模型里铸出来似的，都要就范于八股文体。试官批卷，就看举子答题启、承、转、合是否符合规定，其文章义理是否符合代圣人立言的要求，是否符合孔孟之道、程朱理学。改卷批语类似现代学校考试选择题打勾或打叉，改卷效率不知要比宋代试官批卷高出多少倍！且，不容离经叛道之程文出现。我立即肯定了他这个创见。遂商议以清代科举八股文批卷标准为题旨，就博士学位论文谋篇布局。他在此基础上撰写了《清代科举八股文衡文标准》的论文，后得以在《中国社会科学》上发表。[①] 八股文研究旧题居然弹出了新调，这离不开鼓励、引导学生勇于学术创新的理念。

刘海峰：目前您在做哪方面的科举研究？将来还有什么研究或出版计划？

龚延明：国家社科基金重大课题《中国历代登科总录》，是一项科举研究大工程，目前最急迫的工作，还是争取早日完成这个包含五个子课题的工程。继《明代登科总录》已在出版社审编过程中之外，由祖慧教授、周佳副教授承担的《清代登科总录》正接近收尾阶段。由武汉大学余来明、吉林大学高福顺、黑龙江大学薛瑞兆教授共同承担的《辽金元登科总录》，2018 年 8 月之前，能完成书稿任务。

与此同步，我们已建立起“中国历代科举人物数据库”，收录的进士人数已达十万以上，可供检索隋唐五代至明清的登科进士名录。访谈录中提到的天一阁创始人范钦的进士身份，就是从数据库检索出来的。“中国历代科举人物数据库”将来上网以后，计划进一步扩大到举人、贡士。这个数据库发展空间广阔，我们亦期待同道有志之士合作。

刘海峰：您认为科举学的发展前景如何？

龚延明：“科举学”，是 1992 年您在题为《“科举学”刍议》的学术报告中，首先提出来的。[②] 2005 年，您的名著《科举学导论》出版，对“科举学”的含义，作了全面阐释。[③] 二十六年前，您振臂一呼“科举学”，不少学者开始感到新奇，时至今日，“科举学”日益

① 龚延明、高明扬：《清代科举八股文衡文标准》，刊《中国社会科学》2005 年第 4 期。

② 刘海峰：《“科举学”刍议》，在《全国第四届教育考试科研讨论会》(1992 年)上的报告。

③ 刘海峰：《科举学导论》，华中师范大学出版社 2005 年版。

深入人心，已为学界所认同，成了一门充满朝气、充满生命力的显学。

科举学的发展势头十分强劲。看今日之域内，有哪个学会能像科举文化研究会这样，每年，甚至一年二次举行科举学与科举制学术研讨会？没有！有哪个学会能吸引海内外历史学、教育学、文学、经济学、政治学、文博学、社会学、哲学、民族学、地理学、管理学等多学科学者参加学术研讨会？没有！这充分说明科举学的研究范围正在不断扩大，影响力在不断扩展。国内多家科举博物馆相继建立，科举文物展十分活跃，海内外科举文化交流逐步拓展，科举学学术刊物的发行，以及大量的科举制度史研究与跨学科的科举学研究成果的发表，等等，反映了今日科举学的内涵，已不止是科举制度基础学科，也是应用性的学科。也就是说，科举学作为一门显学，包括科举制度、科举史的基础研究，也包括科举博物馆、科举文化展、科举与民俗、科举与古建筑等调查研究、国际性科举文化交流等应用性研究。为此，建议海峰教授您在再版《科举学导论》时增加一个部分：科举应用学。这样，一门由基础科举学与应用科举学组成的当代科举学，就建立起来了。

总之，科举学已经崛起，成为人文社会科学中一门显学，发展前景十分广阔！

2018 年 2 月 6 日

于浙江大学宋学研究中心

科举学动态

第十五届科举制与科举学国际学术研讨会综述

倪小清*

摘　要：2017年9月22—24日，第十五届科举制与科举学国际学术研讨会在武汉大学召开。中外近百名学者，围绕科举制度与中国文化这一主题，从科举制度、科举文献、科举文学、科举社会、科举人物以及科举与现代社会等角度进行了深入细致的研讨。

关键词：科举制；科举学；中国文化；会议综述

2017年9月，由武汉大学中国传统文化研究中心、中华炎黄文化研究会科举文化专业委员会、武汉大学文学院联合主办的第十五届科举制与科举学国际学术研讨会在武汉召开。此次会议的议题是"科举制度与中国文化"，共收到论文63篇。来自海内外的近百名专家、学者汇聚一堂，围绕科举制度与中华知识体系、科举制度与中国思想文化、科举制度与东亚文明、科举制度与民间社会、科举制度的现代启示、西方人眼中的中国科举、科举文物与科举文献等专题进行了深入细致的交流与讨论。

一、科举制度研究

1. 唐宋元科举制度研究

首都师范大学金滢坤《唐五代"上书献策"与科举的考察》一文认为，唐五代"上书献策"是对科举考试与吏部铨选的补充，目的在于选拔有一技之长、一策之见的各类人才，体现了唐代科举的多样性。

---

*　作者简介：倪小清，武汉大学文学院2014级硕士生。

科举制度与中国文化暨第十五届科举制与科举学国际学术会议研讨会合照

湖北职业技术学院周腊生在《南宋中期状元释褐职任考》一文中，对南宋光宗、宁宗两朝的12名状元释褐职任进行了详实的考证，认为此两朝状元释褐基本沿袭了前期孝宗朝的惯例，但宁宗朝取消了状元释褐待次，且历练地方相对固定，这说明在宁宗朝，状元的待遇无形间有所提高。浙江大学叶晔的《落第再试制度的沿革与宋元明文学的流动机制》一文，认为宋元明落第再试制度的沿革，改变了近世人才及文学流动的基本模式，推动了举人阶层的形成和省城文化圈的兴起，分别从阶层和地域两个维度，促进了近世文学的转型与继续发展。

2. 明代科举制度研究

安徽师范大学丁修真、解扬《举人的路费：明代的科举、社会与国家》一文以举人路费为主题，梳理了其历史演变过程，认为在明中期以后，包括举人路费在内的科举经费支出有了完整的体系支撑，同时呈现出“定额主义”趋势，这虽然为士人科举生活提供了保障，却同样造成了一些负面影响。武汉大学江俊伟在《科举视野下的明代官学知识传习体系》一文中认为，虽然明代官学沿袭了汉代以降历代官学教育以儒家经典为核心的历史传统，注重“德”、“才”、“识”三个层面的培养与考察，但在科举考试的影响下，以这种培养为目标而构建的知识传习体系的可操作性和实际效用难免被降低了。甘肃政法学院甘宏伟《特殊的时代、特殊的身份与特殊的文体——以明代状元对策为例论殿试策的“奏对之文”特征》一文指出，以状元为代表的明代文化精英们，倚靠专精且博通的教育背景，在作“奏对之文”殿试策时，虽仍以儒家经典或祖宗圣训为依据，随时代的不同也会有所侧重和变易，但通常标举的还是圣明帝王的治化和道德。温州大学陈瑞赞在《从经义到八股——明中叶的历史文化空间与八股文的形成》一文中详细梳理了从经义到八股文的发展历史，指出了八股文形成于明中叶的历史原因，认为八股文改变了明初经义“恪尊传注”的呆板风格，同时对当时险怪新奇的文风也有所纠正，不能习惯性将其视为僵化、空洞的官样文章。

3. 清代科举制度研究

西北民族大学多洛肯、路凤华在《清朝驻防八旗科考刍议》中指出，因为嘉庆十八年考试地点的变化，在清朝初期发展缓慢的驻防八旗科考，终于开始呈现快速上升的发展态势，驻防八旗子弟在科考上也取得了不俗的成绩，这促进了满汉民族间的交流与融合。厦门大学陈兴德在《“乌托邦”、“次劣原则”与科举评价》一文中将中国科举考试史看作一部集中了无数智慧试图实现“公平选才”的乌托邦试验的历史，然而在先贤所秉持的“次劣原则”影响下，这一理想直到最终也未能实现，只能是由理想回归现实并由现实决定进程、成效与影响。教育部考试中心胡平在《科举考试的考官回避制度》中指出，清代的《钦定科场条例》中的考官回避，在一定程度上克服了官僚机构中互相攀援、结党营私、裙带关系等各种弊端，制度严密，值得现代考试管理工作借鉴。河北经贸大学张森在《清代顺天乡试正榜中额研究》一文中，对清代顺天乡试中额情况作了详实的考证与梳理，发现在皇帝登基和皇太后万寿时，视省份等情况不同，名额也会有不同的增加。厦门大学娄周阳在《清代乡试主考官构成之变动——基于来源、品级的分析》中，对清代乡试主考官的情况进行了统计，并根据乡试主考官来源衙门的变化、各衙门的比例变动、考官品级的提升情况及这些情况的成因作出了具体分析。浙江工商大学杨齐福在《地方官员与清代台湾科举考试》中认为，清廷统一台湾后，在台设官治民，台地方官不仅主持科举考试，还汇编考试范文，督查士子学习，为科举考试在台湾发展提供了全力支撑和制度保障，也为清代台湾社会转型提供了坚实的基础。

二、科举文献研究

1. 宋元科举文献研究

台湾成功大学侯美珍在《元代乡会试二场考试内容辨析——“诏诰章表内科一道”之断句及解读》中详细考证了元代乡会试即明洪武初年二场考试内容，从而认定“诏诰章表”实际上应该断句为“诏、诰、章表”，即考试内容为三种而非四种，揭示了相关应试文体的变迁以及元明乡会试考试实施情况。

武汉学院曾军在《宋代科举之〈三礼〉、〈通礼〉科与宋代礼学著述》中指出，在北宋，《通礼》科历经存废而终于又被恢复，《三礼》名亡而实存，而宋代礼学著述也体现出对士庶礼与社会管理的重视，这正体现出宋代礼学趋于实用、宋代社会从贵族社会向平民社会转型的特征。

2. 明清科举文献研究

江西师范大学汪群红、宋志强的《俞长城明初至嘉靖朝制义批评概述》分析了俞长城的制义批评，总结其观点：洪武至天顺间制义特点为古朴；成化、弘治间风格中正典雅；正德、嘉靖时期则以古文为时文。俞长城对各家制义特点把握精准，对清代制义批评史产生了重要的影响。

武汉大学陈水云在《乾隆时期八股文法论四种述略》中，选取了乾隆时期有代表性的四家专谈八股文法的言论（杨绳武《论文四则》、夏力恕《菜根堂论文》、张泰《论文约旨》、王元启《惺斋论文》），对其读书、修养、具体技法等方面进行了详细的论述。武汉大学鲁小俊的《〈清代人物生卒年表〉四川尊经院生补正——兼探〈四川尊经书院举贡题名碑〉中的官年》一文，考察了《清代人物生卒年表》，提出王荫槐等人的生卒年需要订正，邹增祜等人的生卒年可以补充，两位院生毛澄和毛瀚丰需要加以区分；同时，《四川尊经书院举贡题名碑》中也存在官年现象。宁波大学刘希伟在《“府案首”与“院案首”：概念误读与辨证》中对“‘府案首’在一次府试中只产生一名”的说法提出质疑，认为每次府试，每县都会产生一个“府案首”，府试入学第一名也可称为“府案首”；“院案首”则与此类似。中央民族大学杨锦辉的《小说〈红楼梦〉中“古文”与古文选本之关系考论》选取了《红楼梦》第九、六十二、七十三回中出现的“古文”一词，分析其并非指唐宋八大家之“古文”，而应为古文选本的简称或这类选本中的文章。武汉大学张帆在《〈四库全书总目〉的八股文批评》一文中认为，《四库全书总目》虽然在选择相关书籍上有严格标准，对与八股文有关的书籍分类有一定的科学依据，但对八股文的批评并没能做到完全客观。

三、科举文学研究

1. 科举与小说、戏曲研究

韩国全北大学郑元祉《爱情与科举权利之变奏——以南戏〈张协状元为例〉》认为《张协状元》在流传过程中从“负心型”结局转变为“大团圆”结局，实际上寄托了深层的现实价值与世俗欲望，“大团圆”其实是富贵功名、门当户对、缘分等现实追求的巧妙结合后的产物。

中南民族大学王同舟的《八股文体的引入与小说功能的调整——观察〈儿女英雄传〉的新角度》从八股文体的角度观察《儿女英雄传》，认为作者引入八股文体，强化了小说的说理功能，开掘了小说的主题，这表明中国传统小说在“小说界革命”之前仍持续进行着艺术探索。

凯里学院陈际斌在《以唐传奇行卷的若干个案研究》中围绕“唐传奇‘行卷说’”进行研究分析，指出南宋赵彦卫《云麓漫钞》卷八所说之“传奇”可能指的是元稹《莺莺传》，而《莺莺传》即行卷之作；李贺“欲雕小说干天官”之“小说”也可能与传奇文体有关；牛僧孺、李复言等人也有可能曾以传奇行卷。

中央民族大学叶楚炎《诸葛天申、宗姬原型人物考论——兼论〈儒林外史〉中次要人物的叙事意义》讨论了《儒林外史》中两位以吴敬梓好友为原型的士人形象，认为诸葛天申、宗姬等次要人物都具有“简笔深意”的特性，在这些普通却又典型的儒林代表身上体现着科举对于士人无所不在且无比强大的影响力。河北工业大学李丽平《〈儒林外史〉中士人涉讼及身份特权研究》分析了《儒林外史》中的士人涉讼情节，认为士人涉讼以致诉讼得不到公正处理的原因，是因为这些人背后有基于科举制度而形成的庞大的关系网作后盾。这些诉讼情节对于表现主题、塑造人物、推进情节有很大作用，同时对现实有着深刻的反映。成都师范学院苏静的《从〈儒林外史〉的女性群像看科举制》则以《儒林外史》中的女性形象为切入点，透过她们看到明清科举社会的世相百态，也看到女性的生活情状以及对人生的企盼与追求。

2. 科举与诗歌、散文研究

中南民族大学卢海涛《唐代科举制度与“诗家三李”诗歌精神之流变——兼论科举对唐代诗风嬗变之影响》以李白、李贺、李商隐为例，展示了在唐代科举制度影响下，“风”、“骚”两大传统在唐代诗歌发展过程中的起伏沉降。

安阳师范学院任红敏《元代科举与元代文学发展》指出，元代科举与宋、金有很大不同，一方面唤醒了文人的独立人格意识，淡出了治国明道，转而以纯文人的心态读书与创作，另一方面也吸引了各族文人士子参加考试，促成了元代盛世的时代精神和文风的形成。

华中农业大学方宪在《明初泰和士人与“台阁体”》一文中论述了明初泰和士人群体在“台阁体”发展过程中扮演的重要角色；而在从地方精英向国家精英转化的过程中，正是科举制度让他们实现了地方与中央的文化统合，这是“台阁体”得以风靡一时的重要文化语境。河北省社科院张涛《晚明科举文学思潮的滥觞及其文学特质》认为，晚明科举文人结社接受科举训练，不仅从事科举学习，也从事诗文创作，他们所倡导的科举文风因而对他们的诗文产生影响，从而使明末文学创作与理论批评具有了与此前不同的鲜明特色。

嘉应学院汤克勤的《不被注意的两首龚自珍的试帖诗》，讨论了两首没有收录在“目前为止所知龚氏存诗之总目”中的乡会试试帖诗，认为这两首诗抒发了作者的人生感受和思想情趣，体现了作者“尊情”、“畅情”的文学观念。

四、科举社会研究

1. 科举与民间风俗

四川大学陈长文在《中国科举时代的“科举慈善”方式论述——以明清为中心的考察》一文中举例探讨了捐资兴校、捐资助教、捐资助学等“科举慈善”的具体施善方式，认为这实际上促进了教育及教育慈善事业的发展。淮北师范大学刘伯合的《科举的社会表达——明清时期徽州科举牌坊考察》考察了徽州地区分布广泛的科举牌坊，认为科举牌坊是科举制度在其体系之外的自然延伸与物化呈现，也是科举文化进行社会传播和表达的重要载体。

福建农林大学白金杰在《淫祀与正祀之争:论明清科举神的“逆袭”》中考证梳理了文昌等科举神进入官祀的周折过程，认为正祀与淫祀的交锋，实际上也是传统儒家思想与民间宗教信仰之间的矛盾，而科举神最终得以进入官祀，不妨说是官方利用科举神的影响力实施教化的结果。

2. 科举与士人生活

武汉大学罗积勇、陈锡朋在《唐宋科举与博物观念的发展》中指出，唐宋科举是博物观念从“求异”到“求用”的重要转变期，而唐宋科举对这一转变起到了推动作用。

山东师范大学石玲在《性灵思潮下江南文人的科考疏离心态》一文中，认为在清中叶自我意识强化、商品经济盛行的背景下，江南地区涌动着弘扬自我与个性的性灵思潮，这使得科举对许多文人来说，在一定程度上失去了强大的吸引力。中国社科院张剑在《清代文人官年现象及其规律》一文中，对清代科举文人官年与实年的大数据分析，发现其官年与实年不符的现象——特别是官年减岁——非常突出，而减岁岁差多在 2 岁，考试级别越高或应试时年龄越大，减岁力度也越大。这可以作为人物生平考订中的一个重要参考标准。

黄冈师范学院陈娟在《从顾炎武对康熙己未特科的态度看清初遗民的学者关怀》中考察了对清廷征召坚拒不从的顾炎武，在己未特科之后对清廷和《明史》纂修态度的变化，从遗民变为学者，从夷夏之辨变为拯民济世，从反清复明变为经史学术，这正是己未特科的成功之处。淮北师范大学冯建民、赵静在《论科举制下的自修学习模式》中提出，科举时代的读书人并非是单枪匹马备考应试，而是构筑了以个体勤奋好学为主、家族积极支持和社会助学为辅的自修学习模式，这种学习模式对科举时代读书人的成长产生了深远影响。长江大学李根亮《日记与清代士人的儒学阅读及实践》考察了孙奇逢、潘道根等清代士人的日记中有关儒学阅读的真实过程和细节，探究了他们求知、求真和自我修身的精神需求，从而展示了他们道德上的自省、自勉、自警的精神变化历程。

3. 科举与国家政治

华中师范大学林岩《北宋科举、党争与古文运动——以庆历六年张方平的科举奏章为中心》指出，"景祐变体"、"太学变体"的出现，实际上代表了庆历改革派官员们在文化方面所造成的深刻影响，表现在科举上，即所谓"怪诞诋讪，流荡猥烦"的风气；而张方平之所以对此严厉批判，实际上意在消除在政治上已经失势的改革派官员在文化上的遗留影响。

北京师范大学张德建《正文体与明代思想秩序重建》从正文体运动的历史、观念、理论及功用方面对明代正文体进行了研究，展现了明代统治者利用正文体这一重要的思想控制手段进行思想秩序重建的过程。武汉大学潘志刚在《论中国古代殿试策中的政治文化价值观》中对中国古代殿试策宣扬的"明君"、"能臣"和"社会和谐"三个核心政治文化价值观念进行了梳理，认为这三个观念具有一体性；君臣之间对此进行交流，有利于统治阶级形成一体化，保持社会的正常运行。湖南第一师范学院彭娟在《从殿试策看明代吏治问题》一文中认为，明代殿试策反映了明代吏治的阶段性问题：明初吏治清明，中期官场风气逐渐恶化，后期则党争不断，考核、反贪等制度失灵；这些策论中不仅蕴含书生风骨与直谏精神，也不乏对现实问题的精当把握。

4. 科举的地域分析

云南师范大学刘明坤在《明清云南科举家族刍议》一文中梳理了明清时期云南地区科举家族的时空、民族分布，总结了其规律，分析了这些科举家族的成因以及重大的历史贡献意义。北京市东城区第一图书馆包纪波的《清代北京宣南地区士宦居住情况述略》着眼清朝定都北京后，北京宣武门外风流雅士、达官贵人交游唱和形成的独特的宣南文化区，从举子和京官两类人的角度对其在宣南地区的居住情况进行了论述。天津大学程伟在《清代河南举人中额、总数及其地域分布》中详细分析了清代河南举人中额的设定与调整，以及河南举人总数及地域分布情况。沈登苗的《三论清代进士的时空分布——清代全国县级进士的分布》则对清代进士的地理分布作了更加深入的研究，分析出清代全国县级进士的分布，从而为最终进行清代进士的县/科年动态研究打下了扎实的基础。

五、科举人物研究

1. 明代科举人物研究

台湾东吴大学连文萍的《科举与人生幸福——以明代女诗人邹赛贞的科举诗为例》，选取了一位有代表性的士族女性邹赛贞为切入点，探究了明代女性对科举的付出与感受，在其人生中，科举既是幸福之所系，也是不幸之所累，这正呈现出明代科举世界的多元风貌。华中师范大学王炜在《论明初徐一夔的科举观》中论述了徐一夔的科举观，即明代科举考试是在延续前代相关制度的基础上，兴利除弊，建立起的更为优化、更具时代特色的"取士"制度，能够接续文统、治统、道统，具有不证自明的合理性及有效性。云南师范大学王玉超在《论汤显祖制义的风尚及成因》则论述了汤显祖在理学和心学的思想交锋之际，古文与时文的理论之争中形成的，尚奇但不悖理、符合功令又兼具治世功用、讲究法度却能灵活运用的独到的制义主张和特色。湖南文理学院周勇的《〈王鏊集〉与明代中期科举》一文，重点梳理了明代科举与文学上的重要人物王鏊的《王鏊集》，总结其科举思想与时文创作观念，从而对明代中期科举与文学的发展状况作出了深入分析。武汉东湖学院黎晓莲在《吴应箕八股文批评述略》一文中论述了明末吴应箕以"理"、"体"为基础，以"气"为贯通，以"清洁"为最高境界的八股文论，认为其成一家之言，对改变明末不良士习文风有很强的针对性和操作性，也对清代桐城派与皖江、池州文化有直接影响。鄂州职业大学王晓辉在《吴嘉纪与科举》一文中梳理了吴嘉纪在朝代更迭中，从积极应试到自居前朝遗民，从八股名家到盐民诗人的态度与身份的转变过程。

2. 清代科举人物研究

香港珠海学院张惠的《不为良相，则为儒商——科举对陈步墀慈善事业的遥远积极影响》则聚焦清末落第举子陈步墀，展示了陈步墀弃学从商后，在科举制义的熏陶、仁民爱物的理念影响下进行的一系列慈善义举。广东工业大学乐云在《〈右台仙馆笔记〉与余樾的科举观》中，从《右台仙馆笔记》入手，从学缘传统与科举立场、时文批判与改良、书院功能界定等方面，剖析了晚清科举存废之争环境下余樾的科举观。三峡大学顾瑞雪《论陈宝箴父了的科举观》探讨了在晚清改革史上名重一时的陈宝箴、陈三立父子，以此为途径深入探究了晚清中、上层士大夫对变更科举、实现传统科举制度到现代化教育转型的探索与创新。

六、科举与现代社会研究

厦门大学刘海峰在《科举文物的破坏与保护》一文中提出，科举文物在过去曾被弃如敝屣，或遭到严重破坏，但其实种类多、数量大、分布广、价值高，在当今复兴中华文化的时代，保护与研究科举文物，对保存民族传统文化具有重要意义。厦门大学蔡正道在《浅论科举研究对当代推广中国传统文化的意义与启发》一文中提出，科举制不但是支撑传统文化传承的基础性保障，同时其内含的文化道德因素也对古今社会产生了深远影响。唐山师范学院冯用军的《三论科举文化遗产申遗的若干基本问题研究——以江南贡院科举圈文化遗产保护机制为中心》一文，探讨了江南贡院科举圈文化遗产群的保护与开发过程中存在的主要问题和成因，对其管理问题进行了机理分析，提出了科举文化遗产保护与开发的对策建议。

闽台科举文化学术研讨会综述

郑　欣*

2017年11月10—13日，由福建师范大学社会历史学院和中华炎黄文化研究会科举文化专业委员会联合主办的“闽台科举文化学术研讨会”在福州召开，来自高校及研究机构的40多位学者参加了会议，并围绕以下议题进行了探讨和交流。

一、科举是连接闽台文化和情感的重要纽带

中国社会科学院李世愉研究员认为福建科举在清代科举中具有举足轻重的地位，不仅在乡试考官的选派、乡试中额、学额等政策上享受“大省”待遇，而且还享受边远省份的优惠，康熙二十二年清廷统一台湾后，台湾士子开始赴福州参加福建乡试，科举更成为两岸文化和情感交流的重要纽带。北京大学卢咸池教授在前人研究成果的基础上，认为自康熙二十六年台湾凤山生员苏峨考中福建乡试，台湾共出现320多位举人和33位进士，他们皆为闽粤移民及其后裔，其中主要为闽南籍；另据《台湾省通志》，清代台湾府学和各县学共产生“五贡”（优贡、拔贡、副贡、恩贡、岁贡）960名；他们是促进两岸文化交流最活跃的力量，对传承弘扬中华文化、推动台湾教育发展贡献卓著。金门学者王水彰先生以金门吕厝村为例，说明了金门与厦门两地文化同出一脉，交往亲密，对闽南文化的发展作出了重大贡献，金门作为交流平台，意义重大。

* 作者简介：郑欣，男，福建师范大学社会历史学院中国古代史博士生，研究方向为明史。

二、闽台科举人物、科举群体与科举家族

关于闽台科举人物的研究。台北“国史馆”台湾文献馆林文龙研究员以郑士超、郑廷扬、张观光、曾作霖这四位台湾科举人物为例，说明了衍生出诸多科举人物“谜样”纪事的原因主要有“传闻模糊”、“错解制度”、“规避律令”、“文献无征”等。中国闽台缘博物馆研究部庄小芳认为，在清末科举停废以后，闽台科举文人尽力开启新的生存模式，教授传统文化，同时在民间也并未被完全边缘化，在新旧文化的交替中依然发挥着自己的作用。

关于闽台科举群体的研究。福建师范大学郭培贵教授考证统计出明代福建共产生鼎甲进士 33 名、阁臣 11 名，都保持了较高的社会流动率，主要分布在福州、泉州、兴化三府，与明代福建各府的经济、人口和科举实力的水平大致相应。福建师范大学欧明俊教授提出清代台湾进士凭借崇高的社会地位，以自己的才情、学识、能力和道德感召力，积极倡导和参与台湾地方公益活动，是推动地方公益建设的主要力量，为台湾社会公益事业作出了不可替代的独特贡献。厦门大学博士生蔡正道认为台湾粤籍举人和生员在地方推动教育、传承文化、化解矛盾等方面有相当贡献。孔庙和国子监博物馆馆员李晓頔考证出台湾拔贡生的任用主要有“继续参加科考”、“钦点官职”和“等候吏部铨选”几种，此外还指出台湾拔贡生积极参与台湾各项事业的建设，影响很大。

闽台科举文化学术研讨会与会专家学者合影

关于闽台科举家族的研究。厦门大学陈支平教授指出，无论是来自漳州府南靖县奎洋乡，还是广东潮州、惠州等地，或是由这些地方迁移到台湾的新竹、桃园一带的客家庄氏家族，均在族谱中大力标榜自己是本属闽南人的泉州庄际昌、庄有恭等科举名人的后裔，这可证明“闽南人”、“客家人”仍存在某些共同之处，可纠正目前研究中因普遍强调“客家人”民系特殊性而导致的研究偏差。福建师范大学孙清玲副教授考证出福州黄巷梁氏在其迁居福州的九代人中，至少产生了 7 名进士、20 名举人和 40 名生员，约占男性人口的 50%左右，这个家族保留着“诗书传家”的传统，在文学与书法等领域均取得了辉煌成就。闽南师范大学蔡惠茹讲师指出福建建安雷氏家族科举功名连绵宋、元、明三朝，主要与“深厚的家学渊源”、“良好的母教”以及“在动乱时局中对儒业的坚守”等因素有关，其贡献主要有“仕宦者恪尽职守，造福一方”、“对易学的研究自成一家系”以及义举“足为地方道德楷模”等。金门县文化资产审议委员黄振良先生提出，金门阳翟陈氏家族、青屿张氏家族、后浦许氏家族、琼林蔡氏家族这四个科举家族的科举宦绩，奠定了金门人一致推崇的宗族文化，成为许多金门外迁移民对原乡认同深刻的主要原因之一。明代著名进士林瀚十六世孙、福州外国语学校退休教师林资治先生指出，福州林浦村林氏科举文化自宋朝延续至晚清，家学《春秋》和良好的家风是其主要原因。

三、闽台科举考场、会馆、试馆及台湾地方官

闽台科举考场、会馆及试馆是闽台科举考生进行考试以及为了科举考试而下榻、生活的场所，同时台湾地方官在这些科举场所的建立上也发挥了重要的作用。闽江学院毛晓阳教授认为清代建造考棚的经费基本都是来自民间的捐资，地方士绅是建造考棚的主要推动力量，此外清代台湾考棚还有一定的地域性特征，一是其体现了长期以来形成的清代台湾住民闽、粤分类的基本状况，二是台湾考棚往往还需肩负其他临时性功能。北京台联副会长郑大指出，从清代康熙年间起，众多台湾士子开始到省城参加乡试、赴京城参加会试，他们多依祖籍寓于福建、广东会馆，同治、光绪年间，台湾乡绅在福州和京城建立了供台湾参试士子居住的试馆和会馆，这些士子终于“栖身得所”。福建师范大学戴显群教授认为，台湾试馆的建立适应了闽台关系发展的需要，对促进闽台经济文化交流、维护国家统一具有重要意义。浙江工商大学杨齐福教授指出，地方官为台地民众呼吁实施科举考试，为台湾士人申请保障名额，设立考棚、试馆、编选考试范文，还亲自主持科举考试并严厉打击考试舞弊等，他们在清代台湾科举考试中产生了重要影响。

四、闽台科举文献与其他科举研究

关于闽台科举文献的研究。厦门大学刘海峰教授认为，贡院官刻闱墨的形制通常是:前有监临或主考官的拟作，之后是贡院中乡试同事的评论，接着是解元以下的优秀制艺考卷，最后是试帖诗，他还指出，存世的福建闱墨数量不多，目前所知的仅 13 种，从中可以窥见闱墨文献对研究清代科举制度尤其是乡会试的考试内容有直接的价值，也可以补正一些典籍的不足，保存一些珍贵的史料，此外闱墨文献还具有一定的文学研究价值。台湾成功大学侯美珍教授考证出明代科举用书《新锲诸名家前后场肄业精诀》的辑校者并非题作所示的"李叔元、许獬"，并指出该书存在众多问题和错误，应属科举用书较不入流者。香港中文大学卜永坚副教授利用《清代朱卷集成》，共梳理出 84 名清代福建籍举人和贡生的资料，并指出这些举人、贡生的情况体现出华南地区的特色，即宗族作为科举人才培养单位的现象。

另外，还有一些学者讨论了作为闽台科举背景的其他问题。如首都师范大学金滢坤教授认为南唐后主亲自命题殿试进士等做法可视为宋代开创进士科殿试的原型。厦门大学钱建状教授认为宋代词科考试前士人通常需进行"投献"，词科考试也促使应举士人通过"请益"的方式，建立自己的人际网络与师承关系。黑龙江大学胡凡教授认为明代会试南北中卷制度实现了取士人数的地域平衡，明代科举不限户籍出身，为学子提供了平等入仕之机。宁波大学钱茂伟教授认为《登科录》等原始的科举文献可以校正《明史》、《明人传记资料索引》等书中的谬误。淮北师范大学吴航副教授考订出南明隆武朝分别于隆武元年八月、十月和隆武二年九月在云南、广东、湖广举行乡试，选拔了大量人才，对于稳固南明隆武政权的根基以及抗清斗争的走向具有一定影响。福建师范大学博士生刘明鑫认为明代官方科举考试费用经历了明初理性消费、中期奢侈消费的形成与确立、晚期奢侈消费的发展三个阶段。

在本次闽台科举文化学术研讨会上，众多学者同襄盛举，共叙情谊，以科举研究为纽带，再一次紧紧相连。"科举"作为我国宝贵的文化遗产，正日益为学术界所重，本次会议将为闽台科举研究的进一步深化作出有益的贡献。